DÉBUT D'UNE SÉRIE DE DOCUMENTS
EN COULEUR

Extrait d'un ouvrage sous presse :

LA FRANCE ET L'ANGLETERRE
DANS L'INDO-CHINE.

LA
CHUTE DES ALLOMPRA

ou

LA FIN DU ROYAUME D'AVA.

RÉSUMÉ DE L'HISTOIRE DIPLOMATIQUE
DE L'ANNEXION DE LA HAUTE-BIRMANIE.
(1884—1886).

PAR ***

> « Vous avez des yeux, ouvrez-les. Regardez un peu
> « plus loin que votre arrondissement, votre club, votre
> « coterie. » — (MAC-CARTHY, *Histoire contemporaine*).

PARIS
CHALLAMEL & Cie, ÉDITEURS
LIBRAIRIE COLONIALE
5, RUE JACOB, 5

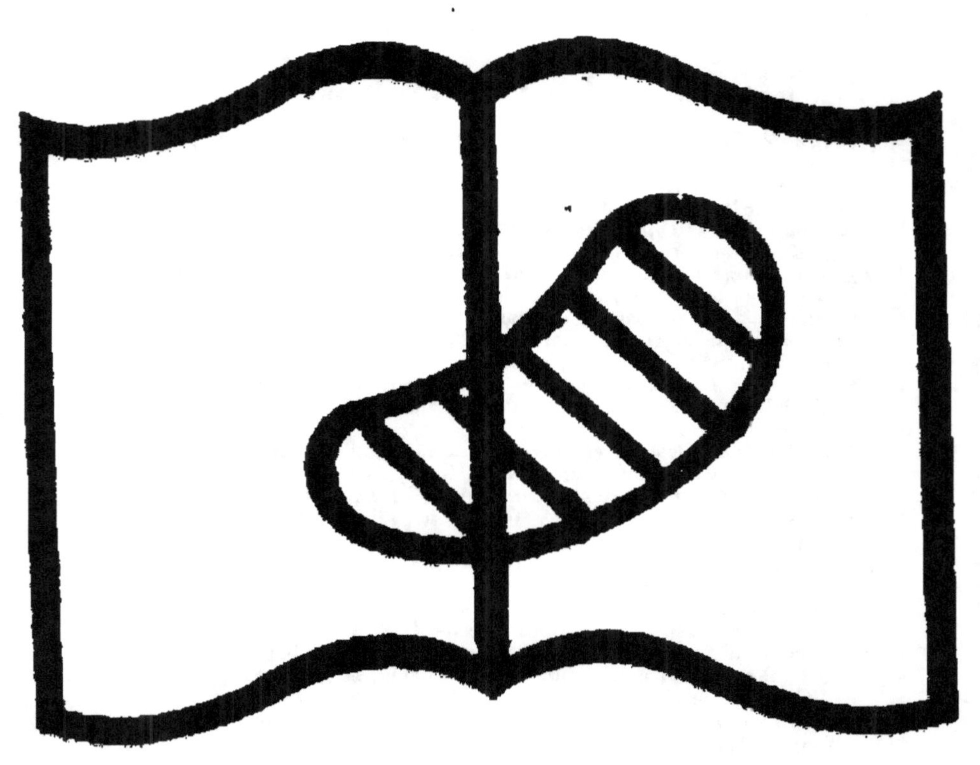

illisibilité partielle

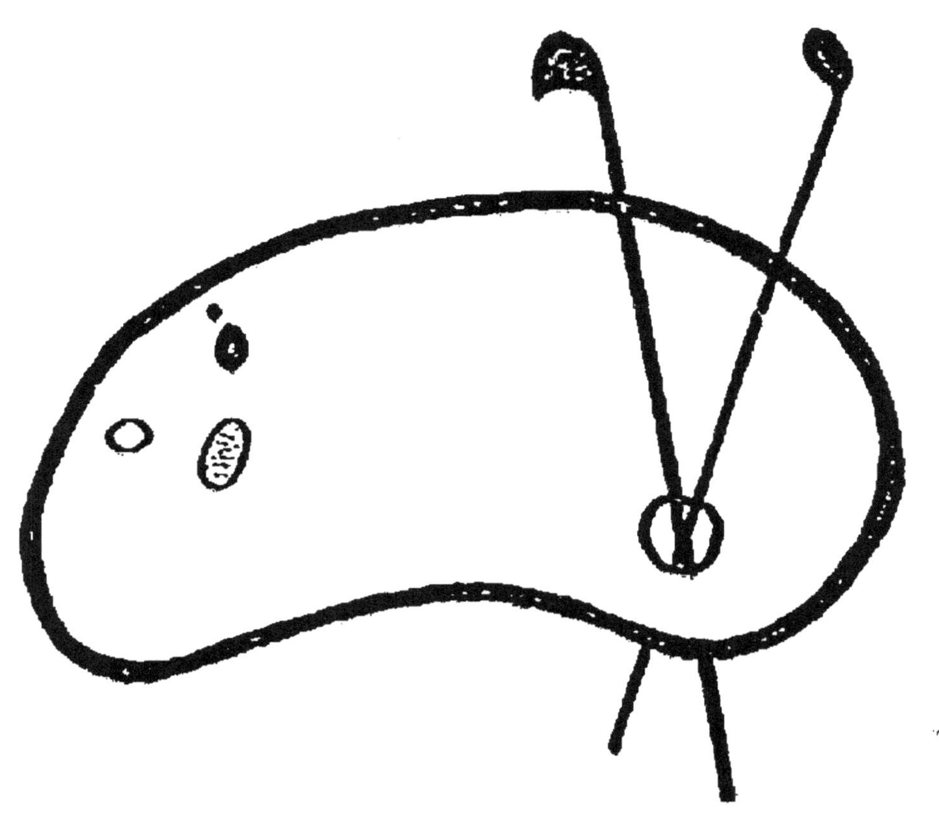

FIN D'UNE SERIE DE DOCUMENTS
EN COULEUR

LA CHUTE DES ALLOMPRA.

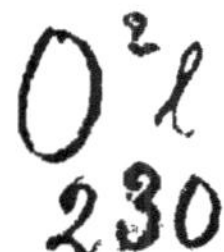

EXTRAIT D'UN OUVRAGE SOUS PRESSE :

LA FRANCE ET L'ANGLETERRE
DANS L'INDO-CHINE.

LA

CHUTE DES ALLOMPRA

OU

LA FIN DU ROYAUME D'AVA.

RÉSUMÉ DE L'HISTOIRE DIPLOMATIQUE DE L'ANNEXION DE LA HAUTE-BIRMANIE.
(1884—1886).

PAR * * *

« Vous avez des yeux, ouvrez-les. Regardez un peu
plus loin que votre arrondissement, votre club, votre
« coterie. » (MAC-CARTHY, *Histoire contemporaine*).

———————

PARIS
CHALLAMEL & Cie, ÉDITEURS
LIBRAIRIE COLONIALE
5, RUE JACOB, 5

Typographie A. SUTTER à Rixheim (Alsace).

PRÉFACE.

Quand on se permet d'écrire sur les questions politiques
et économiques de l'Asie, et surtout de l'Indo-Chine, il ne
suffit pas d'avoir parcouru les deux tiers de ce vaste continent; il faut être revêtu d'une autorité justifiée ou avoir
exploré les parties encore inconnues entre La Salouen et le
Mékong. Tant est étendue, importante, élevée et savante la
littérature qui embrasse toutes les questions économiques et
politiques de la presqu-ile Indo-Chinoise et surtout du céleste
Empire; elle constitue pour l'Europe un redoutable problème.
Malheureusement nous n'avons pas répondu à ce programme,
et nous ne pouvons demander l'excuse de notre téméraire
tentative qu'à la patriotique indulgence du lecteur. N'ac-
cueille-t-il pas avec un intérêt croissant tout ce qui est de
nature à fortifier sa foi dans les destinées de la Patrie
d'outre-mer?

Les pages que nous nous permettons de livrer à la
publicité tentent purement et simplement à exposer dans un
ordre chronologique des faits connus et déjà anciens. Mais,
si le lecteur bienveillant reconnait qu'il n'est jamais inutile
de méditer sur l'esprit du modus operandi de nos rivaux;
de jeter un regard sur le chemin parcouru de nos voisins;
de bien apprécier les qualités et les défauts de leurs méthodes
et de leurs procédés; d'analyser leurs succès et de prévoir

les résultats de leurs efforts ; d'imiter leur audace quand il s'agit de leur patrie ; bref, de parler de nos malheurs. à l'effet de profiter des cruelles leçons de l'histoire ; surtout, si le lecteur veut bien faire le sacrifice de ce qui est dû à sa bonne volonté, pour ne penser qu'à la Patrie d'outre-mer, à sa destinée et aux dangers qui pourraient la menacer, nous sommes moins inquiet ; car il reconnaîtra que nous n'avons pas trop abusé de son patriotisme et de sa bien-veillante attention, en le faisant assister à tous les actes de ce drame instructif dont le dénoûment n'est rien moins que l'agonie d'une dynastie, la chute de l'Empire le plus auda-cieusement impudent, et la vérification d'une des plus iné-luctables lois de l'histoire.

Il résulte de l'étude des causes de la chute des Allompra que le consul de France, sans qu'il y ait de son dessein, s'est trouvé servir à dissiper toutes les équivoques relatives à la politique séculaire dans la presqu'île Indo-Chinoise.

Du jour où le Gouvernement de l'Inde, le cabinet de Lord Salisbury et la presse teutonique et Indo-anglaise, se sont acharnés à rendre la France responsable de l'action mili-taire contre Ava, malgré toutes les assurances amicales de M. Jules Ferry et toutes les dénégations de M. de Freycinet, ils ont par cet acte même, dévoilé leurs projets, et avoué devant l'Europe la direction longtemps secrète qu'ils enten-daient donner à l'action britannique dans l'Indo-Chine. Ils ont renoncé à la réserve, ou ils ont affecté de se tenir, depuis le traité de Yandabo, entre les intérêts de l'Empire Indo-anglais et ceux de la France dans la vallée du Mékong. Cette conséquence imprévue de la ratification du traité Franco-Birman a éclairé l'avenir ; et, maintenant, tous ceux qui croient à un Empire Indo-Chinois riche et nécessaire pourront se prononcer, en connaissance de cause sur la politique séculaire de l'Angleterre, les idées personnelles de Lord Salisbury, et sur les dangers qu'ils peuvent faire courir à l'équilibre politique et économique de la presqu'île.

Le lecteur impartial et bienveillant voudra bien recon-naître que nous avons séparé les petits côtés personnels et sans importance de la grande loi de l'histoire qui domine toute la politique asiatique de l'Angleterre, et mérite l'admiration de tous ceux qui savent s'incliner devant les efforts patriotiques des peuples et des hommes d'état, quels qu'ils soient.

Il ne faut jamais confondre le caractère, l'esprit et la nature des efforts humains avec la vérification fatale des grandes lois de l'histoire. Si, par mégarde ou par entrainement, nous avons offensé quelques susceptibilités ou violé les règles des convenances, nous nous inclinons d'avance et offrons tous nos regrets: faible dédommagement d'une faute involontaire.

Il n'est jamais entré dans notre pensée de parler, avec aigreur et dépit, de cette série de faits qui constitue la seconde étape de l'Angleterre sur la route de l'Indo-Chine. La paix de Yandabo est le premier jalon; l'annexion d'Ava le second. La troisième étape toujours vers le Nord-Est ne se fera pas attendre. Elle devait s'arrêter aux monts Tanen-Tung. Kiang-Tung et Kiang-Hung sont les deux contreforts occidentaux de la France de l'Indo-Chine.

C'est sur la rive droite du Mékong, on ne saurait trop le répéter, que se résoudra le problème de l'équilibre politique posé par la mission du major Michel Symes en 1795, et le traité que Louis XVI a conclu, en 1789, avec Nguyen-Auch, l'ancêtre de M. Duc. La solution s'impose. La nature elle-même semble avoir prévu la possibilité d'un conflit; aussi a-t-elle tracé d'une façon tangible les limites des sphères d'actions de la France et de l'Angleterre, dans cette presqu'île où la prospérité leur incombe, car elles ont charge d'âmes.

A la mort d'Elisabeth, l'Angleterre d'outre-mer n'existait pas encore. Les essais de colonisation de Hore, sous le règne de Henri VIII, jusqu'à ceux de Gilbert et de Raleigh avaient échoué. Les Stuarts ont jeté les bases de l'union des trois royaumes et porté déjà leurs regards au-delà des mers. De là le désir d'une Angleterre plus vaste dont l'évolution commence en 1606 par la charte donnée à la Virginie. Le dix-septième siècle marque d'importantes étapes, mais le dix-huitième nous apporte un avatar étonnant de cette forte dispension. « La plus grande Bretagne » [1]) apparait nettement au monde, avec ses gigantesques dimensions et ses vastes visées politiques. Nous savons ce qu'elle est devenue: Dominion of Canada; iles des Indes occidentales et quelques territoires sur le continent de l'Amérique centrale et méridionale; la masse des possessions de l'Afrique méridionale dont le cap est la plus importante; le groupe australien et la Nouvelle-Zélande; ou bien dix millions trois quarts de sujets anglais de sang européen et surtout anglais, en-dehors des iles britanniques. Et l'Inde? Ne fait-elle donc pas partie de la « *Plus grande Angleterre* » du savant professeur à l'université de Cambridge. — L'Inde! Plus de 250 millions d'âmes y compris les états indépendants. L'Inde!! une population égale à celle de l'Europe, la Russie exceptée. L'Inde!!! Une colonie de 4,754,911 mètres carrés. L'Inde!!! Un budget de 117,201,714 Roupies; des chemins de fer de vingt mille kilomètres et un trafic de 3 milliards de francs. Eh bien cette Inde qui, quoi qu'on dise est la Colonie indispensable parce qu'elle est la Colonie nourricière, Seeley ne veut pas qu'elle soit une partie constituante de la « *Plus grande Bretagne.* » [2])

---

[1]) Seeley. Expansion de l'Angleterre, p. 14.

[2]) L'Inde rapporte grâce à la densité de sa population. Mais si vous calculez les échanges par tête, elle est inférieure à la Belgique. Il n'en est pas de même en Birmanie où les habitants achètent dix fois plus d'objets anglais que les Indiens. Question de religion. — Elysée Reclus pense (p. 660 „Inde") que les possessions anglaises de l'Orient ne sont pas pour la Grande Bretagne cette inépuisable source de trésors que se figure l'imagination aidée par les souvenirs classiques. Il se trompe, malgré son immense autorité. Car dans 10 ans l'Inde agricole produira le double de blé, de jute, de soie, de thés, de cafés, de graines oléagineuses de coton etc., etc.. etc. Nous n'en voulons pour preuve que les chiffres donnés par E. Reclus lui-même:

« Il faut se souvenir, dit-il, qu'au milieu du dernier siècle l'exporta-
« tion ne dépassait pas 25 millions de francs. L'activité du trafic Indien
« s'accroit rapidement; de 1861 à 1881, la valeur des échanges s'est beau-
« coup plus que doublée. Naturellement c'est l'Angleterre qui s'est réservé
« la première part; la vente du coton et l'achat des étoffes constituent
« déjà la moitié du commerce extérieur de l'Inde. L'exportation de
« l'opium donne à la Chine le deuxième rang parmi les clients de la
« péninsule Cisgangetique; la France vient après elle; elle achète à l'Inde
« pour 150 millions de graines oléagineuses, indigo, coton, soie, café. —
« L'intercourse augmente d'année en année avec l'Australie, pour l'expor-
« tation du riz, du thé, du café et l'importation du cuivre et des chevaux.

Pourquoi Seeley ne fait-il pas contribuer l'Inde à la plus grande Bretagne? Il nous ouvre sa pensée; nous pouvons y lire l'inquiétude de l'Angleterre en ce qui concerne la stabilité de l'autorité britannique dans la péninsule Cisgangélique.

« Notre vrai Empire Colonial [1] présente quelques-unes « des Conditions fondamentales de la stabilité. En général, « les États peuvent être maintenus par trois liens: 1° la « communauté de race; 2° la communauté de religion; 3° la « communauté d'intérêts. Nos colonies nous sont évidem- « ment unies par les deux premiers de ces liens, et ce fait « suffit à lui seul à constituer une solide union. Elle deviendra « indissoluble si nous arrivons à constater que l'intérêt aussi « nous fait une loi de maintenir cette union, et cette con- « viction semble gagner du terrain. Quand nous étudions « la « Plus Grande Bretagne » de l'avenir, c'est à nos colo- « nies bien plutôt qu'à notre empire de l'Inde qu'il faut « penser. »

Seeley est Anglais: voici pourquoi il a oublié la qua- trième force par laquelle les états peuvent être maintenus: « *la communauté de sentiments.* » Pour qu'il y ait com- munauté de sentiments il faut abolir les préjugés de caste, de race et de couleur. On ne peut faire battre à l'unisson deux cœurs opposés par les prérogatives, les aristocraties de race et d'éducation. Pour compter sur un peuple conquis,

« Les envois de l'Inde dépassent régulièrement ses achats de 250 à 600 « millions de francs, et cet écart, payé presque exclusivement en monnaies « d'argent, contribue à maintenir dans le monde la valeur proportionnelle « de ce métal avec celle de l'or. Mais, sous une autre forme, traitements « et intérêts d'action, presque tous ces bénéfices de l'Inde retournent à « la Grande-Bretagne, pour être de ses possessions coloniales « Profitons de la plus grande part du commerce de l'Inde, les Anglais « en sont aussi les intermédiaires; c'est à eux qu'appartiennent les trois « quarts des navires qui apportent et remportent marchandises et denrées, « et grâce aux bâteaux à vapeur qu'ils ont construits pour le passage du « canal de Suez, ils se sont emparés du monopole comme chargeurs. » L'Inde s'enrichit tous les jours. Sur les côtes orientales de l'Afrique, de Socotora et de Madagascar on parle l'indoustani. Cela contribue à rendre le Budget de l'Inde plus élastique; l'argent est nécessaire pour rendre productives toutes les richesses de la terre et des mines. Qui en profite si ce n'est l'Angleterre et l'Inde?

[1] Seeley. Expansion de l'Angleterre, p. 16.

soit en Asie soit en Afrique il faut être fort, et le plus fort. Mais cela ne suffit pas.

Un peuple qui croit à la supériorité de sa civilisation est destiné à disparaître dans l'esprit des races qu'il prétend gouverner et élever, s'il ne parvient à les assimiler progressivement. Les Romains devaient leur puissance à l'application sage et libérale de ce principe. Assimiler ou être assimilé il n'y a pas de moyen terme ; il ne suffit pas de tenir des millions d'hommes, sous le respect d'une autorité dont les racines ne se perdent pas dans la conviction et l'admiration de la supériorité. *Il ne suffit pas de légiférer, d'avoir des systèmes d'administration savamment adaptés aux tempéraments et aux défauts des races ; il ne suffit pas de se proclamer les maîtres pour être réellement maîtres d'un peuple qui se courbe, rend justice à votre impartialité, tout en déplorant secrètement le contact d'une civilisation étrangère, qu'elle confond avec la barbarie. Nous n'en voulons pour preuve que ce qui se passe dans certaines colonies anglaises.* Jamais la fière et aristocratique Angleterre pourra dire que l'Inde et la Birmanie sont des colonies anglaises. Elle possède des comptoirs, dont la fortune augmente de jour en jour, elle administre des millions de sujets, elle entretient des légions de fonctionnaires ; elle promène ses armées du Cap Comorin à l'Himalaya ; elle fonde des compagnies à Bornéo ; elle transforme la Birmanie. Elle rencontre des populations prêtes à rendre justice à ses efforts, et à reconnaître ses résultats pratiques. Mais demain ce château de cartes pourrait bien être menacé. Cette citadelle où l'Angleterre semble avoir concentré tous les secrets de son génie commercial est minée, parce qu'elle n'est pas construite sur l'âme de la mère patrie.

Aux Indes la politique de M. Gladstone, tend à remonter le courant jusqu'au principe d'assimilation. Mais cette politique a rencontré un parage qu'elle franchira difficilement : l'éducation et l'esprit de la race anglo-saxonne.

Sortir de soi-même, pour alimenter d'autres peuples de son existence morale et politique, les absorber dans son sein par des lois d'assimilation sage et progressive,

*couper le boulet de la race rivé aux flancs de l'indigène,
par des théories d'un autre âge, constitue à coup sûr le
secret de l'avenir colonial. que la fière Angleterre semble
dédaigner ou méconnaître. parce qu'il ne lui est pas
encore donné d'en comprendre la portée politique et
morale.* Qu'elle le veuille ou non, il lui faudra rompre avec
son passé, ses traditions aristocratiques, sous peine de perdre
un empire à la conservation duquel elle est intéressée à
sacrifier sa dernière livre sterling.

M. Gladstone qui voit loin a beau parler du selfgouverne-
ment, dédaigner la gloire de civiliser et de gouverner l'Inde ;
il n'est pas moins vrai que le chiffre d'exportation des marchés de l'Inde a augmenté de 600,000,000 frs., et celui des
importations de près de 200,000,000 frs. Pour un peuple
pratique vivant en grande partie de son industrie et de sa
marine marchande capable de monopoliser à Londres le
commerce de l'Europe. ce sont là des chiffres fort éloquents
dûs en grande partie à l'influence du gouvernement anglais
à Calcutta. Si jamais un Cabinet britannique était condamné
à abandonner l'Inde à elle-même, ce jour-là l'Angleterre
reconnaîtra les erreurs et l'insuffisance de l'esprit de sa politique coloniale. Il ne suffit pas d'administrer d'une façon
sage et libérale pour pouvoir mieux exploiter. Pour gouverner les esprits il faut être maître des âmes. Et les âmes
ne se conquièrent pas, elles se donnent.

Le principe d'assimilation est la vérité coloniale, parce
qu'il est la vérité philosophique et morale. Rien ne saurait
l'amoindrir ou l'effacer.

A Calcutta on parle anglais, *mais on ne pense pas
anglais.* A Saïgon et à Pondichéry on parle français, et
déjà les cœurs d'un grand nombre battent vers la France.
L'avenir démontrera que le secret de la puissance coloniale
ne réside pas uniquement dans l'élargissement d'un cercle
dont le centre n'est pas l'âme de la patrie.

Que la France prépare par une éducation nationale et
démocratique les populations qu'elle administre et qu'elle
est appelée à administrer; qu'elle les initie peu à peu aux
bienfaits de la civilisation et aux avantages de l'assimilation,

et elle aura en peu de temps une réelle autorité coloniale,
parce que cette autorité résistera à toutes les épreuves et à
toutes les tentations. Tout cela, au contraire n'exclut pas le
développement nécessaire de notre commerce. Les cœurs qui
battent à l'unisson de la France; les peuples qui offrent leur
sang pour consolider et sauver l'honneur de la mère patrie,
seront préparés aux relations commerciales au moins aussi
bien que les races avec lesquelles l'Angleterre entretient des
relations d'affaires, et qui ne parlent anglais que par intérêt
et pour critiquer l'esprit et le caractère de leurs maîtres.
La Colonie est un comptoir d'outre-mer, un marché ouvert
à l'importation des produits de la métropole, un aliment
pour la marine marchande, mais elle est aussi un prolongement de la mère patrie, un coin de la France, au-delà des
océans, relié à l'âme de la Patrie par une pensée commune,
des sentiments et des aspirations communs. — Cette théorie
satisfait l'esprit et les intérêts économiques.

En Algérie, en Indo-Chine, dans l'Inde, partout où nous
avons à administrer des peuples qui se trouvent aux anti-
podes de notre civilisation et de nos mœurs, nous avons
promulgué *la loi d'assimilation*. Nous avons compris qu'il
faut jeter un pont sur l'abîme qui nous sépare de l'Islamisme,
du Brahmanisme et du Bouddhisme moderne. Nous avons
condamné en 1848 pour la seconde fois les vieux principes
de race et de couleur qui sont une insulte à l'humanité.

La République a organisé presque partout des gouvernements civils avec mission de préparer l'esprit des populations
à nos principes et à nos idées, d'ouvrir la voie à la civilisation et de faire aimer le progrès des mœurs, tout en respectant les anciennes traditions et les préjugés séculaires.
Et quand la civilisation marquait son heure, nous avons vu
le gouvernement applaudir et entrevoir le jour où il n'y
aura plus qu'une France, qu'une patrie, qu'un sentiment, et
qu'une pensée à toutes les latitudes où flotte notre drapeau.
Par decret on a ouvert dans l'Inde et dans l'Indochine la
porte de l'assimilation. On a promulgué le principe de l'égalité des droits civils et politiques. La renonciation au statut
personnel place l'Indigène sur la même ligne que l'Européen.

— Plus de supériorité absolue de race et de couleur. Ces dispositions sages et libérales sont la conséquence de nos principes politiques et de l'esprit de notre race.

« On peut faire aux gouvernements qui se sont succédé « depuis 1889 les mêmes reproches qu'à ceux de l'ancien « régime. Ils ont eu trop l'Europe en vue. Napoléon, après « la paix d'Amiens, aurait pu fonder sur les mers un empire « qui eut mieux valu pour nous que l'annexion du Piémont « ou la création du royaume de Westphalie; car, en 1803, « Saint-Dominique était encore à nous; l'Espagne nous avait « restitué la Louisiane; nous ne rencontrions pas dans « l'Afrique entière de rivaux sérieux; les Anglais n'avaient « encore en Australie qu'un dépôt de convicts. Un capitaine « français, Baudin, en 1802, avait découvert la côte sud de « ce continent et lui avait donné le nom de Terre-Napoléon; « enfin la Nouvelle-Zélande le joyau de l'Océanie, était encore « sans maître.

« Sous la Restauration et sous la monarchie de Juillet, « on pouvait encore occuper la Nouvelle-Zélande sans coup « férir, car elle ne fut déclarée Colonie britannique qu'en « 1840; la restauration préféra intervenir en Espagne, et la « monarchie de Juillet resta maître en Océanie pendant près « de dix ans. Sous Napoléon III, l'Italie n'était pas encore « en mesure de nous disputer la Tunisie; l'Espagne était « incapable de nous contrecarrer au Maroc, Madagascar n'au- « rait pas coûté un bien grand effort, puisque le prince de « Radama, dès 1854, pour mettre fin à la tyrannie de sa « mère, sollicitait l'Établissement du protectorat. Les autres « buts que s'est proposé l'ambition du gouvernement impé- « rial étaient-ils aussi heureusement choisis ?

« En un mot pendant près de deux cents ans, nous « avons dépensé des milliards, sacrifié des millions d'hommes « pour la succession d'Espagne, la Silésie, l'île de Malte, « l'Italie, l'Oldenbourg, le Trocadéro, la Crimée, le pouvoir « temporel du pape, les intérêts dynastiques, l'équilibre euro- « péen, jusqu'à ce que nous ayons réussi à bouleverser cet « équilibre à notre détriment. Avec la centième partie de « ces sacrifices d'argent et de vies d'hommes, même sans

« entrer en lutte directe avec l'Angleterre, nous aurions pu
« faire une France dix fois grande comme l'Empire qu'a
« voulu fonder Napoléon en Europe.

« Ce sera l'honneur de la troisième République d'avoir
« repris dans des circonstances beaucoup moins favorables,
« l'œuvre conduite si mollement par les gouvernements pré-
« cédents. Elle peut être attaquée par les anciens partis ; les
« fidèles des dynasties qui ont pris Alger et conquis l'Algérie,
« occupés Saigon et la Basse-Cochinchine, peuvent lui repro-
« cher, ceux-là d'avoir voulu résoudre la question tunisienne,
« et ceux-ci la question tonkinoise. Au fond du cœur, se
« souvenant de leurs anciennes contestations, ils lui rendent
« plus de justice. Elle a eu l'honneur aussi de montrer quel
« parti on pouvait tirer de possessions qu'on regardait comme
« peu importantes : du Sénégal, pour pénétrer dans les
« immenses régions du Niger ; du Gabon, pour déboucher
« sur le Congo ; de la Réunion pour faire valoir nos droits
« sur Madagascar. » [1])

La troisième République, il faut le dire, a elle aussi
quelques fautes à se reprocher. M. de Broglie n'a-t-il pas télégraphié au brave amiral qui a aux yeux l'histoire l'inappréciable mérite d'avoir compris Garnier : *A aucun prix
n'engagez la France au Tonkin.* Il sera difficile pour
ne pas dire impossible de prouver que ces secours immé-
diats et nécessaires au succès de Garnier eussent entraîné
des complications internationales, désorganisé l'armée, et
troublé le parlement. Nous savons, hélas! ce qui s'est passé.
Garnier attendait Crouchy, et on lui a envoyé le Blucher
des pavillons noirs. Il fallait que notre Patrie Indo-Chinoise,
elle aussi eut son Waterloo. La liquidation Philastre et celle
du traité de 1815 sont deux épreuves, deux blessures d'iné-
gale gravité, mais dont la cicatrice restera toujours.

Et peu de temps après, en 1815!! Ce n'est pas le ministère maintenant qui recule, et cependant la situation internationale était au moins aussi délicate que celle, en face de

[1]) A. Rambaud. Préface de « *L'Expansion de l'Angleterre* » par Seeley,
p. XLVI.

laquelle s'est trouvé le cabinet Broglie. M. Duclerc, d'un seul coup d'œil, juge la situation. M. Challemel-Lacour ne prend conseil que de son patriotisme et fait accepter le principe de la violation flagrante de nos droits. M. Jules Ferry déplace ses merveilleuses qualités d'homme d'État : fermeté, persévérance, résolution, courtoise et inébranlable ténacité devant la plus insaisissable et la plus flexible des diplomaties. Tout cela a triomphé trois fois de la coalition des partis. Nos droits étaient garantis, notre honneur était sauvé.

Vous avez voté trois fois les crédits du Tonkin. Faites abstraction de ce que vous savez de la chute du cabinet Ferry car vous avez dormi pendant un demi siècle. On vous dit : « Cette même chambre qui a soutenu pendant deux ans l'honneur du pavillon sur le fleuve rouge a renversé le Cabinet parce qu'elle a appris que le chef du corps d'armée est blessé et que les troupes se sont repliées devant des forces supérieures. Vous demanderez alors si le parlement s'est recueilli pour ne pas fortifier les espérances du marquis de Zeng; si on s'est porté par le télégraphe à Hanoï pour apprécier la prétendue gravité de la situation et juger les choses avec un patriotique sang-froid. — On vous répondra par le vote précipité et irréfléchi du parlement. Ce que le marquis de Zeng a télégraphié ce n'est pas un vote écrasant pour la vanité de l'envoyé du céleste Empire, et foudroyant pour les espérances du Zang-li-Yamen, mais un vote d'emportement et d'exaspération qui aux yeux de Pékin n'était qu'une marque de résignation. L'ambassadeur du fils du ciel n'avait pas de peine à le prouver. L'homme de guerre, cet irréductible ministre n'était-il donc pas traîné aux Gemonies? Le Parlement n'a-t-il donc pas entendu condamner cette politique de résistance en renversant ceux qui la personnifiaient? Votre réveil sera suivi d'un sentiment de tristesse et de stupéfaction.

La troisième République, après la mort de Rivière, eut pu résoudre la question de l'Indo-Chine et imposer à Pékin une politique internationale et un traité plus conforme à nos intérêts, à ceux de l'Europe et de la Chine elle-même. Elle s'est contenté de faire ce qu'exigeait notre honneur;

mais la question économique qui domine tous les points du problème de la Chine est restée à peu près ouverte.

La Chambre de 1889 aura de plus grandes préoccupations que les autres. L'Europe est plus troublée et les temps sont plus difficiles. Néanmoins elle ne se laissera pas hypnotiser par toutes ces alliances plus ou moins réelles, et effrayer par mille menaces indirectes. Elle aura conscience de sa mission. Elle mènera à bonne fin les œuvres coloniales. Elle saura fonder sur le terrain de nos droits en Asie et en Afrique une France extérieure. Nous reprendrons peu à peu notre ancienne prospérité maritime et commerciale. La république, elle aussi, aura son Colbert. Malgré les nuages qui se lèvent à l'horizon et qui sont chargés de haines et de revendications, nos législateurs savent qu'il y a des œuvres à peine ébauchées, sur le Mékong et en Afrique. C'est à leur patriotisme, à leur désintéressement, à leur prudence et à leur fermeté que reviendra l'honneur des solutions faciles. Si comme en 1803, en 1840, en 1854 nous laissons passer le moment de l'action, l'histoire sera plus sévère, car il n'y aura plus d'excuse.

L'Angleterre a fait la preuve de ce que lui ont rappelé nos fautes, nos hésitations et les fausses appréciations de nos intérêts. La Chambre de 1889 arrive tard. Selon l'opinion générale il ne resterait plus grand chose à faire, en Afrique et en Asie ; — question de temps, de tact et de persévérance. — A notre humble avis, les fondations de la « *Plus grande France* » sont à peine posées. Le couronnement de l'édifice dépendra de l'esprit avec lequel la future Chambre appréciera nos droits et nos devoirs sur la rive droite du Mékong, à Madagascar, et, surtout notre mission dans les provinces méridionales de la Chine. L'hésitation, le tâtonnement et la crainte que pourraient nous inspirer nos voisins de l'ouest et du nord aboutiront à l'étranglement de cette nouvelle patrie, et à la préparation d'une politique d'effacement d'étiolement ou de liquidation, tandis que l'occupation de Kiang-Tung et de Kiang-Hung nous mettra à l'abri de la loi d'absorption fatale qui a conduit la Russie

à Merw et aux portes d'Hérat, et devant laquelle s'incline-
raient tous les Tsaubois des deux rives du Mékong.

Si j'étais seul à dire que la chambre de 1885 a commis
une faute en se contentant d'une exécution large du traité
de Tien-Sin, je ne pourrais vaincre ma conviction; non parce
que suis persuadé que l'avenir justifiera mon opinion, mais
parce que je ne pourrais modifier mon sentiment sans me
tromper moi-même.

J'ai la consolation de penser que l'histoire diplomatique
de *la France et de l'Angleterre dans l'Indo-Chine* est un
mycroscopique grain de sable qui contribuera à élever dans
une mesure inappréciable l'édifice de la *plus grande France*.

Et pourquoi cette espérance me serait-elle refusée, quand il
est écrit que rien de ce qui est de nature à contribuer à l'accroissement de cette *plus grande France* ne saurait se perdre?

J'étais à Candy (île Ceylan) le jour où la Chambre, mal
renseignée, a profité de la funeste dépêche du général Brière-
de Lisle pour renverser le ministère Ferry. Nous étions là
quelques Français, quand l'agence Reuter nous apprit, presqu'instantanément, ce grave et bien malheureux événement.
Je n'oublierai jamais le spectacle peu édifiant des récriminations. On dirait que le hasard a, lui aussi, ses caprices
ou ses ironies. Il avait, en effet, réuni là presque toutes les
nuances du parlement. On eut dit un vague écho de la
chambre, à tant de milliers de lieues de la mère patrie, au-
delà des mers, au milieu d'une population si douce et bien
éloignée, par ses mœurs et ses idées, des stériles agitations
politiques de l'Europe. Ce choc des petites passions, en face
des géants écrasants de la végétation: cette animation mal-
saine en face de la placide et pure nature m'a fait réfléchir.
Je n'en aurais peut-être pas tant souffert dans la forêt de
Fontainebleau, mais à Candy, le lieu du prétendu paradis
terrestre, au milieu des boudhistes les plus purs, et sous le
malin et peu charitable regard de l'œil britannique, cette
discussion devenait une cause de tristesse et de cruels pres-
sentiments. Nous avions empoisonné cette atmosphère si
pure. J'ai revu depuis ces lieux enchanteurs et bénis de la
nature. J'y ai retrouvé comme un vague écho du bruit de

ces paroles de blâme et d'amères critiques; mais rien n'avait survécu des considérations peu écoutées, à l'endroit de la trève imposée par la patrie menacée et exposée en face des asiatiques, aux conséquences d'un moment d'emportement si funeste à notre autorité et aux solutions possibles.

Plus tard j'ai été témoin d'un spectacle qui faisait contraste avec la scène de Candy. Nous arrivons en rade d'Aden et nous apprenons que quelques soldats anglais, surpris par une bande de Dacoïts, ont été forcés de se replier, après avoir été cruellement décimés. L'officier qui était à la tête de ces braves, dort depuis sur les bords de l'Irrawady de son dernier sommeil. C'était quelque chose comme une affaire de Langson en petit, sans conséquences sur le sort de l'armée.

J'avais alors pour compagnon de voyage trois gentlemans, à mes yeux trois Anglais, car ils arrivaient de Londres, parlaient français avec un accent anglais. Je suis resté en correspondance avec eux et je n'ai qu'à m'en louer.

Nous étions sur le pont tous les quatre. Les journaux arrivent. Mes compagnons lisent froidement la fatale dépêche. Pas un trait de leur visage n'a trahi leur pensée. Leur âme semblait murée. Je me renferme dans le discret silence que m'imposait la situation. « *C'est fâcheux*, dit l'un, *mais c'est malheureusement le sort de la guerre. Un peu de sang-froid et beaucoup de persévérance et nous viendrons à bout.*

On entend le bruit de l'ancre qui tombe. Le soleil se lève sur ces rochers inhospitaliers, sur les flancs abruptes desquels semble s'être abattu la mort. Le pavillon est hissé. Mes amis se découvrent respectueusement et comme un seul homme saluent le drapeau britannique. Ils sont l'un anglais et les deux autres *irlandais*. Je ne l'ai su que plus tard.

Cela n'est-il pas plus éloquent que tout ce qu'on pourrait dire de cette union des esprits et des cœurs, au-delà des mers, quand il s'agit de la patrie? Aussi longtemps que les haines intérieures et les revendications politiques, quelle que soit leur gravité, abdiqueront devant le pavillon anglais quand il est engagé sur quelque point du globe, l'Angleterre restera ce qu'elle est, une forte et puissante nation qui impose le respect à ceux-là même qui n'approuvent pas les moyens à l'aide desquels elle triomphe, et ils sont nombreux.

L'heure est solennelle; il faut savoir abdiquer, quand il s'agit de la France extérieure, quelle que soit la latitude. Car si nous liquidions encore une fois nos haines et nos passions politiques, nos préférences et nos antipathies dans une crise ministérielle, en face des mandarins ravis, scandalisés par nos discordes et encouragés par nos divisions, en face d'un chef de corps blessé, il faudrait se résigner à disparaître du monde colonial, et à voir l'Angleterre s'emparer de toutes les richesses de l'Asie et de l'Afrique, dont elle a déjà les deux tiers. Il faudrait assister à l'écroulement de toutes nos espérances et à la destruction de nos traditions.

On ne saurait trop méditer les exhortations que les patriotes d'outre-Manche adressent à leurs compatriotes : « *Vous avez des yeux, ouvrez-les; regardez un peu plus loin que votre arrondissement, votre club, votre coterie, votre village.* » (Mac-Carthy).

Oui, vous avez des yeux, vous les ouvrirez pour regarder au-dehors, un peu plus loin que votre *arrondissement*, votre *club*, votre *ville*, votre *hameau*, votre *parti*. Vous avez des yeux, c'est pour regarder d'où viennent les milliards de l'Angleterre; pour découvrir les secrets de la fortune de cette nation, de ses anciens et récents succès, et les motifs de ses efforts dans l'Indo-Chine. Vous avez des yeux, vous les ouvrirez pour apprécier l'importance et les conséquences probables des travaux de nos voisins, [1]) pour suivre la mission Hildebrandt dans sa marche vers Kiang-Tung et Kiang-Hung, et voir ce qui se passe dans le Sikim, à la frontière

[1]) *Report on the Railway connexion of Burmah and China*, by Archibal R. Colquhoun, Goldmedalist R. G. S. etc., deputy commissioner, Burmah, and Holt. S. Hallett, M. I. C. E. — F. R. G. S. — M. R. A. S. etc. with *Account of exploration. Survey*, by Holt. S. Hallett, accompanied by Surveys, vocabularies, and appendices. Submitted to Her Majesty's Government and the British chambers of commerce. *London.* Allen, Scott & C°, Bouverie street, E. C.

du Thibet, dans le Yunan, et dans les deux Guang, à Pékin,
sur le haut Yang-Ze-Kiang, en Corée et dans l'Afghanistan.

Certes alors la révision, la séparation de l'Etat et de
l'Eglise, l'abolition du budget des cultes et toutes les solutions de prépondérance politique perdront de leur urgence
en face de ces problèmes extérieurs dont la bonne solution
favorisera plus celle des questions économiques et sociales
que toutes ces victoires apparentes, qui nous rappellent les
luttes d'un autre âge. Notre époque est forcée de changer
ses efforts politiques, de tourner ses vues vers d'autres ho-
rizons, d'aplanir d'autres difficultés, comme elle a été condamnée à changer ses fusils et ses canons. Notre art même
a un autre esprit et d'autres procédés. Mais il y en a toujours qui se croient au moyen-âge ou en 1789, et ne peuvent pas apporter, dans les plis de leur toge de législateur,
des vues modernes, des appréciations moins platoniques, et
des solutions moins ronflantes, mais plus pratiques et plus
salutaires. A ceux-là surtout de méditer les paroles de Mac-
Carthy : « *Vous avez des yeux, ouvrez-les. Regardez un
peu plus loin que votre arrondissement, votre club, votre
parti.* »

La richesse de l'Etat et de la nation dépendra en grande
partie du succès de nos efforts en Asie et en Afrique. La
preuve en est faite. C'est surtout d'elle que dépendra la
solution des questions de principe et des problèmes sociaux
qui sont, quoi qu'on dise et quoi qu'on fasse, des problèmes
économiques. La convention a prescrit à tous les agents
diplomatiques du Levant d'assister à la messe en grande
tenue et de frapper les esprits en se faisant dignement escor-
ter. Il ne faut pas monter bien haut pour comprendre les
préoccupations patriotiques auxquelles ont obéi nos ancêtres
qui ont donné ces instructions élevées aux consuls. Ils ont
voulu léguer aux générations futures le culte d'une « plus
grande France » et prouver que la politique extérieure à
longue portée n'est pas le privilège des pouvoirs absolus.
Si notre démocratie avait des yeux pour ne pas voir et des
oreilles pour ne pas entendre, elle serait d'autant plus coupable, car elle aurait perdu l'avenir dans de stériles récri-

minations en dédaignant ou en négligeant « la plus grande France » qui nous donnera la paix et la justice sociale, parce qu'elle nous donnera la prospérité matérielle et le prestige national : les deux seuls remèdes aux maux qui minent. Quand on appartient à une famille riche et puissante on n'est pas porté aux récriminations et aux luttes intestines. Quand le peuple saura que l'argent vient en grande partie de la France d'outre-mer; quand il apprendra l'autorité et le prestige de la « plus grande France », il ne récriminera plus, ne poursuivra plus les chimères sincères ou fallacieuses ; ce jour-là la démocratie sera assise sur les innombrables fondements de la nature humaine et non sur les succès mobiles des ambitieux.

La Convention, elle aussi, avait ses tribulations intérieures, mais elle n'a pas oublié de regarder au-dehors, *un peu plus loin que l'arrondissement, le club et les partis.* C'est de cet esprit que s'armera le parlement du 22 septembre pour réparer les fautes du passé et faire au loin cette plus grande France, qui ne portera ombrage à personne et assurera la paix sociale que les meilleures solutions des questions exclusivement politiques sont impuissantes à nous donner. Mais malheur à la patrie si les mandataires du peuple avaient des yeux pour ne pas voir et des oreilles pour ne pas entendre!

15 Septembre 1889.

CHAPITRE I.

Les frontières Franco-Anglaises dans l'Indo-Chine, et celles de la Birmanie proprement dite.

M. J. Ferry et Lord Lyons. — Droits de suzeraineté de la Birmanie. — Tribut des fleurs d'or et d'argent. — L'Irrawady et le Mékong.

L'échange de vues entre M. Jules Ferry et Lord Lyons relativement aux petits États Laotiens situés sur les deux rives du Mékong précise l'état d'une importante question qui mérite la plus haute attention, parce que de sa solution dépend en grande partie l'équilibre politique entre la France et l'Angleterre dans l'extrême Orient.

En effet, les intérêts Français dans l'Indo-Chine sont menacés par la politique séculaire du cabinet anglais qui tend à s'emparer de la route commerciale à travers la Birmanie et le Haut-Laos, à l'effet de mettre les ports de Rangoon et de Moulmein en communication directe avec les provinces occidentales de la Chine. Nous n'en voulons pour preuve que les conclusions d'un rapport de la chambre de commerce de Rangoon publié dans les livres bleus, et les conférences de l'ingénieur Halet en 1885 à Manchester et à Glascow. Ce fonctionnaire du gouvernement de l'Inde (ingénieur civil) a révélé les intentions des chambres de com-

1

merce de Rangoon et de Calcutta. Il s'est constitué devant les corps intéressés l'avocat d'une cause patriotique pour forcer la main au gouvernement de la Reine qui a voulu paraitre vaincu dans ses scrupules, et faire semblant de céder à la pression de l'opinion publique. «Préservons le Yunan et les pays Shans du Haut-Laos de l'influence française. » (Chambre de commerce de Rangoon au duc de Keinberley 1er Juin 1885, livre bleu sur les affaires de Birmanie page 163.) Ce cri de guerre a été poussé par le commerce anglais au moment où la France, dans l'est de la péninsule, était en voie de jeter les fondements d'une nouvelle colonie asiatique.

M. Jules Ferry a déclaré à Lord Lyons que les états Laotiens qui constituent le mur mitoyen naturel entre les sphères d'action française et anglaise, doivent être l'objet d'une entente entre les deux gouvernements. (Lettre du vicomte Lord Lyons au comte de Granville. Paris 11 Juillet 1884.)

Dans la même conférence M. Jules Ferry ajouta : « Les Français et les Birmans sont sur le point de devenir voisins. » (Livre bleu page 117.)

Ces paroles sont très significatives. M. Jules Ferry a compris ce dangereux et fatal voisinage. Aussi a-t-il fait part au cabinet anglais, dès la première heure, de l'intérêt que le gouvernement français attache à cette délicate question des limites dont la solution nécessite une entente entre les deux gouvernements.

Lord Lyons dans sa lettre du 11 Juillet 1884 ajoute : « J'ai répondu que la Birmanie ne pourra jamais être voi- « sine de la France dans l'est, comme elle l'est à l'ouest de « l'empire des Indes. »

Il faut en conclure :

1° Que Lord Lyons a voulu dire : « l'action de l'Inde sur la Birmanie supérieure ne peut être comparée à celle que nos possessions dans l'est de l'Indo-Chine exercent, ou sont appelées à exercer sur l'empire d'Ava. »

C'est rationnel : En effet, au point de vue géographique et politique, l'empire des Indes a des points de contact avec le royaume d'Ava. Il suffit de jeter un coup d'œil sur la carte. Le Tipperah et le Munnipoor n'ont qu'une indépendance fictive. Ils sont l'un et l'autre la continuation de l'empire des Indes, et ne sauraient former un état tampon entre les deux actions politiques de Calcutta et d'Ava. Au nord du Munnipoor et au sud du Tipperah le point de contact entre l'empire Indien et la haute Birmanie dont parle Lord Lyons est tangible, pas la moindre objection politique.

2° Que l'ambassadeur de la reine a entendu exprimer cette pensée :

« La Birmanie indépendante ne peut pas reculer ses « frontières politiques jusqu'à celles de l'action française qui « s'étend sur les deux rives du Mékong ou au moins sur « la rive gauche. »

Il importe de prendre acte des paroles de son Excellence. Elles impliquent un aveu très important, parce qu'elles déclarent implicitement que la Birmanie supérieure ne peut être autorisée à étendre ses frontières politiques jusqu'au Mékong. Donc, dans l'esprit de Lord Lyons les provinces Laotiennes ne font pas partie de la Birmanie supérieure. Si l'ambassadeur de la reine avait cru à l'action politique d'Ava sur Kiang-Tung et Kiang-Hung il n'eut pas manqué de le dire. Il se serait abstenu de faire une déclaration implicite qui prouve péremptoirement que l'Angleterre ne croit pas à la possibilité de faire tomber les principautés Shanes du Laos dans l'action de la sphère politique d'Ava.

Lord Lyons ne pouvait se tromper sur le sens de ses paroles. Il savait que la France, (M. Jules Ferry n'a cessé de le répéter), n'a pas l'intention de porter les frontières de l'Ouest du Tonkin jusqu'aux confins orientaux du royaume d'Ava.

En conséquence, puisque dans son esprit les limites d'Ava ne peuvent se confondre avec celles de la France à l'ouest, il faut admettre qu'entre le royaume d'Ava et la France se trouve un pays neutre sur la rive droite du Mékong.

Le territoire occupé par Kiang-Tung et Kiang-Hung et qui constitue la vallée du Haut-Laos n'est donc pas le prolongement politique d'Ava. Il doit ou rester neutre ou tomber sous le protectorat de la France, car il fait partie de la sphère de l'action française, — comme les deux rives de la

Salouen, dont l'Angleterre a la clef à Moulmein font partie de la sphère de l'action anglaise.

M. Jules Ferry a dit à Lord Lyons : « Il est des états « dans la vallée du Haut Mékong qui constituent le mur « mitoyen entre les deux sphères d'action. »

Le président du conseil s'est empressé de faire comprendre à l'ambassadeur de sa Majesté Britannique que cette situation nécessite une entente entre les deux cabinets.

Lord Lyons n'a pas pu se faire illusion sur les intentions du gouvernement français, car M. J. Ferry a été précis : « Il « est des territoires dit le président du cabinet français, « situés sur la rive gauche du Mékong, sur lesquels la cour « d'Ava croit avoir des droits de suzeraineté bien qu'elle « n'ait jamais, en réalité, à ce que je sache, exercé une auto- « rité quelconque sur ce pays. » (Livre bleu page 119. Lord Lyons au duc de Granville.)

Ce langage est très précis. Le cabinet Français fait connaître son intention à l'endroit des frontières de l'ouest de sa sphère d'action. *La cour d'Ava n'est pas autorisée à porter son action politique jusqu'à la rive gauche du Mékong.* L'Angleterre en se substituant à la cour d'Ava se heurtera dans sa marche vers l'est aux réserves du gouvernement Français qui se résument dans les paroles de M. J. Ferry. Elle se trouvera arrêtée par les aveux-implicites de Lord Lyons qui n'admet pas la comparaison entre le voisinage d'Ava et de la France à l'*est*, et celui de la Birmanie et de l'Inde à l'*ouest*.

Les réserves faites par M. J. Ferry ne laissent subsister aucun doute dans l'esprit du cabinet anglais. *La France entend maintenir ses droits sur le Mékong*, et tracer un mur mitoyen qui servira de point d'appui à l'équilibre politique.

Une entente entre les deux cabinets permettra de tracer ce mur mitoyen, et de régler la question de la neutralité ou du protectorat du Haut-Laos.

Lord Lyons ne paraît pas très convaincu que M. J. Ferry s'est trompé en disant : *Les Birmans et les Français sont sur le point de devenir voisins dans l'est.* En effet l'am-

bassadeur de la Reine dans sa dépêche du 5 Mai 1885 au
duc de Granville s'exprime en ces termes : « D'un côté je
« pense que les progrès de la France dans l'extrême Orient,
« l'acquisition de territoires, et l'établissement de protectorats
« dans le voisinage de la Birmanie sont de nature à opérer
« un changement radical dans les relations entre la France et
« la cour d'Ava. De l'autre, je crois que sans aucun doute
« l'accroissement des rapports commerciaux entre les deux
« pays contribuera à pousser les Français à solliciter des con-
« cessions avantageuses du gouvernement Birman. »

L'ambassadeur de la Reine admet que la France puisse
établir des protectorats dans le voisinage de la Birmanie. Il
reconnait implicitement que les provinces Trans-Salouennes
sont susceptibles d'être soumises à un protectorat ; bref,
Lord Lyons déclare indirectement le 5 Mai 1885, (page 161
liv. bleu), que la Birmanie ne s'étend pas sur les provinces
Trans-Salouennes, puisqu'elles sont exposées à subir dans
son esprit le protectorat de la France, qui exclue toute idée
de suzeraineté au profit d'Ava. En d'autres termes, l'Angleterre proclame l'indépendance des provinces Trans-Salouennes
en exprimant ses craintes relativement à la probabilité de
l'établissement d'un protectorat français.

En effet les intérêts français dans l'Indo-Chine sont menacés par la politique séculaire du cabinet anglais, car elle tend
à s'emparer de la route commerciale qui met les ports de
Rangoon et de Moulmein en communication avec le Yunan.
Nous n'en voulons pour preuve que les conférences de l'ingénieur Halet en 1885 à Manchester, etc. etc.

Ce fonctionnaire du gouvernement de l'Inde a révélé les
intentions de la chambre de commerce de Rangoon, appuyée
par le gouvernement de Calcutta. *Préservons le Yunan et les
pays Shans du Haut Laos de l'influence française.* Ce
cri de guerre a été poussé par le commerce anglais, et M. Halet
s'est constitué devant les corps des intéressés l'avocat d'une
cause patriotique, pour forcer la main au gouvernement qui
a voulu paraître vaincu dans ses scrupules, et faire semblant
de céder à la pression de l'opinion publique.

L'état de la question se résume en conséquence dans ces

mots : La France dénie à la cour d'Ava ou à l'Angleterre tout droit politique sur la rive gauche du Mékong : M. J. Ferry a dit ce que les circonstances du moment l'obligeaient à dire. Il a été suffisamment précis et énergique pour éviter tout malentendu. Il n'a pas cru devoir s'étendre sur une question dont la solution ne peut dépendre que du temps et de la bonne entente entre les deux gouvernements.

Il importe d'apprécier cette question du mur mitoyen au point de vue du *maximum* et du *minimum* des prétentions et des droits stricts de la France dont la reconnaissance par l'Angleterre intéresse au plus haut point l'avenir de notre colonie Indo-Chinoise.

Deux hypothèses se présentent :

1° L'action de la France s'étend sur les deux rives du Mékong. Cela constitue le *maximum* de nos droits.

2° L'action de la France s'étend de la mer à la rive gauche du Mékong, et au nord jusqu'au Yunan et au Kiang-si; c'est ce qu'il convient d'appeler le *minimum* de nos prétentions.

Il est rationnel de prétendre que l'action de la France s'étend sur les deux rives du Mékong, parce que ce fleuve est aussi français que l'Irrawady est anglais. Saïgon et Rangoon constituent les clefs de ces deux vallées. La première est entre les mains de la France, la seconde appartient à l'Angleterre.

Sur quoi l'Angleterre peut-elle s'appuyer politiquement et historiquement pour étendre sa sphère d'action jusqu'au Mékong ? Les prétendus droits d'Ava à la courtoisie des princes de Kiang-Tung et de Kiang-Hung ? Mais nous savons ce qu'il faut penser de l'importance politique du tribut honorifique des fleurs d'or et d'argent que Kiang-Tung et Kiang-Hung offraient irrégulièrement au roi de Birmanie. Nous ferons dans un chapitre subséquent la lumière sur cette question dont la solution est la base de l'équilibre politique dans l'Indo-Chine. Nous prouverons que ce tribut était purement et simplement honorifique : un simple hommage rendu à la supériorité d'un voisin puissant.

M. J. Ferry a dit à Lord Lyons : « La Birmanie reven-

« diqua des droits de suzeraineté sur la rive gauche du
« Mékong, mais il est à ma connaissance qu'elle n'a jamais
« exercé d'autorité réelle sur cette partie de l'Indo-Chine. »

Vicomte de Lyons au duc de Granville, Paris 16 Juillet 1884.
« J'ai l'honneur de faire savoir à votre seigneurie que
« j'ai conféré de nouveau aujourd'hui avec M. J. Ferry. Je
« lui ai répété que le gouvernement de sa Majesté désire
« obtenir du gouvernement français la promesse que les
« fonctions de l'agent qui pourrait être envoyé en Birmanie,
« conformément au traité de 1873 seront exclusivement *com-*
« *merciales*, sans aucun caractère *politique*.
« J'ai remis à M. J. Ferry une note à ce sujet. Il me fit
« remarquer qu'il est difficile de scinder les fonctions de
« l'agent du gouvernement. Le titre, ajouta-t-il, n'entraî-
« nera aucune conséquence. Puis M. J. Ferry termina en
« disant : « Il importe de voir les choses de haut. Chacune
« des deux parties contractantes est libre d'accréditer un
« agent diplomatique. La France pour le moment se con-
« tentera d'envoyer un consul en Birmanie. Cet agent quelque
« soit son titre sera chargé des intérêts généraux, et pour le
« moment *des questions de voisinage.*
« J'ai déclaré qu'il est impossible d'admettre qu'il puisse
« surgir des questions de ce genre entre la France et la Bir-
« manie.
« M. J. Ferry ajouta :
« Il est des territoires sur la rive gauche du Mékong sur
« lesquels la Birmanie croit avoir des droits de suzeraineté.
« Cette prétention n'est pas fondée, car la cour d'Ava n'a
« jamais exercé une autorité réelle sur ces principautés.
« Je suis anxieux de penser qu'il pourrait y avoir des
« doutes ou un malentendu quelconque soit à Calcutta
« soit à Londres relativement aux négociations que la
« France poursuit avec le gouvernement Birman. Il est
« vrai que les ambassadeurs Birmans nous ont demandé
« de favoriser le passage et l'introduction d'armes à travers
« le Tonquin mais le gouvernement français s'y est refusé.
« Quant à l'alliance offensive et défensive ou toute autre

« alliance, il n'en a jamais été question. Les négociations ont
« porté sur l'établissement d'un traité de commerce et d'amitié.
« Il n'y a jamais eu d'entrevue secrète, et il n'entre pas dans
« les vues du gouvernement français de conclure un traité
« secret.

« Les Birmans nous ont fait de nombreuses demandes,
« notamment le droit d'introduire à travers nos territoires
« des armes de guerre. Le gouvernement français s'y est
« opposé et se borne à faire un simple traité de commerce
« avec les stipulations nécessaires à la sauvegarde des Euro-
« péens.

« Veuillez assurer votre gouvernement de nos intentions
« à l'endroit de notre résolution de ne pas contracter une
« alliance politique avec la Birmanie. »

« Je suis . . . etc., etc.

« Signé: LORD LYONS. »

Si M. Jules Ferry avait été au pouvoir au moment de
l'envoi de l'ultimatum au roi Thibaw, il n'eut pas manqué
de tenir à l'ambassadeur de sa Majesté Britannique le langage
suivant :

« L'Angleterre estime que ses intérêts dans l'Indo-Chine
« l'obligent à agir militairement en Birmanie.

« La France fidèle à sa politique de neutralité dans les
« zônes qui tombent dans l'action Indo-Anglaise, n'a pas à
« apprécier les motifs qui ont entraîné le gouvernement de
« Calcutta dans la voie de l'application immédiate de la force.
« Elle n'a jamais eu l'intention de peser sur le gouvernement
« de la Reine pour opérer dans l'esprit de sa politique Indo-
« Chinoise des changements qui pourraient être une entrave
« ou un obstacle au développement légal et rationnel de la
« sphère Indo-Anglaise. Elle a donné à l'ambassadeur de sa
« Majesté Britannique toutes les assurances réitérées relatives
« aux prétendus agissements de la France, et aux plans chi-
« mériques d'exploitation financière et industrielle de la
« Haute-Birmanie. Elle a calmé les inquiétudes légitimes
« relatives au passage d'armes de guerre sous le patronage
« français à travers nos possessions de l'Annam et du Tonkin.

« Elle a poussé l'esprit de concorde et de conciliation jusqu'à
« se désintéresser de la situation du prince Ming-goon,
« héritier direct de la couronne des Alompra, et dont l'ar-
« rivée en Birmanie eut incontestablement changé la face des
« choses.

« Cependant, la précipitation de l'action du gouvernement
« de Calcutta et les projets de MM. Colqhoun et Halet,
« interprètes officieux du gouvernement de Calcutta, et
« échos des principales chambres de commerce en Bir-
« manie, dans l'Inde, et sur le continent, nous obligent
« à obtenir du gouvernement de la Reine la reconnais-
« sance officielle de la ligne de démarcation des deux sphé-
« res d'action de la France et de l'Angleterre dans l'Indo-
« Chine. Ce n'est qu'à cette condition expresse que le
« gouvernement de la République pourrait se désintéresser de
« la politique anglaise dans l'Indo-Chine, et des projets de
« Lord Salisbury à l'endroit d'une action immédiate contre
« la cour d'Ava. »

Il est hors de doute que ce langage patriotique et rationnel eut été le prélude fatal d'une courtoise et rapide négociation entre Paris et Londres. L'Angleterre avait trop à
cœur de hâter son mouvement sur Mandalay pour surprendre
la cour et profiter du désarroi général. Il n'est pas permis
d'en douter. Nous sommes en mesure de prouver que les
ordres les plus précis ont été donnés pour la *coïncidence
des événements*, à l'effet de permettre à Lord Salisbury
d'offrir aux électeurs conservateurs au moment du vote les
clefs de Mandalay. L'esprit agressif des lettres du gouverneur
de Rangoon, les causes et les motifs du prétendu conflit,
l'esprit et la lettre de l'ultimatum, le délai ridicule accordé
à la cour d'Ava pour l'acceptation ou le refus des conditions du gouvernement de Calcutta, l'intention blessante
qui a inspiré au vice-roi de l'Inde l'idée de faire signer
l'ultimatum du gouvernement par M. Symes secrétaire du
gouvernement de Rangoon, tout cela prouve péremptoirement que l'Angleterre, sous l'empire des préoccupations
électorales du moment était résolue à précipiter le mouvement sur Mandalay.

Il est hors de doute que sous l'empire des préoccupations intérieures et extérieures, et de la crainte perpétuelle de l'action déguisée de la Russie dans l'Afghanistan, l'Angleterre eut accepté avec empressement l'entente franco-anglaise à l'endroit de l'équilibre politique des deux nations, qui à cette époque étaient occupées chacune à chercher leur centre de gravité dans la péninsule.

Il est hors de doute que nous serions aujourd'hui débarassés de l'embarras d'une solution qui s'impose à l'équilibre franco-anglais.

L'Angleterre se serait rendue à la déclaration précise de M. J. Ferry, malgré ses répugnances à souscrire aux exigences légales de la politique française dans l'est de l'Indo-Chine. Le cabinet de Londres eut sacrifié ses espérances dans le Haut-Laos qui doit lui ouvrir les portes du Yunan, au désir de satisfaire les électeurs conservateurs de la métropole, en procédant la veille du scrutin à la prise de Mandalay. Car il ne faut pas l'oublier, parmi les raisons qui ont poussé Lord Salisbury à procéder à l'occupation immédiate de la Hte-Birmanie, la préoccupation électorale a joué un grand rôle. Le chef du cabinet anglais avait à cœur d'apprendre par l'influence de ses agents aux électeurs des grands centres industriels, que désormais la route du Yunan est ouverte, et que conformément aux paroles de M. Halet à Glascow et à Manchester « L'Angleterre pourra porter sur les ailes de la « vapeur ses produits jusqu'au cœur des provinces méridio- « nales de la Chine, à l'encontre de la France dont il importe « d'annihiler les efforts dans l'est de l'Indo-Chine. » (Conférence d'Halet, ingénieur du gouvernement de l'Inde à Glascow et à Manchester. 1885.)

Il n'y a plus à revenir sur les faits accomplis; la France a été victime des passions des différents partis politiques, et des agitations parlementaires qui ont failli ruiner notre honneur en Asie, et qui ont grandement compromis ses intérêts.

« Le jour où l'Angleterre (écrivait, il y a trois ans « M. Paul Deschanel) mettrait le pied sur le trône du roi de « Birmanie, notre autorité dans la partie orientale de la pres- « qu'île subirait une réelle atteinte. Car si nous ne prenions

« nos précautions, les Anglais une fois établis au Xien-Mai,
« seraient au moins moralement maîtres de la vallée du Mékong
« et de l'importante position de Luang-Prabang (tributaire de
« l'Annam). Coupés ainsi du grand fleuve Indo-Chinois, me-
« nacés de voir (si on ne se préoccupe pas plus activement
« du Siam), l'Angleterre accaparer le protectorat de ce royaume,
« et amener ses canonières sur le grand lac du Cambodge (que
« notre imprévoyance a si maladroitement laissé couper en
« deux par une frontière fictive) notre situation dans l'Annam
« serait bien diminuée.

« Nos rivaux, maîtres de la Birmanie, du Haut-Laos, du
« Siam et des principaux points de la frontière chinoise, rédui-
« raient nos colonies à l'impuissance, à la stérilité. Les milliers
« de vies françaises, et les centaines de millions enfouis par
« nous dans l'Indo-Chine, deviendraient inutiles, et quelle
« honte sur notre nom dans ces mers! »

Il reste maintenant à faire dans la vallée du Haut-Mékong
ce qu'il eut été si facile de faire au ministère qui avait indirectement et énergiquement répété à Lord Lyons: « La France
« entend maintenir ses droits à l'est, tout en respectant ceux
« de l'Angleterre; elle est décidée à empêcher l'empiétement
« des limites de sa sphère d'action. »

Malheureusement un évènement imprévu et sans gravité
est venu mettre le feu aux poudres des passions comprimées
depuis longtemps, et déchaîner un orage qui a failli détruire
le prestige de notre pavillon dans les mers de Chine.

Que demain les ennemis personnels du cabinet Ferry et
les détracteurs inconscients de sa politique extérieure soient
placés par les circonstances dans la situation grave faite
au chef de ce cabinet par un concours de circonstances, qui
ont imposé à son patriotisme et à son énergie une ligne de
conduite dont il ne pouvait pas dévier, nous affirmons qu'ils
suivront le même chemin, et appliqueront la même politique.
Ils agiront en Français, parce qu'il ne nous est pas permis
de penser que le gouvernement de la République puisse
jamais trahir l'honneur de la Patrie, et sacrifier ses intérêts
à la haine politique et à l'ambition personnelle.

Revenons à la question. L'Angleterre n'a pas attaché

grande importance autrefois au tribut honorifique des fleurs d'or et d'argent. L'historien anglais le plus autorisé Yule, n'y voit aucun droit politique. La Chine vient de prouver que cette marque de courtoisie était basée sur des traditions qui n'ont aucun caractère politique, puisqu'elle ne peut et ne veut contraindre les princes Shans du Haut-Laos de continuer à son profit des coutumes tombées en désuétude, sans que Pékin et Ava aient tenté de les rétablir par la force.

L'Angleterre ne saurait donc aujourd'hui revendiquer à son profit un droit qui dans son esprit n'a jamais existé en faveur d'Ava. Et pour les besoins de la cause, elle n'est pas admise à dénaturer le caractère du tribut honorifique qui n'a jamais été l'expression d'une soumission ou d'une dépendance politique, puisque depuis longtemps Ava a renoncé à cet honneur.

M. J. Ferry ne pouvait ne pas admettre les raisons géographiques dont Lord Lyons a fait état en faisant ressortir les conséquences politiques de la position de Calcutta vis-à-vis de Rangoon, et de la Basse-Birmanie vis-à-vis de la Hte-Birmanie. Nous sommes donc autorisés à dire que ces mêmes raisons géographiques qui font tomber le royaume d'Ava dans la sphère de l'action Indo-Anglaise nous donnent le droit de faire passer les deux rives du Mékong dans la sphère de l'action Indo-française ; les situations sont identiques, les solutions ne sauraient être différentes.

Dans l'argumentation du cabinet anglais il y a un point de fait qui domine : « Nous avons la clef de la Hte-Birmanie, « donc le pays nous appartient. »

Et la France ? n'a-t-elle pas les clefs du Haut-Laos à Saïgon au sud, et à Haïphong à l'est ?

Si l'empire des Indes a dominé la Birmanie Anglaise (avant l'annexion) le Tonkin n'exerce-t-il pas la même influence sur la vallée du Haut-Mékong ? Les deux situations sont identiques.

L'Angleterre prétendra qu'il n'y a pas identité entre ces deux situations géographiques. L'empire français dira-t-elle ne s'étend pas jusqu'à la rive gauche du Mékong. Ce raisonnement pêche par sa base.

1° L'empire français dans l'Indo-Chine n'est pas délimité à l'ouest ; en conséquence le cabinet Anglais n'est pas autorisé à se prononcer sur nos frontières de ce côté.

2° L'Angleterre revendique la vallée de l'Irrawady parce qu'elle en possède le Delta. La France est autorisée à revendiquer la vallée du Mékong, parce qu'elle en occupe le Delta à Saïgon.

Quand Lord Lyons à parlé à M. J. Ferry de la position géographique de la basse et haute Birmanie vis-à-vis de l'empire des Indes, le président du cabinet français a répondu :

« Cette position n'a rien d'exceptionnel au point de
« vue anglais, car le Tipperah et le Munnipoor ne cons-
« tituent pas encore des provinces intégrantes de l'empire
« des Indes. La position géographique de la France dans
« l'Indo-Chine vis-à-vis de Kiang-Tung et de Kiang-Hung est
« à peu de chose près aussi favorable que celle de Calcutta
« vis-à-vis de Bhamo, de Momyen et de Moné. En consé-
« quence la France est autorisée à comprendre Kiang-Tung
« et Kiang-Hung dans la sphère de son action. Kiang-Tung
« et Kiang-Hung sont appelés à jouer le même rôle que le
« Tipperah et le Munnipoor. »

Lord Lyons ne veut pas admettre la possibilité d'une comparaison entre les frontières Anglo-Birmanes à l'ouest, et les frontières Franco-Birmanes à l'est. L'ambassadeur de sa Majesté prétend que les frontières Anglo-Birmanes n'ont rien de commun avec celles du Tonkin et du Haut-Laos.

M. J. Ferry a précisé sa pensée :

« Les territoires qui avoisinent la rive gauche du Mékong
« échappent complètement à la suzeraineté de la Birmanie,
« parce que la cour d'Ava n'a jamais pu y exercer une action
« politique réelle. »

Avant l'annexion de la Hte-Birmanie l'Angleterre n'a pas attaché grande importance à la prétendue suzeraineté d'Ava sur les territoires qui occupent la rive droite du Mékong. En conséquence l'Angleterre ne saurait aujourd'hui être autorisée à revendiquer au point de vue historique et poli- tique des droits qu'Ava n'a jamais exercés.

Le gouvernement de la République poursuit avec patriotisme et prudence l'œuvre de la consolidation politique et de l'organisation administrative de notre empire Indo-Chinois. Il veut éviter les difficultés qui divisent la Russie et l'Angleterre sur les frontières de l'Afghanistan. Il ne veut pas s'exposer aux complications de Pinjdah, et se préoccupe de tracer la ligne de démarcation entre les deux sphères d'action de concert avec le cabinet anglais.

Cette œuvre de consolidation de paix et de civilisation elle la poursuivra avec la loyauté et l'énergie avec laquelle le cabinet Ferry a défendu les droits séculaires et l'honneur de la France dans l'Indo-Chine.

CHAPITRE II.

La sphère de l'action française et les droits de la France dans l'Indo-Chine.

Colbert, persuadé que la France, puissance maritime, devient fatalement une puissance coloniale, a jeté ses regards vers l'Inde. Il s'est dit: Il faut que mon œuvre repose sur une population très dense, qui permettra 1° à la métropole d'envoyer des fils de famille gênés et gênants, des natures exubérantes, et toutes les bonnes volontés victimes du sort et des circonstances; 2° d'ouvrir avec les différents peuples de l'Inde un commerce d'exportation et d'importation qui se développera peu à peu, au fur et à mesuré que l'industrie nationale arrivera à fournir aux indigènes ce que leurs mœurs, leurs coutumes et leur religion leur permettent de consommer; 3° de greffer la civilisation occidentale sur le vieux tronc Brahmanique et Boudhiste, à l'effet d'amener ces populations, victimes de l'immobilité de leurs institutions à ouvrir progressivement avec la France commerciale et industrielle des relations d'où sortirait peu à peu une prospérité réciproque, grâce à un constant échange de produits, et une inoculation latente des idées de l'Occident dans les veines d'un vieux monde dont la vitalité a défié les siècles.

L'œuvre de Colbert portait dans son sein le germe de notre prospérité, parce que la France eut fait ce que l'Angleterre a fait, si elle n'avait pas sacrifié les avantages de sa situation aux faiblesses et à la honte de sa politique extérieure. Cela est si vrai que la Compagnie anglaise s'est dit: « à tout prix il faut annihiler la France dans l'Inde. » Nous savons malheureusement ce qu'a fait le cabinet de Versailles.

On ne déploie pas tant d'énergie et de mauvaise foi pour se débarasser d'un ennemi qui n'est pas redoutable. Si l'Angleterre n'avait pas compris que la France commerciale ferait un jour aux Indes ce qu'elle espérait y faire au point de vue commercial et industriel, Clive n'eut pas forcé la conscience de l'amiral Watson, pour acheter le Bengale à Mohil-shan, un traitre qui a vendu le Maharajah de Murschadabad.

A cette époque le commerce Anglais était plus florissant que le commerce français, et malgré cet avantage l'Angleterre a mis tout en œuvre pour écraser sa rivale dont elle redoutait la vitalité.

Il en est de même aujourd'hui. M. Halet, agent officieux du gouvernement de l'Inde, n'eut pas dit devant toutes les grandes chambres de commerce en Angleterre : « Dans l'Indo-Chine le péril c'est la France. » Il n'eut pas ajouté : « Il faut « annihiler la France dans l'est de l'Indo-Chine et conduire « le roi de Siam dans la grande famille Anglaise. »

Si M. Halet et le parti commercial qu'il représente, n'était pas convaincu que la France pourrait changer ses méthodes et transformer son industrie à l'effet de lutter victorieusement sur tous les marchés de l'Indo-Chine et de la Chine, eut-il tenu ce langage ?

Si la France commerciale n'était pas redoutable comme on le dit parfois ; si elle ne servait que de marche-pied à l'Angleterre et à l'Allemagne, Rangoon n'eut pas jeté feu et flammes lors de l'arrivée du consul de France à Mandalay le « Times » n'eut pas sonné pendant tout le séjour des ambassadeurs Birmans à Paris la cloche d'alarme, la presse anglaise en général et surtout celle de l'Inde ne nous eurent pas accusés d'intrigues, d'infamies et de cruautés au Tonkin.

Lord Lyons n'eut pas répété vingt fois à M. J. Ferry : « L'Angleterre ne tolérera aucune intervention de la France « dans la Haute Birmanie. Elle exige une promesse formelle « de ne contracter aucune alliance politique ; elle ne veut « pas que l'agent de la France ait des attributions politiques « etc. etc. » (Livre bleu, 1885).

Et un peu plus tard, l'ambassadeur de la Reine n'eut pas à dessein prêté une grande influence au consul de France. Il n'eut pas indirectement demandé la tête de cet agent, en l'accusant d'exercer une action directe sur la cour de Birmanie au détriment des intérêts anglais, alors qu'il lui était démontré par les dépêches du gouvernement de Rangoon que le consul de France n'a jamais porté ombrage aux intérêts de l'Angleterre, qu'il n'a défendu que les intérêts de la civilisation et ceux des Européens, bref, qu'en fait d'influence à la cour de Mandalay, il a bu le calice des humiliations jusqu'à la lie, sort qui, du reste, a été partagé par tous les agents anglais.

Le gouvernement de Rangoon n'eut pas dit, en 1885, (livre bleu) : « Le consul de France constitue un grand dan- « ger pour les intérêts anglais, il a l'intention de faire de « l'Irrawady un fleuve ouvert à tous les pavillons, comme le « Danube ; il a obtenu au profit de la France la concession « des mines de rubis, d'une ligne de chemin de fer, et d'une « banque dont le capital sera garanti par le produit des « douanes. Il a l'intention de jouer dans l'Indo-Chine le « même rôle que Dupleix a joué dans l'Inde au siècle der- « nier. Il en est fait de l'influence anglaise dans la Haute-Bir- « manie ».

Le capitaine Norman n'eut pas écrit un livre de passion : *Le Tonkin ou la France dans l'extrême Orient*, dont voici la préface : « Dans ces derniers temps, la France a été in- « ondée d'un déluge de publications relatives à la question « du Tonkin. Je crois les avoir toutes parcourues. Le pu-

« blic français et la presse française semblent être convaincus
« que les ministres des affaires étrangères sont coupables de
« duplicité, et les chefs de l'expédition militaire de cruauté,
« et malgré cela M. J. Ferry n'a pas dans ces ouvrages été
« sérieusement blamé d'avoir faussé des télégrammes relatifs
« au désaveu par le gouvernement de Pékin du marquis de
« Tseng; et l'amiral Courbet et le général Bouët n'ont pas été
« réprimandés au sujet des exécutions de leurs prisonniers.
» En France, les auteurs de ces livres ont applaudi à ces
« excès. *Pas de quartier pour ces brigands qui ont assas-
« siné les nôtres! Quant aux mandarins qui nous ont
« trahis, il faut en faire une razzia complète et les fu-
« siller sans pitié!* Voilà le langage d'une nation civilisée
« qui prétend être le champion de la civilisation et du chris-
« tianisme.

« Le conflit Franco-Chinois nous intéresse au plus haut
« degré; éventuellement nous devons intervenir comme mé-
« diateur ou comme allié. Si nous voulons travailler au main-
« tien de la paix dans le monde, et de l'entente cordiale
« qui existe entre les civilisations de l'Orient et de l'Occi-
« dent, une intervention immédiate serait un acte de sa-
« gesse de notre part. Quand les chiens de la guerre sont
« lancés, il est difficile de les rappeler, nous aurons alors
« beaucoup plus de peine à faire accepter notre média-
« tion. Tous les observateurs impartiaux reconnaissent
« que les efforts de la France sont injustifiables, non
« seulement dans l'Annam mais aussi à Madagascar. C'est en
« vain que les puissances européennes ont parlé sincérement
« à la France, les flammes de la guerre, qu'elle porte main-
« tenant dans les mers de l'est, s'étendront bientôt à l'ouest,
« et nous serons entraînés dans un tourbillon qu'il serait
« possible en ce moment d'arrêter à l'aide d'une fermeté
« judicieuse.

« La République joue en ce moment un jeu de fanfaron-
« nade (braggarts game). Elle sent que son existence même
« dépend d'une France rassassiée de gloire, et ses ministres
« forment en vain l'espoir que l'enthousiasme d'une cam-
« pagne heureuse fera oublier le poids des impôts. Mais de

« la guerre naît la guerre, et la défaite est le fruit de la
« victoire. Sedan est le corollaire du Mexique, Son-Tay sera-
« t-il vengé à Paris ?

« Dans les pages qui suivent, j'ai essayé de faire l'histo-
« rique de la question du Tonkin. J'ai fait de larges em-
« prunts aux papiers officiels, et afin de ne pas être accusé
« d'avoir faussé le sens, j'ai reproduit le texte original. La
« France se trouve accusée par ses propres ministres de ty-
« rannie, de rapacité, de cruauté et d'indélicatesse, et s'il
« m'est possible de convaincre tous ceux de mes compa-
« triotes qui pourraient croire encore à la pureté et au dés-
« intéressement des idées de la République Française, je me
« considérerai comme satisfait. »

Si en effet la France n'avait rien à espérer de ses colonies de l'Indo-Chine et de Madagascar, la chambre de commerce de Londres n'eut pas écrit à Lord Churchill: « L'ac-
« tivité de la France dans la péninsule ne se bornera pas à
« la Cochin-Chine, au Cambodge et au Tonkin, cette nation
« cherchera à étendre son action jusqu'au Nord-Ouest, avec
« l'intention d'intervenir dans les affaires du Siam.

« Il faut à tout prix briser l'ambition de la France dans
« la péninsule ». (Secrétaire de la chambre de commerce de
Londres à Lord Churchill, 16 Juillet 1885, livre bleu).

Le vice-roi n'eut pas télégraphié au secrétaire d'Etat :
« L'influence dominante et exclusive de la France dans
« la Haute-Birmanie entrainera de sérieuses conséquences
« pour nos possessions de la Basse-Birmanie, il faut la para-
« lyser au risque d'ouvrir des hostilités contre Mandalay. »
(Livre bleu, 29 Juillet 1885).

M. Burgess, secrétaire de la Basse-Birmanie n'eut pas
écrit au nom du gouvernement de Rangoon à M. Durand,
secrétaire du gouvernement de l'Inde :
« Si la France favorise l'établissement d'un chemin de
« fer et d'une banque dans la Haute-Birmanie, l'Angleterre
« perdra tous ses avantages, elle se verra surtout privée de
« *l'unique route commerciale* qui met Rangoon et Moul-
« mein, en communication avec les ports de la Chine méri-

« dionale ». (M. Burgess, secrétaire d'Etat, à M. Durand,
« secrétaire du gouvernement de l'Inde, livre bleu, 1885).

En appréciant et en réfutant les vœux d'un meeting tenu
à Rangoon, en Octobre 1883, (livre bleu, p. 136), en discutant
les avantages et les inconvénients de l'annexion de la Haute-
Birmanie, M. Bernard s'exprime ainsi:

« Il est certain que depuis quelques années les commer-
« çants et sujets anglais de la Basse-Birmanie ont exprimé le
« désir de l'annexion du royaume d'Ava, à l'effet de former
« une forte province homogène qui *s'étendrait de la mer
« jusqu'aux confins de la Chine*, donnerait de l'extension
« au commerce, augmenterait la prospérité du peuple en
« assurant l'exploitation des mines de charbon, des forêts de
« theck, des sources de pétrole, et des autres produits, et
« ouvrirait une route directe au commerce que nous faisons
« avec les provinces occidentales de la Chine. Cela nécessi-
« terait l'annexion et elle serait facile au point de vue mili-
« taire. Tous les hommes qui ont prévu l'avenir politique
« ont dit que tôt ou tard le royaume d'Ava fera partie des
« possessions anglaises, Sir Henry Durand qui a servi en
« Birmanie et qui connaît à fond les questions de l'Inde a
« prédit, il y a cinquante ans, l'annexion de la Birmanie. »

La route de la Chine méridionale! Et toujours la route
de la Chine méridionale, depuis un siècle, — voilà l'éternel
objectif de l'Angleterre dont un des hommes d'Etat les plus
remarquables a dit dans la « Forthnightly Review » : « Nous
« avons été forcés d'annexer la Birmanie. — L'action de l'a-
« gent français à Mandalay nous a poussés à cette extrémité ».
Ce n'est donc plus la route de la Chine nécessaire au commerce britannique, c'est l'action de l'agent français qui dé-
termine l'Angleterre à agir en 1885. On n'a donc jamais
placé le royaume d'Ava dans la sphère future des possessions
anglaises? M. Durand n'a certes pas pensé à l'action d'un agent
français quand, il y a cinquante ans, il a écrit: « Avant longtemps le royaume d'Ava fera partie des provinces anglaises ».
Sir Charles Dilke, a été mal inspiré en attribuant la cause de
l'occupation de Mandalay à l'action du consul de France.

Le patriotisme de cet homme d'Etat l'a égaré dans cette
circonstance. Nous avons la plus haute opinion de son li-
béralisme et de son talent, aussi avions-nous le droit d'attendre de son impartialité un jugement plus conforme à la
vérité historique que l'honorable homme d'Etat. qui partage
les convictions politiques de la France, connait mieux que
personne.

Cette agitation Britannique mêlée de haine et de crainte
prouve qu'ils se trompent ceux qui croient qu'au Tonkin,
et à Madagascar nous ne faisons que préparer la voie au
trafic britannique. Le gouvernement de la Reine a compris
que son commerce aurait à compter un jour avec celui de
la France dans les mers de Chine aussi bien qu'à Madagascar et sur les côtes d'Afrique, voici pourquoi le péril du
moment c'est la France coloniale.

Les manœuvres de l'Angleterre ne sont pas nouvelles,
elles sont, à un siècle de distance, la continuation de la politique de la Compagnie des Indes.

Et c'est cette même nation dont nous proclamons la
supériorité commerciale ; cette même nation qui dans
l'esprit d'un grand nombre doit absorber toutes les affaires
de l'Indo-Chine, et nous réduire à l'état de spectateurs pas-
sifs et naïfs de la fortune Britannique dans la péninsule,
dont nous n'aurions eu que l'honneur de cimenter les bases
avec le plus pur de notre sang et notre or; c'est donc cette
nation, si sûre de son lendemain commercial, qui jette le
cri d'alarme et dénonce le *péril français*. Il faut avouer
que c'est une singulière façon de dédaigner un rival. Soyons
donc sincéres et francs, et reconnaissons dans l'effroi de
l'Angleterre, dont les livres bleus relatifs aux affaires de Birmanie sont l'écho, toute l'importance politique et économique de
notre œuvre Indo-Chinoise. Les efforts incessants de Lord
Lyons et les clameurs du commerce de Rangoon prouvent
que M. J. Ferry a vu loin, et qu'il ne s'est pas trompé en
croyant à la nécessité et à l'efficacité de notre action dans
l'Indo-Chine.

Les livres bleus nous apprennent comment et pourquoi
on a ouvert les hostilités contre Mandalay, mais la moralité

de cette entreprise militaire n'échappera pas à la censure de l'histoire. En attendant on n'est occupé que du succès. Il s'est trouvé un historien Anglais assez impartial pour citer le crime de Clive, il y aura un autre Malson pour dire que les moyens employés à l'effet de détrôner le roi Thibaw n'étaient pas dignes du grand peuple, qui depuis longtemps avait d'autres motifs plus justes et plus élevés de se débarrasser d'un monarque aussi incapable que dangereux par sa faiblesse.

Aujourd'hui la lumière est faite : l'Angleterre s'est emparée de l'Inde parce qu'elle a compris que sa rivale était de force à lui enlever la prépondérance politique et commerciale sur cet immense champ de bataille. Ce qui s'est passé au dix-huitième siècle se reproduit aujourd'hui dans l'Indo-Chine. Espérons que les circonstances qui ont contribué à priver la France d'un empire colonial qui constitue la fortune et la force de l'Angleterre ne se présenteront plus.

Les avantages de l'Angleterre dont parle l'interprète du gouvernement de Rangoon (M. Burgess) nous les connaissons. Ils se résument dans les conséquences politiques de l'occupation ajournée du royaume d'Ava. La Birmanie supérieure reliée politiquement à la Basse Birmanie, c'est l'autorité britannique étendue sur les deux rives du Mékong. La route commerciale qui conduit au Yunan ne sera plus menacée par l'action de la France dans l'est. Ces avantages sont tangibles ; ils ne sauraient être sacrifiés sans compromettre la politique séculaire de l'Angleterre dans l'Indo-Chine, et sans affaiblir le commerce de la Métropole. qui, selon les expressions de M. Halet, veut pénétrer dans les provinces méridionales de la Chine, « sur les ailes de la vapeur » avant que la France ait eu le temps de s'y établir par de solides relations commerciales et des traités avantageux. Voici pourquoi on effraye le gouvernement de Calcutta qui se chargera bien de jeter l'inquiétude dans l'esprit du gouvernement de la Métropole.

Si la seule route commerciale qui conduit aux portes du Yunan à travers le Haut Laos était coupée, qu'en adviendrait-il de notre commerce, se demande la chambre de commerce de Rangoon? L'écho de cette crainte a retenti jusqu'au cœur des grands centres producteurs de la Métropole. La France, délivrée de ses difficultés militaires au Tonkin, pourrait posséder seule les clefs du Yunan, et transformer peu à peu le fleuve rouge en un second Irrawady qui donnerait un grand développement au commerce d'importation et d'exportation de nos rivaux.

L'Irrawady est navigable jusqu'à Bhamo, mais il ne pénètre pas au cœur du Yunan; du reste le projet d'une grande route de la Chine méridionale par Bhamo semble avoir été abandonnée par les ingénieurs de Calcutta.

L'Angleterre ne peut pas assister indifférente à la prise de possession commerciale du Yunan et du Kuang-si, voici pourquoi il faut empêcher la France à tout prix de faire dans la Haute-Birmanie des œuvres de nature à nous priver de nos avantages politiques et géographiques, *parce que ces avantages peuvent seuls nous assurer l'unique route commerciale qui puisse mettre le Yunan en communication avec Rangoon et Moulmein.*

Longtemps encore on entendra répéter cette dangereuse erreur : « La France n'a pas comme l'Angleterre le génie colonisateur. » Eh bien! malgré la circulation de cette erreur, et la facilité avec laquelle le public l'accrédite, nous sommes encore à un siècle de distance condamnés à dire:
« Si nous ne savons pas coloniser, nous avons cependant
« encore quelques colonies à sacrifier. Hier nous avons
« lâchement abandonné Dupleix à la haine et à la passion
« de ses adversaires, aujourd'hui c'est l'Indo-Chine que nous
« avons failli jeter en pâture à l'avidité de l'Angleterre.
« En vérité, une nation qui ne sait pas coloniser, ne met
« pas beaucoup de temps à réparer ses désastres colo-
« niaux. La bataille de Plassy, livrée par Clive au Maharajah
« de Murchadabad, était bien la bataille d'Actium de l'Inde
« française. Un siècle plus tard, cette France, si incapable de
« coloniser, a vengé son Waterloo indien en faisant flotter
« son drapeau à Tunis, à Hué et à Tananarive. »

Soyons donc meilleur juge de nos qualités et de nos défauts, et avouons que nous ne savons pas persévérer dans nos œuvres extérieures qui sont toujours condamnées ou exposées à servir de marchepied aux ambitions de nos voisins.

Les faiblesses et les fautes du gouvernement, de Louis XV, les mesquineries, pour ne pas dire les lâchetés des directeurs de la Compagnie à Paris, n'ont d'égal que les calomnies des ennemis du gouvernement de la République, paralysé par un Parlement mal renseigné et mal préparé à l'action de notre politique extérieure. L'avenir donnera de pénibles démentis, mais à quel prix! Que de mal n'aura-t-on pas fait quand l'empire français dans l'Indo-Chine nous permettra de peser dans la balance de l'extrême Orient et de la Chine, en faisant pencher le plateau des avantages commerciaux de notre côté.

Dans l'Indo-Chine la sphère de l'action anglaise finit là où commence celle de l'action française, cette limite n'est pas aussi imperceptible qu'on pourrait le croire. Il est des solutions rationnelles et morales qui ne présentent aucune difficulté quand elles viennent à leur heure. Mais cette heure qui constitue le véritable moment psychologique une fois passée, il n'en est plus de même. Ce qui était logique et simple la veille, devient anormal et compliqué le lendemain. On ne transplante plus le chêne quand il a vieilli sous les frimas et les orages. Quand on n'imprime pas le cachet du possible, de la légalité et du droit sur la cire molle des circonstances, la cire durcit et l'empreinte n'est plus possible, à moins de procéder à une nouvelle fusion.

L'Angleterre en est bien convaincue. Aussi s'est-elle empressée de profiter des circonstances qui ont accompagné et suivi la chute du ministère Ferry pour s'emparer de la Haute-Birmanie. Le moment psychologique était arrivé, et elle a profité de l'esprit de notre Parlement pour exécuter en un jour ce qu'elle avait mis un siècle à combiner. Ce moment psychologique, elle ne l'a pas négligé, car elle savait que le ministère de M. de Freycinet était paralysé par les divisions et l'agitation de la Chambre, et qu'il ne s'opposerait pas à l'emploi de la force. Le cabinet Ferry n'eut pas empêché l'occupation de la Haute-Birmanie par l'armée

de l'Inde, car il a vingt fois répété à Lord Lyons: « La
« France donne à Sa Majesté Britannique l'assurance formelle
« de sa neutralité dans les questions anglo-birmanes; le gou-
« vernement de la République ne dépassera pas les limites
« d'un simple traité de commerce et d'amitié. »

Au moment de l'action contre Mandalay il eut été facile
à M. J. Ferry de dire à l'ambassadeur de la Reine avec lequel il a eu de fréquentes entrevues au sujet du traité franco-
birman, et de la politique anglo-birmane.

« Votre Excellence estimera que le moment est venu pour
« la France de tracer d'un commun accord avec le gouver-
« nement de la Reine et d'une manière durable et certaine
« la limite des deux sphères d'action, en prenant pour base
« la ligne de partage des eaux entre la Salouen et le Mékong,
« en respectant la situation politique du Laos, en faisant,
« à l'aide d'une entente cordiale, tomber la cour de Kiang-
« Tung et de Kiang-Hung dans la sphère de l'action fran-
« çaise. Ou bien en admettant d'un commun accord une
« frontière plus scientifique et plus modeste qui porte la
« sphère de l'action française jusqu'à la rive droite du Mé-
« kong.

« Votre Excellence reconnaîtra que l'Angleterre aurait mau-
« vaise grâce de repousser les propositions amicales de
« la France, qui dans la question birmane n'a pas porté om-
« brage aux intérêts de la Reine, mais a empêché tout
« ce qui pouvait être de nature à compliquer la situation
« dans le royaume d'Ava. »

Ce langage appuyé par l'énergie et l'autorité du Président
du conseil eut abouti à un modus vivendi qui devait servir
de base à la solution définitive du mur mitoyen.

L'Angleterre a laissé échapper dans l'Afghanistan le moment psychologique en négligeant de tracer, comme nous
allons le prouver, la limite des sphères d'action de la Russie
et du gouvernement des Indes. A Merw, l'Angleterre pouvait encore sauver l'avenir. Merw perdu c'était l'Inde ouverte,
et Hérat, la clef de voûte de la grande œuvre militaire de
Skobeleff au pouvoir de la Russie. Il n'y a pas à en douter,

Calcutta ne veut pas renouveler dans l'extrême Orient les fautes qu'elle a commises dans l'Asie centrale. Merw lui apprend tous les jours que Kiang-Hung est le Merw de l'Indo-Chine, et qu'il faut à tout prix occuper cette position qui est la clef de l'œuvre commerciale que le gouvernement de la Reine veut entreprendre dans le Haut-Laos, dans le Siam, dans le Yunan et dans le Kwang-si. L'Angleterre sait que la France ne peut pas renoncer à Kiang-Hung, un des points principaux de sa sphère d'action à l'ouest de son Empire; elle mettra en œuvre toutes les ressources politiques et militaires dont elle dispose pour s'emparer de ce centre de gravité de l'équilibre Anglo-Français dans l'Indo-Chine.

Si l'Angleterre avait voulu résoudre avant la Russie et à son heure le problème de sa sphère d'action dans l'Asie centrale, elle ne serait pas aussi inquiète qu'elle l'est aujourd'hui, en présence d'une solution fatale, qui pourrait bien ne pas être à son avantage.

On se tromperait si on comparait les principes qui président aux sphères d'action Anglo-Française dans l'Indo-Chine à ceux qui règlent l'équilibre Anglo-Russe dans l'Asie centrale. La France est maîtresse des deux rives du Mékong, parce qu'elle en a l'embouchure à Saïgon, et parce que le Haut-Laos tombe, historiquement parlant, dans la sphère des peuples qui habitent la rive gauche de ce fleuve. Cette rive est française, à moins de soutenir que la Haute-Birmanie n'a aucun lien historique et politique avec la Basse-Birmanie. Si, en effet, cette rive du Mékong est française, les peuples qui habitent la rive droite, qui sont de même origine et qui ont la même histoire, tombent dans l'action politique de ceux qui habitent au-delà du fleuve. Si on voulait contester cette vérité en arguant du peu de légalité de cette théorie, on pourrait toujours répondre : « Soit, les peuples « des deux rives ne tombent pas dans l'action française, mais « alors comment prouver qu'ils tombent dans l'action Anglaise qui ne s'étend que sur la Birmanie proprement dite, « car l'influence d'Ava sur le Haut-Laos n'a existé que dans « l'orgueil et l'ambition de ses rois. »

Cela s'impose. Si l'Angleterre voulait faire tomber l'autorité de Kiang-Tung et de Kiang-Hung dans sa sphère d'action, il n'y a pas de motif pour ne pas étendre la sphère de l'action Britannique sur le Yunan et une partie du Tonkin.

Dans l'Asie centrale les choses ne sont pas aussi précises et aussi simples. Au point de vue de la philosophie des théories « des sphères d'action », Hérat est aussi Russe qu'Anglais, car l'Afghanistan ne tombe pas plus dans la sphère anglaise que dans la sphère russe, parce que cet état constitue un point neutre entre les deux actions européennes en présence. En effet, pourquoi l'Afghanistan serait-il ou le prolongement naturel de la Russie, ou celui de l'Inde ? Géographiquement parlant, il n'y a aucun esprit de continuité, aucun lien historique ou éthnographique. Il n'en est pas de Hérat comme de Mandalay. L'ancienne capitale du royaume Birman était placée dans la sphère d'action dans laquelle elle est rentrée. Mandalay, et tout ce qui constitue le bassin de l'Irrawady, forment un faisceau historique et politique comme les deux rives du Mékong. Il en est de même de la vallée de la Salouen, mais Hérat échappe à cette loi. Et si la Russie s'est emparée en partie de l'Afghanistan, elle n'a fait qu'imiter l'Angleterre qui s'est emparée de l'embouchure de la Salouen et de certaines provinces de l'Inde qui n'étaient pas dans la sphère de son action.

Nos hommes d'Etat savent tout cela, ils en savent même davantage, mais il ne suffit pas d'être fixé et renseigné, il faut pouvoir agir.

L'action se résume dans la définition des droits réciproques, qui entraînent la solution des questions de frontière. Cela se traduit par une formule précise qui a été dictée par l'Angleterre elle-même : « La Haute-Birmanie ou le royaume « d'Ava fait partie du centre de la sphère de l'action Indo-« Anglaise. » (Lord Lyons à M. J. Ferry).

1° Parce que l'Angleterre seule a les clefs de la vallée de l'Irrawady et de la Salouen.

2° Parce que l'empire de l'Inde exerce, par sa position géographique, une influence réelle sur l'empire d'Ava.

Nous acceptons cette formule, mais alors ne sommes-nous pas conduits et autorisés à l'appliquer aux intérêts français. Poser la question c'est la résoudre.

La vallée du Mékong, et notamment les petits états situés sur les deux rives du haut fleuve font partie du centre de l'action française dans l'Indo-Chine.

1° Parce que la France seule a la clef de la vallée du Mékong à Saïgon.

2° Parce que sa situation géographique dans l'Indo-Chine exerce sur les deux rives du Haut-Mékong une influence réelle ; bref, la sphère de l'action de l'Angleterre s'étend jusqu'à la ligne de partage des eaux qui séparent la Salouen du Mékong. A l'est de cette ligne commence la sphère de l'action de la France, qui s'étend au nord jusqu'au Yunan. et à l'est jusqu'à la mer, à moins que les exigences de la politique européenne condamnent la France à limiter son action entre la mer à l'est, et la rive gauche du Mékong à l'ouest, (minimum de nos droits). (Jules Ferry à Lord Lyons. Livre bleu).

Il faut distinguer la partie nord et la partie sud. La première commence à la frontière chinoise, à l'intersection du 23° degré latitude et du 97° longitude (carte générale de Garnier). Elle se prolonge vers le sud jusqu'à la limite des prétendues possessions siamoises entre le 20° et le 21° latitude et le 96° et le 97° longitude, et forme l'espace compris entre les monts *Tanen-Toung* à l'ouest (entre le 96° et 97° longitude et le 20° et le 23° latitude, carte générale) et la mer à l'est.

La partie sud commence au point où le Mékong entre dans les possessions siamoises ou plus ou moins dépendantes du Siam. D'après la carte de F. Garnier ce point se trouve entre Lim et Xung-Sen, c'est-à-dire entre le 20° et le 21° latitude et le 97° et le 98° longitude. Elle comprend l'espace situé entre la rive droite du fleuve et la mer.

L'une et l'autre partie constituent logiquement, géographiquement et politiquement ce que nous sommes autorisés

à appeler la sphère de l'action française, dont les limites
ont été tracées moralement par les actes de l'Angleterre à
l'ouest en 1885, et les conséquences nécessaires d'une politique réciproque à l'est.

Nos droits maximum. — « Au point de vue ethnogra-
« phique les Shans ou Laos appartiennent à la même race
« que les indigènes du sud du Yunan. Les Pai ou Shans
« qui habitent l'ouest de cette province ont à peu près le
« même langage et la même physionomie que les Pai de Ta-
« lan. Toutes ces tribus ressemblent aux Pai, aux Laos et
« aux Shans qui occupent la contrée située au sud du Yu-
« nan. (Colquhoun, Chine méridionale, liv. 2, p. 45).

M. Colquhoun aurait pu ajouter: et qui vivent sur les
deux rives du Mékong. Puisqu'il parle du nord-est du pays
des Laos. il y a un ouest, un nord-ouest et un sud. L'ouest
est la rive droite du Mékong.

« Jusqu'à présent, dit le voyageur anglais, les connais-
« sances géographiques que l'on possède sur le nord-est du
« pays de Laos sont fort restreintes et assez confuses. Cette
« région comprend le Shan, qui est situé entre le sud du
« Yunan, le Mékong, le Tong-king et la frontière nord de
« Luang-Prabang. Ce dernier pays, qui longe le Mékong, est
« le plus septentrional des états tributaires de Siam. »

Donc, au point de vue ethnographique et géographique,
les peuples qui habitent les deux rives du Mékong et qui
vivent sur les confins du Yunan méridional sont de même
origine. Ils ont la même histoire, les mêmes mœurs, la même
langue et tombent scientifiquement et politiquement dans la
sphère d'action du Tong-King. Ils ont subi une influence
politique quelconque. Est-ce le Yunan, Ava ou le Tong-
King qui a été l'objet de leurs hommages? La Chine s'est
toujours désintéressée, bien que sa situation géographique
lui eut permis de faire acte d'autorité chez ces peuples. Le céleste Empire ne se préoccupait pas de savoir s'il était réellement intéressé à exercer une action politique au-delà du
Yunan. Il n'y avait pas d'étrangers à l'horizon qui eussent

pu se servir de cette antichambre du Yunan, et commercia-
lement parlant il n'avait pas de grands intérêts au-delà
d'Esmock et de Talan.

Quant à Ava, quelle influence politique effective pouvait-
elle exercer dans une vallée d'où elle était séparée par les
obstacles de la nature qui s'opposent aux expéditions militaires, et constituent une barrière entre les deux peuples?
Le Tong-King, limitrophe des petits états Shans, a toujours
exercé une action directe et immédiate sur toute la vallée
du Mékong. M. Colquhoun lui-même confirme notre opinion:
*Le pays qui s'étend au sud de Talan comprend plu-
sieurs petits états Laotiens, jadis tributaires du Tong-
King ou de la Birmanie.* (Chine méridionale, vol. II, page
45).

Il est donc rationnel d'admettre l'influence politique du
Tong-King, un état voisin. Quant à l'action d'Ava nous n'a-
vons plus à la discuter. L'historien Yule lui-même, après
plusieurs contradictions, ne peut y voir qu'une ancienne
coutume honorifique, tandis que Colquhoun nous apprend
que Kiang-Tung et Kiang-Hung sont indépendants et ont
rompu toutes relations avec la Birmanie.

A l'ouest, la ligne de partage des eaux entre la Salouen
et le Mékong constitue le maximum de nos droits. Ce sont
les monts *Tanen Toung* qui partent d'un contrefort d'une
autre chaîne parallèle et qui forment la frontière méridionale
du Laos. Cette ligne part du 97ᵉ longitude (carte générale
de F. Garnier) coupe le 21ᵉ et le 22ᵉ degré latitude un peu
au-dessous de Xieng-Tong et s'arrête à la frontière siamoise avant le 20ᵉ degré latitude; elle s'étend du 97ᵉ jusqu'au 98ᵉ longitude.

Au nord, la frontière du Yunan, depuis les monts Cachou
jusqu'à Lono. Au sud, la prétendue frontière du Siam indiquée par F. Garnier et qui rejoint le Mékong aux environs
de K. Tong-din visité par la mission Garnier, le 18 juin 1867.
Cet espace comprend le royaume de Xieng-Tong avec Xieng-
Tong pour capitale, située entre le 20ᵉ et le 21ᵉ latitude et

le 96e et le 97e longitude, et le royaume de Xieng-Kheng entre le 98e et le 99e longitude et le 21e et le 22e latitude (carte générale de l'Indo-Chine dressée par F. Garnier).

Le royaume de Xieng-Tong a été visité par feu M. de Lagrée. La carte itinéraire N° 7 nous permet de l'accompagner par la pensée à travers cette région intéressante. Il a semé sur sa route des sentiments d'un patriotisme élevé. Chaque étape est un jalon de la Patrie, que le généreux explorateur a planté d'une main confiante et sûre, et il faudrait que la France fut bien absorbée par les préoccupations de l'équilibre européen pour ne pas élever sa voix, ne serait-ce que pour honorer la mémoire de ce martyre de la science et de l'amour de la patrie. Tous les soucis intérieurs ne sauraient lui permettre d'oublier, que dans cette région éloignée un de nos braves et savants marins a lutté contre les éléments et l'indifférence de ses compatriotes, pour asseoir sur des bases inébranlables les destinées de son pays dans l'Indo-Chine. Le drapeau français a flotté sur le plateau des environs de Xieng-Tong, à 900 mètres d'altitude. Il a répandu autour de lui une atmosphère française, qui s'est échappée de ses plis. Est-ce pour marquer la place à l'Angleterre que M. de Lagrée a porté nos couleurs sur ces hauteurs ?

La frontière Est, n'en parlons pas. Elle ne saurait être l'objet d'aucune discussion, puisque nous occupons tout le littoral.

Nos droits minimum. — Il résulte de l'étude des révolutions qui ont désolé les différents royaumes Thai, situés dans la vallée du Mékong, que les Annamites ont pris part à la destruction des riches centres Laotiens, qui ont excité la convoitise des Birmans et des Siamois. [1] Il est prouvé qu'ils ont étendu leur autorité depuis la mer jusqu'à la rive

---

[1] F. Garnier, « Voyage d'exploration dans l'Indo-Chine », pages 482 à 485.

gauche du grand fleuve et même au-delà. C'est sur cette base historique que repose le *minimum de nos droits*.

Ces droits s'étendent sur cette région dont parle M. Colquhoun. (Chine méridionale, liv. II, p. 15).

La cour de Siam n'exerce aucune autorité réelle sur les Hos. Entre la rive gauche et le Tonkin il y a des populations qui, scientifiquement et historiquement appartiennent à la race Annamite. Les généraux Siamois les ont tellement oppressés qu'il sera facile de les ramener dans leur ancien bercail. La décadence et les vicissitudes de la cour de Hué ont créé un état de choses qui a profité à la rapacité des mandarins Siamois. Ils exploitent une situation dont nous ne nous sommes pas préoccupés jusqu'aujourd'hui. L'heure est arrivée, non de négocier avec une cour qui nous opposera toujours une fin de non recevoir, mais d'assurer à ces malheureuses populations un meilleur sort en les rattachant à leurs frères de l'est, dont nous sommes depuis un siècle les protecteurs et les éducateurs politiques. Nous serons reçus en libérateurs et les protestations de la cour de Siam ne sont pas basées sur un droit politique réel mais sur sa vanité et la présence de quelques officiers Siamois. La cour de Mandalay, elle aussi, portait dans son esprit les limites de ses états au-delà du Mékong. Mais en réalité les rois d'Ava n'ont jamais pu se faire respecter au-delà de la Salouen. Les mandarins Siamois terrorisent les populations pauvres et inoffensives qui habitent la rive gauche, mais ils ne gouvernent pas. Le quay d'Orsay est aujourd'hui armé de précieux documents qui lui permettront de porter sans scrupule et sans hésitation sa sphère d'action jusqu'à la rive gauche. Le capitaine Luce a bien mérité de la France indo-chinoise; il a fait la lumière sur les prétendus droits, sur l'action et les exactions de la cour de Bangkok au-delà du Mékong. La route est tracée. Nous n'avons pas à combattre les mandarins Siamois par les armes de la diplomatie ou une prise de possession militaire. Il ne convient pas au rôle de la France de créer des complications et des difficultés avec un état voisin. Il nous suffira de fonder sur la rive gauche des agences commerciales qui répandront autour d'elles le bien-être et l'influence morale et politique de la France. Le mandarin Siamois se tiendra à l'écart et reculera peu à peu au-delà du fleuve, car les populations malheureuses qu'il exploitait se sentiront appuyées moralement et se tourneront naturellement et instinctivement vers leurs voisins de l'est, leurs libérateurs naturels et leurs réels protecteurs. Peu à peu et par la force des choses, l'administration de Hué s'étendra jusqu'à la rive gauche, et le commerce de la France aura préparé la voie au gouvernement qui trouvera des populations francisées par l'amélioration morale et matérielle de leur sort.

La politique, qui consisterait à reconnaître l'indépendance des Sittangs à l'effet de faire cession de leur territoire à la France, peut flatter l'esprit de ceux qui ne croient pas aux droits de Hué sur la rive gauche du Mékong, mais elle est anti-française, parce qu'elle est de nature à nous diminuer aux yeux de l'Angleterre et à nous affaiblir aux yeux des Siamois, qui s'inclineront devant nos droits historiques et politiques le jour où nous les exercerons résolument, sans provocation, sans violence mais sans faiblesse.

L'Angleterre nous suit d'un œil jaloux. Nos préoccupations et nos divisions fortifient ses espérances et sa politique d'action. Elle a intérêt à grandir le Siam au nord et à l'est, parce qu'aux yeux de tout Anglais la prophétie de M. Halet, en 1885 : « Il faut prendre le roi de Siam par la main et le « conduire dans la grande famille indo-anglaise » se réalisera. Si cet événement ne peut être conjuré par la neutralité de ce royaume, l'Angleterre fera valoir les droits fictifs au nord et à l'est, comme elle s'efforce de profiter des droits imaginaires d'Ava sur le bassin du Haut-Mékong.

En conséquence il y a lieu de fonder sur toute la rive gauche des agences commerciales rattachées l'une à l'autre et placées sous le patronage de la cour de Hué, à l'effet de développer les ressources du pays et de porter le courant vers les centres français Hué et Saïgon.

En ce qui concerne la partie du nord depuis la frontière Siamoise au-delà du 21ᵉ degré (carte générale) point de difficultés, mais au-dessous du 21ᵉ nous nous heurtons contre les prétentions de Bangkok, dont la délimitation fictive nous prive de la zône comprise arbitrairement entre la limite Siamoise et la rive gauche du fleuve.

Dans sa conférence avec Lord Lyons. le 16 Juillet 1884, M. J. Ferry n'entendait parler que de la zône comprise entre le 20ᵉ et le 23ᵉ degré latitude et le 98ᵉ et le 106ᵉ longitude, (carte générale). Paroles de M. J. Ferry à Lord Lyons: « La France et la Birmanie sont sur le point de devenir « voisines. »

« La cour d'Ava n'a jamais exercé une autorité réelle sur « la rive gauche du Mékong. » (Liv. bleu, 1885).

Puisque l'Angleterre dans ses organes les plus autorisés, et par la voix de ses explorateurs et les pétitions de la chambre de commerce de Rangoon s'occupe du maximum et du minimum de sa sphère d'action dans l'Indo-Chine, nous serions vraiment coupables de ne pas la suivre dans cette voie. Nos voisins dans la presqu'île Malaise préparent les solutions. Rien ne les étonne et ils ne s'effrayent de rien. Il n'y a que l'esprit d'une bonne politique extra-européenne qui pourrait mettre un frein à leurs désirs. Si en 1885 il a suffi que M. J. Ferry exprimât les intentions de son gouvernement à l'endroit de la rive gauche du Mékong; s'il a suffi que la France fît respecter les engagements de la cour de Hué pour que le cabinet de Londres se crut autorisé à annexer la Haute-Birmanie, que se passera-t-il le jour où malgré nous il nous faudra peut-être étendre notre sphère d'action au nord et dans toute la vallée du Mékong, sous peine de disparaître dans l'Indo-Chine et d'ajouter à un siècle de distance une nouvelle pierre à l'édifice de la fortune Britannique que nous avons élevée en Asie.

On dira peut-être que nous compliquons la situation et que nous continuons à préparer de nouvelles difficultés et de nouvelles aventures. Nous persistons à dire que l'horizon

est sombre à l'est et au nord-ouest, à moins que M. Halet[1]
affirme qu'ils calomnient ceux qui prétendent qu'il aurait dit
en 1885: « Il faut paralyser la France dans l'est, prendre
« le roi de Siam par la main, et le conduire dans la grande
« famille Indo-Anglaise; » à moins que les organes officieux
au-delà de la Manche annoncent que nous n'avons rien à
redouter de l'Angleterre dans la limite de sa sphère d'action,
et qu'il importe à la civilisation et au commerce des deux
nations de conduire le roi de Siam entre la France à l'est
et l'Angleterre à l'ouest, dans cette grande famille du progrès, où l'Angleterre et la France sont deux sœurs assez
libérales et assez généreuses, pour accomplir leur mission côte à côte, sans choc, sans lésion, au grand honneur de la civilisation, et au grand profit des Siamois
et des cohéritiers de l'autorité impuissante de leurs
rois. Il faut que tôt ou tard le peuple Siamois bénéficie
de la rencontre fatale de ces deux éducatrices et libé-
ratrices de l'occident. Et cela est si vrai que la France et
l'Angleterre se retireraient plutôt que de forfaire à leur devoir et de se soustraire aux nécessités politiques et économiques de leurs situations respectives. Rangoon et Saïgon
sont prospères, le peuple est libre et heureux. On respecte
sa foi, ses mœurs, et on développe la fortune publique. Peu
à peu les chiffres grossiront. Quand les vallées de l'Irrawady,
du Mékong, de la Salouen et du Meinam produiront tout
ce qu'elles sont susceptibles de produire, l'occident aura
accompli sa mission, la civilisation aura payé sa dette.
Mais alors le roi de Siam ne devra la conservation de
son trône qu'à l'intelligence de la situation que lui impose
un équilibre d'influence entre la France et l'Angleterre.
La neutralité du Siam ne répond peut-être pas aux vues
de la Grande Bretagne, mais elle semble être a priori le
seul moyen d'éviter des complications et des conflits d'intérêts qui ne manqueraient pas de déplacer le pivot de l'équi-

[1] Conférence aux chambres de commerce. 1885.

libre politique dans l'Indo-Chine et de rompre la bonne entente franco-anglaise. Et qu'on ne dise pas que la France est absorbée par l'organisation du Tong-King et que toutes autres considérations politiques créeraient des difficultés que ses finances, sa politique européenne, ses soucis intérieurs ne lui permettent pas d'envisager avec calme et confiance. Un tel raisonnement nous conduit à la politique de Louis XV et de Macault, qui nous a coûté l'Inde et qui demain nous coûtera l'Indo-Chine, quand le général Clarke aura réussi à porter sur les ailes de la vapeur les produits anglais de Bangkok jusqu'au cœur du Laos indépendant. Il ne suffit pas, en effet, d'avoir une France asiatique, il faut qu'elle augmente notre autorité et notre fortune; il faut que nous trouvions dans l'Indo-Chine et en Chine ce que nous avons sacrifié aux Indes.

Que de carnages, que d'atrocités dans la vallée du Cambodge et du Meinam entre Siamois. Cambodgiens et Annamites depuis le règne de Prea, Mipeen-Bal à Angoor jusqu'à l'arrivée sur le trône d'Annam, en 1780, de ce fameux Gia-Long, qui lia la France pour toujours au nom du progrès et de la civilisation. C'est le sang français, versé pour la première fois en 1784 dans l'Indo-Chine, qui a été la cause éloignée de la mort de Mouhot, de Doudard de Lagrée, de Francis Garnier, de Henri Rivière et de tant d'autres.

Le jour où le sang français, le sang anglais et le sang russe ont été versés à Saïgon, à Rangoon et dans l'Asie centrale, il en était fait de la volonté des nations qui ont planté leur drapeau à l'embouchure du Mékong, de l'Irrawady et à Merw. Non seulement on ne recule plus quand on est engagé dans cette voie, mais on n'avance pas à loisir. La Russie dans l'Asie centrale, et l'Angleterre dans la vallée de l'Irrawady, le savent très bien et la France le saura demain. Depuis le jour où quelques officiers français se sont attachés à la fortune de Gia-Long, nous sommes destinés à étendre notre action sur les deux rives de ce fleuve où nous sommes intervenus en rédempteur et en juge. Il y a là des tombeaux de nos ancêtres d'où sort un encouragement et une exhortation que l'Angleterre redoute plus que les canons, la diplomatie du roi de Siam. et l'opposition du vice-roi du Yunan.

En 1854. l'Angleterre a été contrainte de faire la guerre au roi d'Ava et d'imposer le traité de Yandabo. Après 1864, nous ne pouvions tolérer qu'une influence commerciale aussi contraire à nos intérêts que celle du Siam pût s'exercer à Pnom-Penh, aux frontières même de notre colonie. C'était déjà bien assez que le delta du fleuve restât entre les mains des Annamites et servît d'asile aux pirates qui, à l'instigation de la cour de Hué, cherchaient à fomenter la révolte dans nos possessions. Telle fut la nécessité d'où sortit le protectorat du Cambodge.

En 1883, lors de la mort de Rivière, nous avons été conduits fatalement et forcés par un concours de circonstances, à annexer le Tonkin. Et maintenant? Maintenant nous sommes forcés à sauver notre situation dans la vallée du *Cambodge*. Nous obéissons aux lois qui ont conduit l'Angleterre à Mandalay. Le cabinet anglais n'a jamais tenu un langage aussi net que celui tenu par M. J. Ferry à Lord Lyons, en 1885. MM. Colquhoun et Halet, dans leurs conférences, sont partis en guerre contre la France. A leurs yeux il faudrait en finir avec les intrigues de cette nation dans l'est. C'est donc une politique d'intrigue que celle qui a pour but de s'étendre dans la limite de ses droits? Les efforts de l'Angleterre à la cour de Bangkok à l'effet d'obtenir des concessions de nature à faire dévier le commerce du bassin du Mékong dans celui du Ménam, n'ont donc aucun caractère agressif?

Bref, concilier tous les intérêts, ceux de la France, ceux de l'Angleterre et ceux du Siam; exercer à la cour de Bangkok une autorité digne et en rapport avec notre honneur et nos intérêts limitrophes: équilibrer par tous les moyens en notre pouvoir l'influence britannique dans la vallée du Ménam; convaincre le roi de Siam de la force des conditions qui peuvent seules sauver l'indépendance de son royaume, voilà notre rôle et notre politique, si nous ne voulons pas nous laisser surprendre par le chemin de fer du général Clarke et d'autres concessions qui ne nous permettraient pas de rester neutres. Après l'annexion du royaume d'Ava,. qui n'a pas rencontré l'opposition de la France, l'Angleterre voudrait-elle empêcher sa voisine dans l'Indo-Chine d'exercer ses droits dans la vallée du Cambodge? Malgré les paroles de M. Halet: « Il faut prendre le roi de Siam par la main et le conduire dans la grande famille indo-anglaise », nous voulons encore en douter. Mais s'il était démontré que nos espérances sont des illusions, il y aurait lieu de modifier notre modus vivendi avec la cour de Siam et d'imiter l'Angleterre de 1885, dans ses rapports avec la cour d'Ava, sans toutefois prévoir, où pourrait nous conduire cette fâcheuse fatalité des circonstances.

Nos droits stricts. — Les deux rives du Mékong, depuis la frontière actuelle du Yunan, au nord, jusqu'au point où le fleuve pénètre dans la zône revendiquée par le Siam entre le 20ᵐᵉ et le 21ᵉ latitude, et le 97ᵐᵉ et le 98ᵉ longitude. (Carte de F. Garnier, planche X).

« L'autorité de Luang-Prabang cessait [1]) en remontant le « fleuve à Xieng-Khong, point où M. Duyshart avait rejoint « le fleuve en venant de Bangkok, et qui dépendait du Muang- « Nan. C'est donc jusque-là, c'est-à-dire jusqu'à une distance « de 8 à 10 jours de marche, que les autorités locales avaient « à nous fournir les moyens de transport. »

Garnier voit dans Xieng-Khong, entre le 98ᵉ et le 98ᵐᵉ longitude et le 20ᵉ et le 20ᵐᵉ latitude une limite orientale du royaume de Luang-Prabang. Le fleuve fait à cet endroit une courbe accentuée vers le Nord, à partir des ruines de Kieng-Sen et de Tat-Luang, à travers les forêts de theck et la grande plaine couverte, où s'est arrêtée la mission. A droite de Tang-din se trouve la province de Xieng-Khong, à gauche celle de Xieng-Hai. Un peu au nord de Kiang-Tang-Din, après avoir franchi le 20ᵐᵉ latitude, Garnier voit la ligne des prétendues possessions Siamoises. (Carte itinéraire Nᵒ 7). Elle rencontre le fleuve à une faible distance au-dessus de

[1]) Garnier, Voyage d'exploration dans l'Indo-Chine. T. I, p. 818.

Kiang-Tang-Din, situé sur la rive gauche. (Localité en face de laquelle la mission a séjourné le 17 juin 1867.)

La province de Xieng-Khong ne relève pas de Luang-Prabang, [1] car F. Garnier nous dit, (page 348): « L'autorité « de Luang-Prabang cessait en remontant le Mékong à Xieng- « Khong, qui dépend de Muong-Nan.

« Nous ignorions, dit Garnier, quel accueil nous ferait le gouverneur de Xieng-Khong. »

Les provinces de Xieng-Haï et Xieng-Khong situées à l'ouest et à l'est du fleuve dont nous possédons moralement les deux rives, font géographiquement partie de la sphère de l'action française, comme les deux rives de l'Irrawady, au-dessus de Thayet-Myo, ont fait partie, avant la guerre franco-birmane de 1885, de la sphère de l'action britannique dans le bassin du fleuve.

Luang-Prabang a subi l'autorité de l'Annam et du Siam. Au point de vue géographique, historique et ethnographique, cette principauté relève plutôt de Hué que de Bangkok. Pourquoi alors les deux rives du fleuve ne feraient-elles pas partie de la sphère de nos droits stricts?

Notre avenir dans cette partie de l'Indo-Chine est bien tangible. A la France les deux rives du Mékong, depuis la mer jusqu'à la frontière du Yunan, puisque l'Angleterre se hâte d'occuper le bassin de la Salouen, depuis son embouchure jusqu'à la frontière de la Chine.

Et si la France ne peut pas jouir de ses *droits stricts*, parce qu'il plairait à l'Angleterre de continuer à la cour de Bangkok une politique anti-française, il n'y a qu'une solution: neutraliser le Siam d'un commun accord. Cet acte consoliderait le pivot de l'équilibre et permettrait aux intérêts respectifs de jouir du bénéfice de leur sphère d'action.

Il est donc rationnel de dire que les deux rives du fleuve constituent nos *droits stricts*, et que la vallée du Cambodge tombe dans la sphère de l'action française, parce que les Annamites ont exercé à certaines époques de leur histoire

[1] Garnier fait la description la plus pittoresque du Cambodge au-delà de Luang-Prabang. Page 851 et suiv.

une autorité réelle sur les deux rives du fleuve qui traverse leur pays, et dont ils ont la clef et une influence politique réelle sur les petits états échelonnés depuis le 103ᵐᵉ et le 104ᵉ longitude et le 13ᵉ et le 14ᵉ latitude, jusqu'au 22ᵒ latitude et le 98ᵐᵉ longitude. (Carte de Garnier).

1ᵒ La province de *Stung-Treng*, entre le 103ᵐᵉ et le 104ᵉ longitude et le 13ᵉ et 14ᵉ latitude. (Carte itinéraire de Garnier, Nᵒ 2).

2ᵒ La province de *Sieng-Pong*, entre le 103ᵐᵉ et le 104ᵐᵉ longitude et le 13ᵉ et le 14ᵐᵉ latitude.

3ᵒ La province de *Khong* ou Sittandong, entre le 103ᵉ et le 104ᵉ longitude et le 14ᵉ et le 14ᵐᵉ latitude. (C. Nᵒ 2).

4ᵒ Le royaume de *Bassac*, parcouru par la mission, entre le 14ᵉ et le 16ᵉ latitude et le 103ᵉ et le 105ᵉ longitude. (Carte Nᵒ 2).

5ᵒ La province de *Kham-Tong-Niai*, entre le 15ᵐᵉ et le 16ᵉ latitude, et le 103ᵉ et le 103ᵐᵉ longitude. (Carte Nᵒ 4).

6ᵒ La province de *Khemarat*, entre le 15ᵐᵉ et le 16ᵐᵉ latitude. (Carte Nᵒ 4).

7ᵒ La province de *Ban-Moue*, entre le 16ᵐᵉ et le 17ᵉ latitude. (Carte Nᵒ 4).

8ᵒ La province de *Lakon*, entre le 17ᵉ et le 17ᵐᵉ latitude. (Carte Nᵒ 4).

9ᵒ La province de *Suniabourg*, entre le 17ᵐᵉ et le 18ᵉ latitude. (Carte Nᵒ 5).

10ᵒ La province de *Pon-Pissay*, entre le 18ᵉ et le 18ᵐᵉ latitude. (Carte Nᵒ 5).

11ᵒ La province de *Nong-Kay*, qui renferme les ruines de l'ancien royaume de Vieu-Chan, au 18ᵉ latitude. (C. Nᵒ 6).

12ᵒ La province de *Ken-Tao*, entre le 99ᵉ et 99ᵐᵉ longitude et le 17ᵐᵉ et le 18ᵉ latitude. (Carte Nᵒ 6).

13ᵒ La province de *Xieng-Cang* au 18ᵉ latitude et 99ᵐᵉ longitude. (Carte Nᵒ 6).

14ᵒ Le royaume de *Luang-Prabang*, entre le 19ᵉ et le 20ᵉ latitude. (Carte Nᵒ 6).

15ᵒ La province de *Xieng-Khong* et la province de *Xieng-Hoi*, entre le 20ᵉ et le 21ᵉ latitude et le 97ᵐᵉ et le 98ᵉ longitude. (Carte Nᵒ 7).

16° Le royaume de *Xieng-Kheng*, entre le 21e et le 21½e latitude et le 98½e longitude. (Carte N° 7).

17° La principauté de *Xieng-Hong*, au 22e latitude et au 98e longitude. (Carte N° 7).

L'historien Yule [1] porte les limites de l'empire Birman jusqu'au Cambodge.

« En 1824, le petit-fils de Mentaragyi gouvernait le terri-
« toire qui s'étendait de Gowhati et les frontières de l'ancien
« district britannique de Rungpoor, jusqu'au Cambodge à
« l'est, et à l'ile Ceylan au sud, sur une étendue de 8000
« milles de largeur et 1200 milles de longueur. »

En admettant la possibilité de cette délimitation, l'empire Birman s'arrêterait à la rive droite du Cambodge, c'est ce qui constitue nos *droits stricts*: néanmoins Yule eut été bien embarrassé, malgré l'étendue de ses connaissances, de prouver la vérité historique de ce fait. Il faudrait ne pas connaitre l'histoire troublée de la dynastie des Allomprah pour croire qu'il leur a été possible de régner au-delà de la Salouen et jusqu'au Mékong, eux qui pouvaient à peine se maintenir dans la vallée de l'Irrawady, qui ne vivaient qu'à force d'hécatombes, dans une continuelle frayeur de leur famille, et qui ne pouvaient s'éloigner de leur capitale sous peine de perdre le trône et la vie.

L'excursion de M. de Lagrée [2] dans le bassin du Se-Banghien lui avait permis de constater que: « jusqu'en 1831,
« la domination annamite s'était étendue sur toute la rive
« gauche du fleuve. depuis le 16e jusqu'au 17e latitude. Les
« populations de cette zône payaient un tribut annuel à la
« cour de Hué. La route de cette capitale, aux bords du
« Cambodge, était libre et fréquentée. En 1831. les Siamois
« attaquèrent sans provocation ces provinces, mais ils furent
« battus par les Annamites qui les poursuivirent jusqu'au
« fleuve vis-à-vis de Ban-Mouk. Peu après les Siamois re-
« vinrent à la charge, et, se ruant à l'improviste sur toute

---

[1] Yule: Mission à la cour d'Ava. Page 220
[2] F. Garnier: Voyage d'exploration en Indo-Chine. Page 262.

« cette contrée, en enlevèrent la population qu'ils transpor-
« tèrent sur la rive droite. Les Annamites ne voulurent pas
« renouveler la lutte dans un pays devenu désert. Dans la
« suite, les Siamois le repeuplèrent à l'aide d'habitants tirés
« des provinces de Palaua, de Kham-Khan-Keo, d'Oubon et
« de Khemarat.

« Quelques-uns des Moungs, qui s'échelonnent dans la
« vallée du Se-Banghien jusqu'aux abords de la grande chaîne,
« figurent sur la carte de la Cochinchine de Monseigneur
« Toberd. Si les Siamois ont réussi à faire prédominer leur
« influence du côté du fleuve, il n'en est pas de même dans
« la partie supérieure du bassin du Se-Ban-ghien, où se
« trouve dans chaque village un chef Annamite à côté du
« chef Laotien.

« Je pense que la domination Annamite s'était établie
« dans cette partie de la vallée du Mékong à la suite des
« guerres acharnées soutenues par le royaume de Lin-y ou
« de Lam-ass, le Tsiampa moderne, contre les Tonkinois;
« en d'autres termes, le bassin du Se-Ban-ghien était une des
« provinces du royaume de Tsiampa, et les Soué ne sont
« sans doute que les descendants des populations qui le com-
« posaient. A ce point de vue il est peut-être intéressant de
« constater que les Soué n'ont guère d'autre culte que celui
« des ancêtres. Ils leur élèvent à l'intérieur des maisons une
« sorte de petit autel, devant lequel ils déposent sur une
« tablette des offrandes consistant en viande de porc ou en
« volailles. »

Au point de vue historique nous sommes autorisés à
exercer notre action sur les deux rives du fleuve.

Stung-Treng était autrefois le lieu d'une résidence royale.
Les rois de Vien-chan s'emparèrent de cette ville, qui plus
tard a été envahie par les Siamois ainsi que le reste de cette
partie du Laos.

Stung-Treng figure encore aujourd'hui sur les listes officielles des provinces du Cambodge: il existe aussi quelques
villages Cambodgiens disséminés dans la vallée du Se-long.
La province de Stung-Treng, sur la rive gauche du fleuve
tombe donc dans la sphère de l'action française.

Saïgon civilisera les sauvages qui habitent les régions montagneuses de la vallée du Se-long et surtout la zône comprise entre cet affluent du fleuve et la grande chaine de Cochinchine. L'Angleterre a relevé dans l'Inde des tribus nomades plus malheureuses et plus déprimées, imitons-la dans son œuvre de civilisation et de progrès.

« Khong, dit F. Garnier, [1] est en relation avec les tribus « sauvages de l'est par une grande route, qui part de la rive « gauche du fleuve et qui est assez fréquentée. A la hauteur « de Khong et sur la rive droite du fleuve, s'étend la pro- « vince Cambodgienne de Tonly-Repou, tombée aujourd'hui « au pouvoir des Siamois. Cette province, qui doit son nom « à une jolie petite rivière, était autrefois riche et peuplée; « depuis sa séparation du Cambodge, elle a été désertée en « partie, et les montagnes qu'elle contient, sont le lieu de « refuge de bandes de voleurs. Le commandant de Lagrée « alla visiter pendant notre séjour à Khong, un ou deux « villages de cette province, situés sur la rive droite, et re- « monta pendant quelques milles la rivière Repou, que les « Laotiens appellent Se-Lompou. Il revint convaincu de l'im- « portance qu'il y aurait pour le Cambodge et pour le com- « merce de notre colonie de Cochinchine de revendiquer la « possession de ce territoire dont le Siam, on se le rappelle, « s'est emparé par trahison, en 1870. »

« Une position exceptionnelle, dit F. Garnier, [2] désigne « Bassac comme l'un des points du Laos inférieur, où l'in- « fluence française doit désirer s'implanter le plus solidement. « On pourrait y fonder dès à présent une station de con- « valescence pour nos malades de Cochinchine. »

L'exercice de nos droits stricts constitue aujourd'hui une des préoccupations les plus légitimes du gouvernement de la République. Soucieux de concilier tous les intérêts mo- raux et matériels dans l'Indo-Chine, il s'efforcera de trouver un équilibre honorable entre les exigences de nos intérêts et les prétentions de nos voisins. Sans troubler l'harmonie

<hr>

[1] Voyage d'explo.ation dans l'Indo-Chine. T. I, p. 161.
[2] Ibid. p. 184.

des relations entre la France et le Siam, et surtout entre la France et l'Angleterre, il sera possible de conduire nos voisins à reconnaître que leur intérêt consiste à respecter nos droits stricts.   La situation diplomatique entre Paris, Londres et Bangkok renferme un nouveau facteur, né des conséquences politiques du traité Franco-Chinois. L'Angleterre et le Siam ont intérêt à vivre en bonne harmonie avec la cour de Pékin. Or le Tsang-li-Yamen d'aujourd'hui n'est plus le Tsang-li-Yamen de 1884 et de 1885, c'est-à-dire que nous avons à Pékin une situation meilleure, grâce à la persévérance et à la loyauté que nous avons apportées dans la solution de la question du Tonkin et à la présence de M. Lemaire, [1]) dont la connaissance de la langue et de l'esprit du Céleste Empire nous garantira contre toutes les subtilités de la diplomatie.

La Chine a exercé autrefois une certaine action sur les royaumes Trans-Salouens, limitrophes de ses provinces méridionales, et sur la cour de Bangkok. Nous n'avons pas à apprécier ici la force et la légalité de ce droit. il nous suffit de constater le fait historique pour être autorisés à penser que rien ne saurait être entrepris à Bangkok et dans la vallée du Mékong. sans l'assentiment de la Chine, et il est permis de croire que le Tsang-li-Yamen conformera sa politique du sud-ouest du Yunan aux désirs, aux droits et aux intérêts de la France. Nous en avons pour garant l'autorité de la France à Pékin, depuis la solution du dernier conflit, et l'influence justifiée de notre ministre auprès du Tsang-li-Yamen.

L'intervention de la Chine constitue un expédient, car il en résultera un jour des difficultés politiques qui pourraient avoir de l'analogie avec celles engendrées par les prétentions du céleste Empire sur l'Annam et le Tonkin. Nous pouvons

---

[1]) M. Lemaire a consacré sa vie à l'étude des questions Franco-Chinoise. Qui mieux que lui, cynologue de grand mérite, élevé pour ainsi dire dans le temple des mystères du Céleste Empire, pourrait ménager à la France la situation qui lui convient après un choc violent, qui a accentué dans l'esprit des masses, la haine latente de l'étranger et surtout de l'étranger vainqueur.

aujourd'hui agir sur le Tsang-li-Yamen, à l'effet de faire échec
à l'Angleterre dans la vallée du Mékong, et prouver au Céleste
Empire que le Siam a autrefois envoyé des ambassadeurs à
Pékin pour rendre hommage *au frère aîné*, mais cette politique a bien des dangers, et pourrait nous créer les plus
grandes difficultés le jour où il faudra donner à notre sphère
d'action toute l'étendue qu'elle comporte, et le jour où il
faudra neutraliser le Siam ou partager avec l'Angleterre l'autorité que nous sommes appelés à exercer dans la vallée du
Ménam.

Pour jeter plus de clarté sur la délimitation de la sphère
de nos droits stricts, nous allons nous joindre par la pensée
à la mission de M. de Lagrée et noter en passant ce qui
est de nature à éclairer la question qui nous occupe et à
augmenter l'intérêt général et politique que présente le
Mékong.

« Le 29 mai, nous passâmes devant l'embouchure d'une
« petite rivière, le Se-Nyum, peu intéressante en elle-même,
« mais importante à signaler, parce que du versant opposé de
« la chaîne qui lui donne naissance, descend la branche la
« plus orientale du Ménam. Les sources des deux cours d'eau
« ne sont séparées que par un très faible espace, et d'après les
« renseignements des indigènes, il suffirait à l'époque des hautes
« eaux, de traîner une barque pendant une ou deux milles sur
« un terrain assez uni, pour sortir du bassin du Mékong et
« recommencer à naviguer dans celui du Ménam. Est-ce cette
« proximité qui a fait croire à la communication indiquée sur
« nos anciennes cartes? »

Au point de vue commercial peu ou point d'intérêt, car
dès qu'il faut employer des porteurs le transport et le ma-
niement des marchandises lourdes est très dispendieux, malgré la modicité des salaires.

Ban hatsa, joli village situé sur la rive gauche du Mékong
fut la dernière étape de la mission avant Xieng-Khong, qui
est la seconde ville de la province de Muang-Nan. ¹)

---

¹) Muang et Xieng signifient chefs-lieux.

« L'accueil des autorités de Xieng-Khong fut bienveillant
« et le gouverneur qui était la seconde autorité de la province
« de Muang-Nan vint le soir même rendre visite au com-
« mandant de Lagrée. Nos barques furent déchargées et re-
« tournèrent à Pakta. Nous nous trouvions maintenant en-
« dehors de la zône d'influence et d'action du roi de Luang-
« Prabang. » (Garnier, page 357).

Aussi longtemps que nous avons intérêt à maintenir notre
modus vivendi avec le roi de Luang-Prabang, il importe peu
que cette zône d'influence et d'action soit plus ou moins
étendue, mais nous sommes à la veille des événements qui
nous imposent une politique plus définie à l'endroit de la
sphère de l'action française, qui comprend toute la vallée
du Mékong.

« Les pourparlers s'étaient engagés dès le lendemain de
« notre arrivée avec le gouverneur de Xieng-Khong. Il ne
« pouvait se résoudre à nous laisser franchir la frontière de
« Siam. Les lettres de Bangkok, dont nous étions porteurs,
« nous accordaient la libre circulation sur tout le territoire
« Siamois, mais il n'était pas indiqué que nous puissions en
« sortir. Le gouverneur avait voulu nous faire conduire à
« Muang-Nan. A la rigueur, tout ce qu'il pouvait accorder
« était de nous faire conduire à Kieng-Hai, autre petite pro-
« vince, dépendant de Bangkok et située un peu plus près
« du territoire Birman. ¹) M. de Lagrée finit par triompher
« des objections du gouverneur de Xieng-Khong. »

Si l'amiral de la Grandière a demandé un passeport à la
cour d'Ava par l'intermédiaire de Monseigneur Bigandet,
c'est sans doute pour éviter des difficultés en pays lointain
qu'il lui eut été impossible d'aplanir. Monseigneur Bigandet
ne réussit pas dans sa démarche, Ava était troublé par une
révolution de palais. M. de Lagrée se prévalut auprès du
roi de Xieng-Tong des démarches stériles de Monseigneur

---

¹) C'est à tort que F. Garnier, t. I, p. 859, confond le Laos indépendant avec le territoire Birman. Nous avons étudié ailleurs l'importance de
la prétendue suzeraineté d'Ava sur la zône situje entre la rive du Mékong et la Salouen.

Bigandet, il lui demanda l'autorisation de passer dans ses états et de s'y procurer les moyens de transport nécessaires.

C'est à tort que F. Garnier (p. 358), fait du prince de Xieng-Tong un vassal d'Ava. Yule lui-même, tout en accordant au roi de Birmanie une certaine action au-delà de la Salouen, avoue qu'à partir de la rive gauche de ce fleuve l'autorité Birmane est plus honorifique que réelle, et exprime toute sa pensée en admettant que cette autorité meurt au fur et à mesure qu'on s'approche du Mékong.

Xieng-Khong est à 10 jours de marche de Xieng-Mai, c'est un centre assez important qui mérite toute notre attention. (Garnier, p. 359).

Le commerce par terre n'est guère plus actif que le commerce par eau, et se réduit aux denrées de première nécessité, telles que le sel, qui devient de plus en plus rare dans cette zône et que l'on tire du sud du Laos, de Nong-Kay. Il y a peut-être là le germe d'un grand commerce d'échange, si nous pouvions y transporter cette denrée dans des conditions avantageuses. Le sel constitue un des grands articles d'exportation pour les armateurs de Londres, qui viennent chercher du frêt avantageux à Calcutta. Cette question mérite l'attention de notre marine marchande, qui, faute de frêt de sortie, dépérit de jour en jour.

Les sauvages de Xieng-Khong appartiennent à la grande tribu des Lemet qui habite surtout la vallée du Nam-Ta, sur la rive gauche du Mékong, et dont la plus grande partie reconnaît l'autorité de Luang-Prabang. ¹)

A Xieng-Sen, sur les deux rives du fleuve, la mission de Lagrée a constaté de magnifiques forêts de thek; à cet endroit le fleuve a 4 à 500 mètres de largeur et 16 mètres de profondeur.

---

¹) Garnier, p. 360. C'est à tort que Luang-Prabang revendique cette autorité conformément à l'habitude de tous les princes Indo-Chinois, qui mettent leur orgueil à se croire maîtres ou suzerains de tous leurs voisins. Ce fait isolé prouve combien est délicate et étendue la mission de notre diplomatie à Paris, à Bangkok et à Luang-Prabang, car il ne s'agit de rien moins que de faire entrer les deux rives du fleuve dans la sphère de l'action française.

« Cette plaine, dit Garnier, (p. 361), qui était jadis l'un
« des centres les plus importants de la puissance laotienne,
« est aujourd'hui, malgré sa fertilité et son admirable situ-
« ation complètement déserte : objet de la convoitise des
« Siamois et des Birmans, aucun d'eux n'a jusqu'à présent
« été assez fort pour s'en assurer la possession exclusive, et
« elle reste une sorte de terrain neutre, abandonné aux ani-
« maux sauvages, propriétaires moins turbulents et plus sages
« que l'homme. »

Il en est de même de l'autorité qu'Ava prétend exercer
sur Xieng-Hong et Xieng-Tong, avec cette différence, que ces
dernières principautés ont peut-être un peu moins souffert
des invasions et des guerres allumées par la convoitise des
voisins.

Mac Leod et Garnier font une description affligeante des
ruines de cette contrée, qui a été le théâtre des ravages qui
ont suivi la révolte de Xieng-Mai contre la Birmanie.

A quelque distance en amont de Xieng-Sen se trouve un
torrent qui sert de limite aux provinces de Xieng-Hai et de
Xieng-Thong. La rive droite du fleuve devient donc, dit
Garnier, à partir de ce point territoire Birman.

L'explorateur français tombe souvent dans cette erreur
qui résulte d'une appréciation inexacte de l'autorité d'Ava
dans ces pays.

A trois ou quatre lieues à l'intérieur se trouve Muong-
Lim, chef-lieu de province, que quatorze kilomètres séparent
de la rive. Il serait difficile d'établir un courant commercial
entre cette ville et Xieng-Khong, à cause des difficultés de
navigation que présente le fleuve à Tang-ho. La marche
hebdomadaire de Muang-Lim a une grande importance pour
notre commerce et pourrait avoir les effets les plus heureux
le jour où une voie ferrée desservira les centres les plus
importants de la rive droite. Cette zône est habitée par les
Moutse, dont Garnier fait l'ethnographie (p. 368 et 369) et
que Yule confond avec les Miao-tse.

La visite de Xieng-Tong par la commission d'exploration
prouve que les résidents Birmans auprès des rois Laotiens
étaient des personnages tolérés et ombrageux, sans autorité

réelle, car les princes Laotiens ont toujours passé outre, tout
en prenant pour la forme l'avis de ces prétendus diplomates
Birmans, qui se contentaient de se targuer de leur autorité
fictive.

Si les résidents Birmans avaient eu une autorité réelle
dans le Haut-Laos ou Laos indépendant, M. de Lagrée n'eut
pas pu visiter Xieng-Tong sans autorisation du résident ou
un passe-port de la cour d'Ava. [1])

A Paléo la mission rencontra les Khas-Khos. [2]) Cette
ville est à une petite lieue de la rive droite du fleuve, qui
à cet endroit ne porte que quelques barques de pêcheurs et
continue à être délaissé comme route commerciale. « La rive
« gauche, dit l'explorateur, appartient toujours à Muang-Nan
« et par conséquent à Siam. C'est à 4 ou 5 milles plus haut
« qu'une petite rivière, le Nam-Si, forme la limite du terri-
« toire Siamois et du territoire Birman. » Là encore Garnier
se trompe, le Nam-Si sépare le Siam du Laos indépendant
et non du territoire Birman et cela en-dehors des réserves
qu'il importe de faire relativement au bien-fondé des prétentions Siamoises.

Les Moutse, les Khongs et les Khos, malgré des différences de type, se rattachent à la race chinoise et sont de
même origine que les Singphos, les Kakyens et les Kakans,
fixés dans la vallée de l'Irrawady et de la Salouen.

Dans cette partie du voyage de la mission d'exploration,
nous voyons intervenir à chaque instant le mandarin Birman
qui fait fonction de résident, mais son influence ne se traduit que par des tracasseries, dont les princes Laotiens trop
faibles ne peuvent s'affranchir.

Grâce à un subterfuge, M. de Lagrée put déguerpir de
Siam-lap.

« A Sop-Yong, la mission rencontra deux ou trois voya-
« geurs appartenant aux Moungs laotiens, situés à l'ouest de
« la Salouen. Ils venaient de Thibo et de Theinny. Ces deux
« moungs, dirent-ils, n'avaient pas de roi en ce moment: ils

---

[1]) Consulter Garnier, p. 369 et 370.
[2]) Atlas de Garnier, 2e partie, pl. II et XXXII et tome I, p. 373.

« étaient administrés par des Birmans; les habitants de la
« race Laotienne, qui portent là le nom particulier de Phoung,
« sont en lutte avec eux. Les Lawas et les Khas-Khoys sont
« très nombreux dans cette région, où ils forment plusieurs
« Moungs à part. » [1])

En réalité les peuples Trans-Salouens d'origine Laotienne
sont loin d'être soumis aux Birmans, dont ils n'entendent
pas subir les caprices. En avançant vers l'est cette rivalité
disparaît peu à peu, dit Yule, et les princes de cette zône,
toujours en guerre civile, ne sont pas disposés à froisser les
mandarins Birmans. Ils les craignent mais ils méconnaissent
leur autorité, car aucun de ces roitelets ne serait capable de
résister à une invasion Birmane.

Quelques milles en avant de Sop-Yong, on constate les
traces de la guerre. Les rives du fleuve ne sont habitées dans
cette région que par des réfugiés Lus peu nombreux et fort
indépendants qui ont fui le royaume de Xieng-Hong.

Garnier mentionne l'état relativement florissant de Muong-
Yong, petite province dépendant du Xieng-Tong, et située
sur les dernières pentes des montagnes qui limitent à l'ouest
la vallée du Nam-Ouang.

A Muong-Yong [2]) il y eut un nouveau petit conflit entre
M. de Lagrée et le mandarin Birman qui prouve que l'autorité de ces prétendus représentants d'Ava n'a jamais résisté
à un langage énergique ou à la vue d'un cadeau.

Le roi de Muong-Yong n'avait aucune autorité à l'époque
où la mission a visité cette dépendance du royaume de Xieng-
Tong. Enregistrons la conversation entre M. de Lagrée et le
prétendu résident d'Ava:

« Vous venez du Laos et de Siam, qui sont en désaccord
« avec nous, dit le Birman, vous n'avez pas de lettre d'Ava,
« voilà pour nous bien des motifs de suspicion. Maintenant
« que je suis sûr de votre nationalité française, je ne mettrai
« plus aucun obstacle à votre passage; mais si vous aviez

[1]) Garnier, p. 380. — Yule, p. 297—300.
[2]) Garnier, p. 385.

« été anglais vous n'auriez certes pas continué votre route.
« Vous avez à craindre, du reste, bien d'autres difficultés :
« Prenez garde aux Chinois, ils ne vous aiment pas, et je
« serais fort étonné s'ils vous laissaient passer. »

Le caractère Birman ne permet pas de tirer de grandes
conséquences de ces paroles de bienveillance intéressée dont
M. de Lagrée n'a pas été dupe. Néanmoins il est permis
d'en conclure qu'entre la France et l'Angleterre la population n'hésiterait pas. Faut-il aller jusqu'à croire que les sym-
pathies de ces races sont d'ores et déjà acquises à la
France ? Ce serait faire preuve d'ignorance et de témérité.
Les Thai du Haut-Laos, comme toutes les races indo-
chinoises, ont une profonde aversion pour les étrangers qui
du reste, ne devront leur autorité qu'à la force, à l'esprit de
justice et la protection dont ils entoureront les indigènes.

Garnier donne d'intéressants renseignements sur la route
suivie par M. de Lagrée de Muong-Yong à Xieng-Tong. Il
fait notamment l'ethnographie des Does, qui ressemblent
beaucoup aux Thai. Quelques villages Khos se mélan-
gent aux villages Does sur le plateau de Xieng-Tong. Le
Muong-Khay est un grand village Laotien, habité par des
Lus venus de Muong-Ham et qui avaient fui le pays depuis
les dernières guerres entre Muong-Phong et les Ship Song-
Panna ou les 12-Muong, nom sous lequel on désigne quel-
quefois le royaume de Xieng-Hong. Muong-Ham, l'une de
ces douze provinces avait à cette époque plus de 4000 habitants inscrits, elle n'en a plus guère aujourd'hui que 300.

N'oublions pas que M. de Lagrée était parti seul avec le
docteur Thorel pour Xieng-Tong. Pendant ce temps le Birman de Muong-Yong où M. Garnier attendait le chef de l'expédition annonça à ce dernier que l'autorisation de passer
était accordée. Une fois de plus il est tangible que les Birmans, dans toutes ces provinces, étaient malgré leur arrogance et leurs prétentions à la suzeraineté de leurs rois réduits à sanctionner les décisions des princes Laotiens et à
faire contre mauvaise fortune bon visage.

M. de Lagrée fut bien reçu à Xieng-Tong ; le roi lui parla
d'un autre explorateur européen qui avait laissé, en 1837,

de bons et profonds souvenirs à cette cour. Mac Leod a
précédé la mission française dans cette voie de la civilisation
et du progrès. Que de tristes et pénibles réflexions cette réception de l'explorateur français ne suggère-t-elle pas à tous
ceux qui s'intéressent à l'équilibre politique dans l'Indo-
Chine et qui suivent l'Angleterre et la France dans leur
marche parallèle, tout en appréciant à leur juste valeur la
moralité des procédés et des sentiments respectifs.

Ce roi de Xieng-Tong en recevant M. de Lagrée était
encore sous l'impression de 1837; il avait vu dans Mac Leod
un représentant d'une civilisation supérieure, et il ne faisait
aucune distinction de race entre lui et M. de Lagrée. L'un
et l'autre étaient à ses yeux une émanation de l'Occident,
dont il avait deviné la supériorité dans la pensée, la personne,
le caractère et les instruments scientifiques de l'explorateur
anglais. Il ne se doutait pas que son petit état serait un
jour nécessaire à l'équilibre Franco-Anglaise. L'Europe représentait à ses yeux un même intérêt, une même pensée
et la révélation d'une civilisation supérieure.

L'Indo-Chine ne serait-elle pas assez grande pour donner
satisfaction aux légitimes aspirations de la France et de l'Angleterre? et faut-il que la sphère de l'action française qui
renferme le royaume de Xieng-Tong porte ombrage à la
Grande Bretagne au point de troubler la bonne entente, et
de faire d'un voisinage rationnel et légitime une cause de
conflit et de discorde.

« En sortant de chez le roi, M. de Lagrée se rendit à
« l'assemblée des mandarins, elle se compose de 32 fonction-
« naires représentant les 32 Moungs ou provinces du royaume;
« ils sont nommés par le roi à l'exception de deux d'entre
« eux plus élevés en grade, qui sont désignés par la cour
« d'Ava. La réception que ce conseil fit à M. de Lagrée fut
« presque aussi aimable que celle du roi. Le lendemain ce
« fut le tour du mandarin Birman, qui porte le titre de Pou
« Souc. C'était, disait-on, par une faveur et une bienveillance
« tout exceptionnelle qu'on permettait au commandant de
« Lagrée de faire à des intervalles aussi rapprochés toutes
« les visites officielles obligatoires. L'accueil du représentant

« de la cour d'Ava fut peu bienveillant. On avait demandé
« à M. de Lagrée de se déchausser en entrant chez le roi;
« mais devant son refus, basé sur la différence des usages
« européens, on n'avait point insisté. Les soldats Birmans
« qui gardaient l'entrée de la salle de réception du Pou Souc
« voulurent avec force menace contraindre MM. de Lagréé et
« Thorel à ôter leurs souliers. [1])

« Ces soudards, allèrent même jusqu'à tirer leur sabre
« et proférèrent beaucoup d'injures au milieu desquelles le
« mot *Angkrit* (Anglais) revenait souvent. M. de Lagrée et
« son compagnon tournèrent aussitôt les talons, en faisant
« dire au mandarin Birman qu'ils renonçaient à le voir.
« Celui-ci rappela les officiers français, se fit attendre quel-
« que temps dans la salle d'audience, prit les airs les plus
« cassants qu'il lui fut possible et ne se radoucit qu'à la vue
« des cadeaux qui lui étaient offerts. [2])

« La ville de Xieng-Tong est assise sur 4 ou cinq collines
« et entourée d'une enceinte d'environ 12 kilomètres dont
« un quart seulement est occupé par les habitants.

« Les relations entre le roi de Xieng-Tong et les deux
« officiers français devinrent chaque jour plus familières et

---

[1]) M. de Lagrée a pu vaincre les prétentions de la cour de Xieng-
Tong, parce qu'il avait à faire à un prince Laotien d'un naturel moins
arrogant que les rois d'Ava, et manifestement flatté et heureux de recevoir des voyageurs européens de distinction. Du reste, la question des
chaussures n'avait pas le même intérêt à Xieng-Tong qu'à Mandalay.
D'un autre côté, M. de Lagrée était en situation de résister aux exigences
de cette étiquette, parce qu'il lui eut été possible d'obtenir son passeport,
grâce à certains cadeaux d'usage habilement distribués. L'audience du roi
n'était pas, malgré l'intérêt politique qu'elle offrait, l'objectif immédiat de
son voyage. Bien différente était la situation de l'agent français à Mandalay, en 1885. Il n'y avait pas à choisir; ôter les chaussures, était une
obligation à laquelle il était impossible de se soustraire; ce n'était qu'à
ce prix que l'audience officielle était accordée. Tous ceux qui, sans se
préoccuper de l'implacable ténacité des Birmans à l'endroit de l'observation de cette étiquette, ont critiqué l'agent français, ne savaient pas que
le traité de commerce franco-birman n'eut pas été ratifié par le roi si le
consul de France n'avait pas placé les intérêts de sa patrie au-dessus
d'une question d'amour-propre.

[2]) Ne faut-il pas en conclure que le Pou Souc n'était pas appuyé par
le gouvernement d'Ava, car l'eut-il été, et se fut-il réellement cru le représentant de la cour d'Ava, M. de Lagrée aurait rencontré la même résistance que l'agent français a rencontrée, en 1885, non seulement au
palais de Thebaw, mais à la porte de tous les ministres.

« plus cordiales. Sa Majesté accablait M. de Lagrée de ques-
« tions sur les usages français, sur Saïgon, la Cochinchine,
« l'Europe, sur la langue et la science françaises.

« Après avoir vu toutes les lettres dont M. de Lagrée
« était porteur, et s'être convaincu de sa sincérité, le prince
« Laotien n'hésita plus à lui accorder la permission de quit-
« ter Xieng-Tong, dès que celui-ci le désirerait, et il fut con-
« venu que les deux officiers partiraient pour Muong-You,
« tandis qu'une lettre irait porter à Muong-Yong au reste de
« l'expédition l'autorisation de se rendre en route pour le
« même point. »

Garnier raconte les subterfuges du mandarin Birman à
l'effet d'empêcher M. de Lagrée de sortir de la province de
Muong-Yong. Le roi passa outre, et les voyageurs se mirent
en route pour Muong-You. Une fois de plus la prétendue
autorité du résident d'Ava a été méconnue par un prince
Laotien indépendant, et les manœuvres des Birmans ont
abouti à un fiasco complet. La réception cordiale faite à
M. de Lagrée à Xieng-Tong témoigne de la sympathie de
cette cour à l'égard de la France. Il y a là des indices
d'un caractère doux et bienveillant, qu'on ne rencontre
pas chez tous les peuples de l'Indo-Chine. Il est certain que
ce prince Laotien indépendant recevrait avec joie une seconde
mission française, capable de l'éclairer sur la situation exacte
que lui ont créé l'annexion de la Haute-Birmanie et celle du
Tonkin, et de le préparer à demander le patronage de la
France, sa tutrice naturelle.

La mission commerciale qui visitera Xieng-Tong sera très
bien reçue; elle trouvera aide et protection auprès du roi;
car les souvenirs de l'impression produite par M. de Lagrée
sur la cour et les mandarins sont encore vivants à Xieng-
Tong et constituent une garantie de succès.

Muong-You s'étend sur la rive droite de Nam-Leuï à l'endroit même où cette rivière se dégage des montagnes pour
entrer dans la plaine.

M. de Lagrée a étudié Xieng-Tong. La route est tracée.
(T. I, p. 396).

A Muang-You la mission commença ses visites officielles

par le conseil des Mandarins, que présidait un frère du roi.
Le fonctionnaire birman à la vue de ce passe-port de Xieng-
Tong fit, comme ses collègues, des observations malveillantes
qui trahissaient le dépit de cette classe de Mandarins les
prétendus représentants d'un roi, peu soucieux de ce qui
se passait au-delà de la Salouen, préoccupé uniquement
de la pensée de se maintenir à Mandalay, dont les rem-
parts à cette époque déjà servaient de frontières à l'autorité royale. Tant était grande la rivalité des intérêts au
palais. Avec Thebaw en-dehors du palais il n'y avait plus
de Birmanie, mais des ministres rivaux qui entretenaient
leurs partisans et souvent leurs chefs de dacoïts. En est-il
permis de douter après les affaires de Bahmo, en 1885, et
les exploits des brigands à la porte de Mandalay et le long
de la rivière ?

Le palais du roi de Muong-You s'élève sur un des ma-
melons qui dominent la ville. Le roi à cette époque était
un jeune homme entouré de tous les insignes de la royauté.
Cette réception amicale assure à une mission politico-com-
merciale un plein succès. Le palais de Muong-You était riche
il y a quelques années. Il serait patriotique et utile de faire
avec ce prince un commerce d'échange qui pourrait apporter une juste remunération à ceux qui se mettraient en rapport avec les autorités de Muong-You.

« Le roi s'étudia, dit Garnier, [1] à ne nous dire que des
« paroles aimables. Il exprima au commandant de Lagrée
« tous ses regrets de l'obligation qui lui avaient été imposée
« d'aller à Xieng-Tong, et il en rejeta la faute sur le Birman
« de Muong-You. »

Il est notoire que les princes Laotiens subissent les mandarins Birmans parce qu'ils ne peuvent pas les chasser, mais
ils ne négligent aucune occasion pour fixer Ava sur le cas
qu'ils font de ces prétendus résidents, qui prouvent l'orgueil et les prétentions de cette race mais ne témoignent, en

[1] F. Garnier, t. I, p. 398

vérité, pas de son autorité au-delà de la Salouen. Si Ava,
dans les derniers temps surtout, avait su ou voulu savoir ce
qui se passe aux différentes cours laotiennes, ces rois si fiers
et si arrogants eussent rappelé leurs représentants ou annexé
les peuples Trans-Salouens. Mais ils s'en sont bien gardé.

« D'après les usages Laotiens, les chefs des villages étaient
« tenus de nous faire à notre passage des cadeaux en na-
« ture. Le mission de Lagrée les a toujours refusés ou du
« moins elle a payé les objets qui lui étaient offerts. Le roi
« de Muong-You demanda le motif de ce refus. — C'est que
« nous ne voulons pas, dit le commandant de Lagrée, que
« les pauvres gens aient à souffrir de notre présence. —
« Mais de moi, répliqua gracieusement le roi, vous daignerez
« sans doute accepter quelque chose ? »

Ce procédé portera ses fruits que récolteront nos compatriotes qui visiteront ce prince Laotien, car il s'intéressa vivement à la France, dont à cette époque il ne soupçonnait pas
encore le voisinage probable.

« Le lendemain, dit Garnier, le roi fit prier M. de Lagrée
« de retourner le voir. Leur entretien eut un caractère plus
« intime : la vue des Européens réveillait chez cet intelligent
« jeune homme des désirs d'émancipation du joug birman,
« que   procédés administratifs de ces derniers ne justi-
« fient que trop. A Muong-You, le roi avait su reléguer
« l'agent Birman à l'arrière plan, et il affectait, en toute
« occasion, de ne tenir aucun cas de sa présence. Là où sont
« les Européens, disait-il au commandant de Lagrée, la guerre
« et les troubles cessent, le commerce et les populations
« augmentent. »

« Ce n'est pas là le premier symptôme que nous avions
« saisi d'une prochaine insurrection de ces peuples. Les Bir-
« mans sont trop présomptueux pour la prévoir, trop mal-
« adroits pour la prévenir. »

Cela confirme ce que nous avons dit à l'endroit de la
présence des Birmans dans ce pays.

Si Ava s'était cru le moindre droit sur le royaume de
Muong-You, ce jeune prince eut payé bien cher le dédain

avec lequel il a traité le mandarin Birman. En effet, reléguer un ambassadeur d'Ava, eut été une insulte grave aux yeux de la plus arrogante et de la plus vaniteuse des cours, il n'y a même pas eu de rappel au devoir de la part de ce suzerain maître de la terre et de l'eau.

Au point de vue des intérêts français, il est certain que les symptômes de mécontentement constatés déjà par la mission sont de nature à fortifier nos espérances à l'endroit de l'extension de notre sphère d'action sur toute la vallée du Haut Mékong. Un prince qui a exprimé les sentiments qui ont enchanté la mission de Lagrée ne serait pas éloigné de se jeter dans les bras de la France et de concéder à des sociétés françaises l'exploitation des richesses variées de son pays.

« Le roi de Muong-You, dit Garnier (p. 398), affirmait « que son royaume abondait en gisements métallurgiques. « D'après lui il y aurait de l'or, de l'argent, du fer et des « pierres précieuses dans les montagnes qui enserrent le Nam-« Leuï. A l'appui de son dire, il montra à M. de Lagrée un « très bel échantillon de minérais de fer oligiste et quelques « grenats; malheureusement il était impossible d'en désigner « exactement les gisements, sans s'exposer à voir les Birmans « en rendre l'exploitation obligatoire pour les indigènes, afin « de prélever une dime sur le produit. » Mais restez ici quel-« que temps et je pourrai, en cachette, vous y conduire », « ajoutait le roi. M. de Lagrée avait trop de raisons pour « quitter le plus vite possible le territoire soumis aux Bir-« mans pour accepter ces propositions. »

Encore une fois M. de Lagrée se trompe; ce territoire n'était pas soumis aux Birmans, car une suzeraineté stérile au point de vue de l'autorité politique n'est pas une suzeraineté. Nous avons suffisamment démontré au lecteur ce que nous avançons. Il suffit de se rappeler les invasions des Birmans, pour expliquer la présence de ces prétendus rési-dents dont le manque d'autorité résultait de la subordina-tion que leur imposaient les princes Laotiens et des humi-liations qu'ils leur faisaient endurer. Que les mandarins Bir-mans aient profité des troubles du pays et de la faiblesse

des rois, pour exploiter le peuple et exercer leur système de
pression et de pillage plus ou moins dissimulé, cela n'est
pas douteux : mais il ne s'en suit certainement pas cette conséquence : qu'il suffit de vivre en parasite dans un royaume
débile pour s'autoriser à réclamer un véritable droit de suzeraineté sur une principauté plus condescendante par nécessité que soumise dans toute l'acception du mot.

Le lendemain le roi se rendit au Sala pour rendre la
visite à M. de Lagrée. Cette cordiale entrevue a laissé des
racines dans ce pays. Que demain une nouvelle mission
fasse son apparition à Muong-You et elle recueillera les fruits
de l'arbre que M. de Lagrée a planté dans l'esprit bien doué
de ce jeune prince.

« La race Thaï, dit Garnier, (p. 398), est douée, surtout
« dans le Nord, d'une curiosité intellectuelle et d'une déli-
« catesse naturelle du goût qui lui permettrait bien vite, sous
« d'autres maîtres que les Birmans, d'occuper une place ho-
« norable parmi les peuples civilisés. Les progrès rapides
« qu'ont faits les Siamois depuis qu'ils sont en contact avec
« les Européens, témoignent de cette aptitude, et encore de
« tous les rameaux de la race Thaï, le rameau Siamois est-
« il celui qui nous paraît le moins accessible aux sentiments
« élevés. »

Le joug Birman, dont nous avons parlé, est en effet lourd,
non parce qu'il résulte d'un droit et d'une politique suivie,
mais d'une série d'entraves qui paralysent parfois indirectement les meilleurs sentiments des princes Laotiens.

La future mission commerciale qui se rendra de Muong-
You à Xieng-Hong, en suivant le chemin de M. de Lagrée,
trouvera d'intéressants renseignements, (page 399 et suiv.).

La ville de Xieng-Hong, depuis sa destruction par Maha-
Say, gouverneur de Muong-Phong, en 1857, a été reconstruite
au Nord du confluent du Nam-Ha. La plaine qui l'entoure
est plus peuplée que la ville : c'est plutôt l'emplacement d'un
marché qu'un centre de population.

Un peu au-dessous de la ville et après avoir reçu les
eaux du Nam-Ha, le fleuve se rétrécit brusquement et des
collines s'élèvent sur les deux rives. Sur la rive droite se

trouvent les ruines de l'ancienne cité. dont a parlé Mac Leod. C'est là où habitaient autrefois les rois de Xieng-Hong. Garnier en fait la description, page 406.

La mission a rencontré des panneaux sculptés. représentant des combattants Siamois et Birmans; ces derniers jouent toujours le rôle de vaincus. Si on doutait des invasions Birmanes, Siamoises et Chinoises, l'examen de ces sculptures prouverait clairement l'évidence du fait.

Aprés quelques pourparlers le sénat s'était décidé à admettre le commandant de Lagrée en sa présence. Cette assemblée se compose de 4 grands mandarins et de 8 autres d'un rang inférieur, représentant chacun l'une des 12 provinces « Chip-song-Panna » qui forment le royaume de Xieng-Hong, Les quatre mandarins supérieurs répondent aux principautés que les Lus considèrent comme les portes de leur royaume. Muong-La-Thai est la porte de la Chine; Muong-Khie celle de la Birmanie; Muong-Long celle de Xieng-Tong; et Muong-Phong celle de Xieng-Mai. Les huit autres provinces sont: Muong-La, Muong-Hou, Muong-Houng, Xieng-Toung, Muong-Ham, Muong-Hing, Muong-Bang. Muong-Iva.

« Le chiffre des impôts payés à la Birmanie et à la Chine, « dit Garnier, est assez difficile à préciser. Les renseignements « que nous avons recueillis à ce sujet sont peu concordants. « Les 8 pannas les plus importants: Hing, Khie, La, « Long, Houng. Hou, Xieng-Toung et Phong payaient jadis « à la Chine 1000 taels par an; aujourd'hui ces 8 muongs « donnent 8 thés en or, 8 thés en argent et des étoffes. « Muong-La-Thai paie 3 ticaux en or et 3 ticaux en argent. » [1]) Et à la Birmanie? Garnier n'en dit mot.

---

[1]) Il convient de rappeler ici le projet de traité que M. F. Deloncle a fait signer à Mandalay, en 1884, et qui n'était certes pas de nature à porter ombrage à l'Angleterre qui s'en est néanmoins émue.

Ce traité n'aurait il servi qu'à dissiper le doute à l'endroit de la politique séculaire de l'Angleterre, qu'il mériterait encore notre gratitude. Il a été apprécié différemment. Néanmoins il faut reconnaître que M. Deloncle possède une connaissance profonde de la sphère de l'action française dans l'Indo-Chine et qu'il s'est laissé guider par le patriotisme le plus éclairé.

Préoccupé à juste titre des deux rives du Mékong, notre compatriote a cru politique et sage de paraître croire aux prétendus droits d'Ava

« Le sénat de Xieng-Hong est présidé par le Momtha,
« appelé aussi Chao-Xieng-Ha, titre équivalent à celui de
« premier ministre. Le mandarin Birman assista à la récep-
« tion de Momtha; il était placé en arrière de ce personnage
« et à gauche; à droite était une place vide réservée au man-
« darin chinois, absent en ce moment de Xieng-Hong. M. de
« Lagrée fut obligé de produire, malgré la lettre du roi de
« Xieng-Tong, le passe-port signé du prince Kong. Cette si-
« gnature produisit un grand effet, les physionomies avaient
« changé à vue d'œil, et le Momtha n'adressa plus au com-
« mandant de Lagrée que des questions obligeantes et de
« gracieux compliments. Ce dernier remarqua le peu de cas
« que le Momtha faisait du prétendu représentant d'Ava, et
« surtout la façon leste avec laquelle l'assemblée traita ce
« vaniteux personnage.

« Un mandarin Thaï avait fait observer que le roi de
« Xieng-Tong ne pouvait pas accorder à la mission l'auto-
« risation d'aller plus loin, puisque Xieng-Hong, dit-il, dé-
« pend de la Chine. ¹)

« Le surlendemain: réception du roi.

« Sa Majesté habitait provisoirement une mauvaise mai-
« son en bambou de très chétive apparence, qu'on orna à
« la hâte de tapis chinois ramassés un peu partout. Pour
« donner une haute idée de la puissance du souverain, on

sur les deux rives du fleuve et de passer sous silence l'influence de la
Chine à Xieng-Hong.
   Malgré le tact et la prudence de M. Deloncle, grand emoi dans la
presse Indo-anglaise. L'Angleterre a compris le parti qu'elle pourrait tirer
de cette situation pour masquer ses intentions.
   Le traité Deloncle a été exploité jusqu'à la dernière heure, et pendant la période de l'intimidation il a servi de thème à la passion de Rangoon et de Calcutta. Il n'en est pas moins vrai, que cet effort rationnel
si diversement interprété témoigne du sentiment des dangers que l'annexion
d'Ava ferait courir à l'exercice de nos droits réguliers dans la vallée du
Haut-Mékong. M. Deloncle a eu le mérite de prévoir. Il a mesuré l'étendue des ambitions Britanniques et n'a écouté que son patriotisme alarmé.

¹) Nous avons dit plus haut l'importance qu'il faut ajouter à l'action
de la Chine sur Xieng-Hong. Quoiqu'il en soit, il semble évident que si
la Chine avait partagé en réalité un certain droit de suzeraineté sur
Xieng-Hong elle avait le pas sur Ava.

« avait réuni 3 ou 400 hommes, pris au hasard, armés et
« costumés de la façon la plus irrégulière : quelques vieux
« fusils à pierre, la plupart hors de service, prouvent que ce
« royaume est incapable d'opposer la moindre résistance. »

Si l'Angleterre veut mettre en pratique les intentions exprimées par ses cartes et notamment par celle du colonel
Browne elle n'aurait qu'à répéter le mot de César: *Veni,
vidi, vici.*

« Après une longue attente, dit Garnier, (p. 408), le roi
« parut : l'assemblée s'inclina, les trompes résonnèrent, quatre
« petits espingoles firent feu. Nous vîmes un jeune homme
« de 19 à 20 ans; ce petit souverain sans force et sans ini-
« tiative est entièrement sous la tutelle des grands mandarins.
« Son costume ressemblait fort à celui des paillasses de nos
« foires; il était coiffé d'un grand chapeau chinois orné de
« clochettes et portait une tunique en soie rouge. Il pro-
« nonça quelques monosyllabes, qu'un mandarin traduisit à
« M. de Lagrée en longues questions sur le but de notre
« voyage, etc. etc. On fit ajouter au roi que nous pourrions
« partir quand bon nous semblerait. Le cérémonial qui avait
« présidé à son arrivée l'accompagna à sa sortie. »

Le royaume de Xieng-Hong se ressent du voisinage chinois et porte les traces des dernières guerres qui y ont semé
la ruine et la misère. Les refugiés des régions voisines se
mêlaient aux indigènes, notamment les Thai-neua ou Thai
du Nord, chassés de leur pays natal par les Mahométans ou
Phasi, c'est-à-dire les Panthe des Birmans. D'autres sauvages
encore, les Lo-los, les Yo-Jens font leur apparition à Xieng-
Hong. Ils parlent une langue assez différente du chinois et
se rattachent aux populations autochtones du Yunan.

Sur la rive gauche du Mékong se trouvent plusieurs
centres laotiens importants, Muong-Hou et Muong-Iva. Ils
ont été l'objet des préoccupations de M. J. Ferry, dans sa
conférence avec Lord Lyons, (16 juillet 1884).

La mission traversa le fleuve, un peu en amont de la
ville, sur un bac qui fonctionne toujours moyennant une
redevance de 8 f. Les quelques villages qui s'élèvent sur
les bords du Nam-Yang sont tous peuplés par des Thaï,

chassés par l'insurrection Mahométane. Ils viennent de la vallée du Nam-The, qu'ils appellent le Kiang-Cha. Le Nam-The est le nom laotien du fleuve du Tonkin. Muong-Choung est l'ancienne dénomination de la ville chinoise de Yuen-Kiang. Garnier fait la description du pays, depuis Muong-Yang jusqu'au Nam-Yot, un affluent du Mékong. Cette zône est habitée par une population paisible mais peu dense, car il a fallu recourir aux femmes pour compléter le nombre de porteurs.

Le Nam-Yot serpente au fond d'une vallée très cultivée. Xieng-neua est le dernier centre Laotien de quelque importance visité par la mission.

Xieng-Neua dépend de Muong-La-Thaï, province laotienne dont le chef-lieu se trouve dans l'Est. Depuis la guerre du Yunan, le roi de Muong-La-Thaï habite à une demi-journée dans le nord-ouest de Xieng-Neua. C'est par l'intermédiaire de ce roitelet, qui porte le titre de Sa-mom, que Se-mao et Xieng-Hong entrent en communication.

F. Garnier insiste sur Muong-Pang, qui se trouve à une très faible distance de Xieng-Neua (p. 423), et qui est habité par des Chinois et des Thaï-Ya, chassés par la guerre de la partie sud du Yunan. « Ils ont apporté dans le Laos les « mœurs et les procédés agricoles du Céleste-Empire: les « hautes maisons laotiennes sont remplacées par de petites « huttes basses et grossièrement construites avec de la boue « pétrie, appliquée sur un clayonnage en bois. Mais si l'as-« pect des demeures de ces pauvres refugiés est misérable, « leur industrie supérieure se révèle dans tous les détails. « C'est avec un vif plaisir que nous retrouvâmes des tables, « des bancs, des étagères, des seaux et ces mille ustensiles « de la vie domestique. Les jardinets soignés qui entouraient « les demeures de nos hôtes, les charrues, les tarares que « nous voyions autour de nous, nous annonçaient le voisi-« nage du Céleste Empire, où l'agriculture est le premier des « arts. »

L'accueil cordial des habitants de Muong-Pong nous garantit l'avenir. L'administration de l'Indo-Chine n'éprouvera aucune difficulté à les conduire dans la famille Indo-française.

Le pays avait été occupé autrefois par une population très dense. Le paysage revélait des teintes variées qui attestaient la diversité des cultures.

La région de Nang-Sang-Ko nous ouvre un horizon agricole : Climat tempéré, terre fertile, population assez dense pour avoir une main d'œuvre avantageuse; tout cela nous autorise à concevoir de belles espérances.

Les habitants représentent le type des Taï le plus anciennement conquis par les Chinois. F. Garnier donne d'intéressants détails sur la région limitrophe du Yunan, où il suffira d'agir avec prudence, avec tact mais avec décision et fermeté.

Nous avons accompagné la mission de Lagrée, nous voilà à Se-mao. Le lecteur nous permettra d'exprimer la pensée née des observations auxquelles se prête la zône si riche que nous venons de traverser. Nous la formulons en proposant l'envoi d'une mission commerciale, sur l'importance de laquelle nous appelons l'attention des sociétés savantes et des chambres de commerce.

Si le gouvernement anglais à l'intention de faire état des prétendus droits de la suzeraineté d'Ava sur les deux rives du Mékong, c'est-à-dire sur Kieng-Tong et les Pannas situés sur la rive gauche, le gouvernement de la République est armé contre cette théorie, grâce à la déclaration du roi Thibaw. Cette déclaration est un acte diplomatique auquel nous n'avons eu à ajouter qu'une importance relative, parce qu'il nous est démontré qu'Ava n'a jamais exercé la moindre autorité politique sur la rive gauche. Nous avons étudié le caractère des prétendus droits de suzeraineté et prouvé l'indépendance des populations Laotiennes sur les deux rives du fleuve. Nous avons dit que la Chine a renoncé à l'exercice de son influence, basée sur sa situation géographique. nous avons demandé aux historiens Anglais eux-mêmes les arguments dont nous nous sommes servis pour contester l'autorité politique d'Ava sur le Mékong.

Le récent livre du major Browne[1]) confirme ce que nous

[1]) The Coming of the Great Queen. p. 440.

avons dit relativement à l'importance des fleurs d'or et d'argent. Cet auteur a cependant bien besoin des peuples Shans pour asseoir les espérances de l'Angleterre sur des bases ides.

Si l'Angleterre s'incline devant la vérité historique et si elle limite sa sphère d'action à Kiang-Toung, ou si nous jugeons pouvoir lui permettre d'aller jusqu'à Kiang-Hung et d'occuper la rive droite, la déclaration du gouvernement Birman n'a qu'un intérêt historique. Mais si, contrairement aux principes des sphères d'action préconisées par Lord Lyons au quai d'Orsay, en 1884 et 1885, nous nous trouvions en présence d'une politique d'empiétement, bref, si l'Angleterre voulait occuper Kiang-Hung comme elle en manifeste l'intention dans ses organes les plus autorisés; si après Kiang-Hung elle voulait traverser le Mékong, suivant le conseil des chambres de commerce; ¹) si la mission Hildebrand, encouragée par le gouvernement de l'Inde et les sentiments de l'opinion publique, avait pour but de faire passer les deux rives du fleuve dans la sphère de l'action anglaise, le cabinet français est autorisé à se retrancher derrière la déclaration de la cour de Mandalay, que nous devons au patriotisme éclairé de M. Deloncle, qui eut en 1884 plusieurs conférences officieuses avec les ministres du roi Thibaw.

Ces conférences aboutirent à la cession des 8 Pannas ou provinces Laotiennes dépandant de la principauté de Kiang-Hung.

Muong-La est donc un point français, en admettant que les pannas au-delà du Mékong et cédés à la France en 1884, aient été soumis à l'action politique d'Ava. En un mot toute la rive gauche du grand fleuve français fait partie du territoire du Tonkin, conformément aux déclarations de M. J. Ferry. En traçant une ligne de Muang-La à Luang-Prabang, nous fixons la bande de territoire qui nous a été cédée par Ava et qui fait partie intégrante du Tonkin et du minimum de notre sphère d'action. Il est inutile de délimiter les pannas

---

¹) Conférences à Glasgow et Manchester, 1885. « Il faut paralyser la France dans l'Est. »

de la rive gauche, prenons l'espace situé entre cette rive et les frontières actuelles du Tonkin, et nous aurons délimité les provinces auxquelles a renoncé le gouvernement d'Ava en faveur de sa voisine de l'Est.

Nous n'avons cessé de prouver que non seulement de Muang-La à Luang-Prabang et à Saïgon nous sommes dans la limite de nos droits, nous ne saurions trop répéter que nous revendiquons toute l'étendue de territoire à l'ouest du Mékong entre la rive droite du fleuve et les monts Tanen-Toung, ligne de partage des eaux qui constituent le maximum de nos droits dans le Haut-Laos, y compris la principauté de Luang-Prabang qui relève de la cour de Hué: et cela parce que la cour d'Ava n'avait en réalité pas de cadastre politique et que la Salouen a toujours été sa limite scientifique.

CHAPITRE III.

Annexion du royaume d'Ava, et chute des Alompra.

L'étude des livres bleus est utile et intéressante:

1° Parce qu'elle met en lumière l'origine, le développement progressif et la solution de la question Indo-Chinoise au point de vue anglais.

2° Parce qu'elle résoud la question de l'Indo-Chine française, en ce sens qu'elle démontre la nécessité politique et nationale de notre action, et qu'elle prouve à l'aide des chiffres, mis en lumière par les chambres de commerce de Glasgow, de Manchester, de Liverpool, de Rangoon et de Calcutta que notre œuvre est pleine d'avenir puisqu'elle éveille au plus haut point la jalousie de l'Angleterre.

3° Parce qu'elle trace la ligne de conduite de la France, et éclaire l'avenir de façon à éviter toute hésitation dans l'établissement de l'équilibre politique des deux nations.

3° Parce qu'elle établit les responsabilités des actes et des appréciations de l'Angleterre, et fait ressortir la moralité du cabinet de Londres à l'endroit de la Haute-Birmanie

5° Parce qu'elle constitue un enseignement précieux pour l'avenir et nous apprend à mieux connaître les défauts de notre tempérament qui fortifient l'ambition de nos rivaux et leur permettent de tirer partie des conséquences de nos fautes.

6° Parce qu'elle permet à la République de faire oublier les fautes et les faiblesses du XVIII° siècle, et de réparer nos désastres et nos malheurs dans l'Indo-Chine.

7° Parce qu'elle prouve que le cabinet anglais eut réglé avec M. J. Ferry la question des limites qui doivent servir de base à l'équilibre politique dans la presqu'île Indo-Chinoise.

8° Parce qu'elle permet d'affirmer que le cabinet anglais n'eut pas agi militairement contre Mandalay, sans s'engager vis-à-vis de M. J. Ferry à respecter la sphère de l'action française dans la vallée du Mékong.

9° Parce qu'elle nous apprend que M. J. Ferry eut rendu impossible l'ouverture d'une grande route commerciale à travers les pays Shans, qui depuis un siècle préoccupe le gouvernement de l'Inde et le commerce de la métropole, dont les avocats et les défenseurs: MM. Hallett et Colquhoun veulent hâter l'exécution pour *transporter de Moulmein et de Rangoon jusqu'au cœur de la Chine méridionale, et sur les ailes de la vapeur* les marchandises britanniques, et ruiner l'influence et le commerce de la France dans l'Est.

10° En dernier ressort parce qu'elle prouve qu'ils se trompent, ceux qui prétendent que nous ne tirerons rien du Tonkin, et que notre œuvre dans l'Indo-Chine est la cause de la rupture de notre équilibre financier, et le tombeau de nos soldats.

Le gouvernement de Calcutta craignant les dangers d'une guerre civile à Mandalay a pris toutes ses dispositions pour éloigner le prince Nioung-You et son frère de la Birmanie et même du voisinage de ce royaume. Il a fait tout ce qui était en son pouvoir pour écarter du trône de Thebaw les éléments de danger et de discorde. Malgré ses efforts, les exécutions des membres de la famille de Nioung-You ont eu lieu immédiatement après l'avènement de Thebaw au trône de Birmanie. Il y a donc là une intention formelle de bles-ser le gouvernement de l'Inde. En-dehors de cet acte de barbarie inouïe, le jeune roi a foulé aux pieds sans scru-pule les obligations internationales. En donnant l'ordre du massacre il envoya à Calcutta des émissaires secrets chargés d'assassiner Nyoung-You, qui jouissait alors de la protection de l'Angleterre. Une enquête de la police démontra l'exis-tence de ce complot. (Livre bleu, page 18. Lord Lytton, gouverneur général des Indes, au vicomte Cranbrook, se-crétaire d'Etat des Indes).

Le résident anglais, à Mandalay reçoit les instructions les plus précises à l'effet de protester énergiquement contre ces atrocités. Les ministres répondent au résident que le roi a agi dans la plénitude de son droit. [1])

L'esprit de cette correspondance est empreint d'une grande courtoisie du côté du résident anglais, et d'une grande ten-dance d'affirmer l'indépendance vis-à-vis de Calcutta du côté du gouvernement de Thebaw, dont la briéveté et le laconisme prouvent l'intention sinon de blesser du moins d'éloigner le résident anglais de toute espèce de contrôle.

Le ministre des affaires étrangères justifie les massacres: *Le roi est le maître de ses états, il a le droit de prendre*

---

[1]) Livre bleu, page 21: M. Shaw résident à Mandalay à Son Excel-lence le Ministre des affaires étrangères, Mandalay; 19 février 1879.

N° 12. Rapport du résident anglais, M. Shaw.

N° 12. Lettre du ministre des affaires étrangères au résident anglais. 20 février 1879.

M. Shaw à Son Excellence le ministre des affaires étrangères. Man-dalay, 20 février 1879.

M. Shaw au Ministre des affaires étrangères, 21 février 1879.

Lettre du ministre des affaires étrangères à M. Shaw. 22 février 1879.

telles mesures qu'il juge nécessaires pour la sécurité de sa personne et de ses états. Bref, pourquoi le résident s'immisce-t-il dans les affaires du royaume d'Ava ?

Tel est l'esprit de cette correspondance, dont la forme manque de courtoisie. Ce ton convient bien au ministre du roi de Birmanie, qui veut affirmer l'indépendance de son souverain même dans les questions internationales. L'insolence et l'audace ont de tout temps caractérisé la politique d'Ava.

En 1885, le résident français à Mandalay donna au ministre des affaires étrangères du roi Thebaw des conseils désintéressés qui eussent profité à la fois à l'humanité, à Ava, à l'Angleterre et à la France, s'ils avaient été pris en considération. L'agent français a fait observer en maintes circonstances que l'administration du roi était de nature à blesser la justice et l'humanité, et qu'elle servirait sous peu de prétexte à l'Angleterre. Il a conclu en faveur de la suppression des abus et des actes de cruauté partiels, et cela dans l'intérêt de la cour elle-même, que la presse anglaise accusait tous les jours d'incapacité, de cruauté et d'immoralité.

La voix de l'agent français, en 1885, ne fut pas plus écoutée que celle de M. Shaw. Les ministres dans leur orgueil n'eussent jamais consenti à reconnaître la justesse et l'opportunité des conseils d'un étranger (d'un Kala). Ils savaient fort bien qu'ils creusaient un abime sous le trône de leur maître, mais ils ont préféré sacrifier le roi à leur vanité et à leur rapacité. Le consul de France s'est efforcé en vain d'appeler l'attention de la cour sur les dangers qui la menaçaient; l'histoire de la Birmanie lui avait appris que ses efforts seraient vains et dangereux au point de vue de sa sécurité personnelle.

Le gouvernement de Londres ne se laisse pas émouvoir. On lui a dit que le gouvernement de l'Inde a été de la part du roi Thebaw l'objet d'un affront; on lui a fait remarquer que la cour d'Ava a prémédité l'insulte; que les remontrances de M. Shaw à Mandalay n'ont pas été prises en considération; que les réponses du ministre des affaires étrangères

déguisent cette pensée : « Nous ne voulons pas que l'Angle-
« terre se mêle de nos affaires, nous sommes les maîtres
« chez nous et libres d'agir à notre guise. » [1])

On fait observer au secrétaire d'Etat de l'Inde que les
lois internationales ont été violées, que l'humanité a été outragée de la façon la plus révoltante. Bref, le vice-roi des
Indes ne croit pas que cet état de choses puisse se concilier
avec l'honneur et les intérêts britanniques dans l'Inde. Il
faut en finir avec cette politique d'hésitation et de condescen-
dance et tenir au roi de Birmanie un langage plus digne et
plus énergique. (Livre bleu, page 19).

Mais le gouvernement de la métropole ne voit pas les
choses au même point de vue que Lord Lytton et son conseil. Il est moins susceptible et par conséquent moins ému
de ce qui se passe à Ava. La clameur des victimes égorgées
sous le drapeau Britannique ne vient pas jusqu'à lui.

Lord Cranbrook, secrétaire d'Etat de l'Inde dans sa dépêche du 3 avril 1879, (livre bleu, p. 23) au gouverneur
général des Indes, refroidit le zèle du conseil supérieur de
Calcutta. Il ne parait ni ému, ni inquiet de tout ce qui se
passe à Mandalay.

„ Vous nous avez fait savoir, dit le sous-secrétaire d'Etat de
„ l'Inde, que vos relations avec la cour sont en ce moment on ne
„ peut moins solides.

„ Le gouvernement de Sa Majesté a compris votre intention,
„ elle se résume dans la nécessité d'un autre modus vivendi avec
„ la cour d'Ava, plus conforme aux intérêts réciproques et à la
„ dignité Britannique. Il faut remarquer que le roi Thebaw n'a
„ fait qu'imiter ses prédécesseurs, il n'est pas plus coupable
„ qu'eux. La conduite des rois de Birmanie ne nous a jamais

[1]) Livre bleu, page 21. Enclosure 6 du N° 12.
R. B. Shaw, Esq. C. J. E., résident à Mandalay, à son Excellence le
ministre des affaires étrangères du roi Thebaw. Mandalay, 18 fév. 1879.
Livre bleu, page 21. Enclosure 7 du N° 12. Mandalay, rapport confidentiel 1879.
Livre bleu, page 22. Enclosure 8 du N° 12. Traduction d'une lettre
du ministre des affaires étrangères au résident à Mandalay, 23 fév. 1879.
Livre bleu, page 22. Enclosure 9 du N° 12. R. B. Shaw, Esq., résident à Mandalay à son Excellence le ministre des affaires étrangères.
20 février 1879.

„ poussés à changer l'esprit de notre politique à l'égard de la cour
„ d'Ava. Il est possible que la prudence de votre Excellence puisse
„ conduire Thebaw à de meilleurs sentiments à notre égard.

„ Nous estimons que le moment est mal choisi pour opérer un
„ changement dans nos relations avec la cour d'Ava, parce que le
„ jeune roi est sous l'influence de la folie de la gloire, des excita-
„ tions d'une autorité absolue, et des conseils les plus pernicieux
„ (*excitement of the possession of unbridled power, and surrounded
„ by the worst class of counsellors*).   Il est possible qu'un langage
„ ferme et sans menace, puisse amener la cour d'Ava à modifier la
„ situation dont parle votre Excellence.

„ Le gouvernement de Sa Majesté considère comme *souveraine-*
„ *ment impolitique* (highly impolitic) tout acte qui pourrait avoir
„ le caractère d'un ultimatum basé sur les faits et les évènements
„ dont votre Excellence rend compte dans sa dépêche du 3 avril
„ 1879, et qui loin d'améliorer nos relations se traduiraient par des
„ hostilités. "

Le gouvernement de Londres sait maintenant que le
commerce britannique est entravé par l'état politique de la
Haute-Birmanie. Il sait que l'humanité a été insultée à Mandalay où flotte le drapeau britannique.   Il sait aussi que le
vice-roi, dans la personne de son agent M. Shaw, a été humilié.   Peu importe, la cour d'Ava doit être traitée avec
égards et ménagements. De la fermeté, oui, mais à condition
qu'elle ne renferme aucun esprit de menace. Point d'ultimatum. Le gouvernement de la Reine le désapprouverait haute-
ment (*anything like an ultimatum based upon former
grievances would at the present juncture appear to Her
Majesty's Government highly impolitic*).

Malgré les préjudices matériels causés au commerce britannique par la situation politique de Mandalay, l'*ultimatum
est impolitique*, parce que le moment de l'action n'est pas
venu.   Rien n'est compromis jusqu'à présent aux yeux du
gouvernement de la Reine.   La Haute-Birmanie est le prolongement naturel de la Basse-Birmanie, la soudure politique
se fera à son heure et par la force des choses. Il est préférable
d'attendre, aucune complication extérieure menace le royaume
d'Ava. Seule, la France pourrait porter ombrage à nos espé-

rances et à nos droits dans l'Indo-Chine, et pour le moment elle ne constitue aucun danger. (*The external relations of the Mandalay Court with other States besides India are, for the present, of minor concern to us*). Livre bleu, p. 14.

Dans le paragraphe 10 de son mémoire, Lord Lytton, vice-roi des Indes, demande instamment la révision des traités de 1862 et de 1867. Il démontre les préjudices causés au commerce britannique par les monopoles royaux, et donne des chiffres à l'appui. Le commerce du riz surtout a profité au gouvernement d'Ava qui a importé plus de 600,000 tonnes en franchise, tandis que les marchandises exportées par mer ont été grevées d'un droit de 5 Roupies (10 fr.) par tonne. Cela s'est traduit par une perte annuelle de plus de 3 lacs de roupies.

On eut pu croire que le gouvernement de Londres se laisserait émouvoir au moins par les raisons commerciales conformément à l'esprit de ses traditions. Rien, pas même les intérêts lésés ne sauraient faire agir le cabinet de Londres qui a résolu d'attendre et de différer toute politique d'action dans la Haute-Birmanie, malgré les griefs de Lord Lytton à l'endroit de la façon dont la justice est rendue à Mandalay, (Livre bleu, page 15, paragraphe 12). Le manque de sécurité des sujets Britanniques, et la situation pénible et difficile de M. Shaw, tout cède à l'intérêt du moment.

Aussi a-t-on le droit d'être surpris quelque temps après d'entendre Lord Lyons, ambassadeur de sa Majesté Britannique à Paris, prétendre : Que les considérations qui font agir le gouvernement de la Reine dans les affaires de la Haute-Birmanie, ont un caractère politique, quand le 7 mars 1879, Lord Lytton, vice-roi des Indes, a déclaré en conseil, que nos relations avec la cour d'Ava sont plus commerciales que politiques. (*The interests chiefly affected by the character of our relations with Burmah are, commercial, rather than political*).

La série des humiliations continue :

Les 14 et 15 Avril 1879, le capitaine Morgen du « Shin-tsow-bow », bateau de l'Irrawady-Flotilla (compagnie anglaise), a eu à se plaindre d'une insulte personnelle et de la façon brutale dont les Birmans ont traité son équipage et ses passagers.

Le rapport confidentiel du 14 avril (livre bleu, page 24), mentionne d'autres insultes. Le memorandum de R. B. Shaw, Esq., résident à Mandalay, à son Excellence le ministre des affaires étrangères du roi Thebaw donne les détails de cet événement qui n'a pas paru préoccuper l'administration du roi, s'il faut s'en rapporter aux lettres du ministre des affaires étrangères au résident anglais. (Livre bleu, page 27).

Le 16 Juin 1879, le vice-roi télégraphie de Simla au vicomte Cranbrook, secrétaire d'Etat de l'Inde :

« Nous avons l'honneur de faire parvenir au gouverne-
« ment de sa Majesté la copie des télégrammes qui vous font
« connaître les nouveaux outrages que nous avons subis à
Mandalay. » (Suivent les copies des télégrammes). Livre bleu, page 27. 4 et 7 juin 1879.

Le 30 juin 1879, le vice-roi des Indes en conseil envoie au vicomte Cranbrook copie d'une correspondance télégraphique entre le gouvernement de Rangoon et la résidence de Mandalay, relative à la continuation des humiliations et des outrages.

Cette dépêche N° 156, page 28, renferme :

Enclosure I du N° 16. Rapport confidentiel de M. Shaw : *Le 26 mai le résident anglais annonce que M. Phayre, secrétaire de la résidence a été insulté par un groupe de Birmans malgré la garde qui l'accompagnait. Il ajoute que depuis quelque temps ces faits se reproduisent souvent, sans qu'il soit possible de découvrir les coupables.*

Le résident raconte une conversation avec un ministre:

„ Le gouvernement de Mandalay est désireux d'éloigner les sol-
„ dats anglais qui forment la garde de la résidence. “

Le ministre a discuté avec beaucoup de subtilité. Le résident lui a répondu:

„ Vous faites appel au traité d'amitié, mais votre conduite n'est
„ pas inspirée par l'amitié. Pourquoi le roi revendique-t-il un droit
„ de suzeraineté sur le pays des Karens, dont nous avons toujours
„ reconnu l'indépendance ? Pourquoi retient-il dans les fers, contrai-

„ rement à ses déclarations, les femmes inoffensives, des deux princes
„ nos hôtes? Pourquoi a-t-on lésé les intérêts des sujets anglais,
„ après les avoir brutalement expulsés? Pourquoi cette violation de
„ domicile et cette spoliation? "

Le ministre fit une réponse astucieuse.

Enclosure 2 du N° 16, page 29.

Rapport confidentiel de M. Shaw, 31 mai 1879. Le résident annonce de nouveaux actes de cruauté envers la mère
et les sœurs du prince Nyoung-You.

Enclosure 3 du N° 16, 30.

Le gouvernement de l'Inde charge le résident à Mandalay
d'exprimer formellement l'aversion que lui cause la conduite
de Sa Majesté.

Le moment de l'action n'est pas venu. La réponse du
gouvernement de Londres est de nature à refroidir les sentiments du gouvernement de l'Inde, à décourager le Chief
Commissionner de Rangoon, et à paralyser le résident à
Mandalay.

Londres veut bien partager l'indignation, mais ne consent pas à épouser les dispositions hostiles de Calcutta et
de Rangoon. Pas de représailles. On verra plus tard. Jusqu'à présent rien n'est compromis dans l'Indo-Chine. (India
Office London, N° 29, 7 août 1879).

Le 21 Juin 1879, le vice-roi des Indes, Lord Lytton, en
conseil fait parvenir, sous le N° 165, au gouvernement de
Londres copie de sa correspondance avec le gouvernement
de Rangoon, relative aux événements de la Birmanie supérieure, à la situation du commerce entre la Basse et la Haute-
Birmanie et à l'état des relations avec le gouvernement de
Mandalay.

Enclosure 1 du N° 17, page 31.

Le 27 avril 1879. Le Résident Shaw fait observer à C. U.
Aitchison, Esq. C. S. J. Chief Commissioner de la Birmanie
anglaise, qu'il y a lieu de prendre des précautions militaires
à la frontière.

Enclosure 2 du N° 17, page 32.

Le 7 mai 1879. G. D. Burgess, Esq. B. C. S, secrétaire du gouvernement de Rangoon, dans sa lettre à C. Lyall, Esq. secrétaire du gouvernement de l'Inde, dit qu'il n'y a pour le moment aucune attaque soudaine à craindre, mais il y a lieu de prendre les précautions nécessaires pour éviter de nouvelles insultes et la répétition des actes de cruauté.

Le Chief Commissioner estime qu'il est impossible d'apporter la moindre restriction à l'effectif des troupes campées à la frontière.

Enclosure 3 du N° 17.

Le 22 mai 1879. G. D. Burgess Esq., dans sa lettre à C. Lyall Esq., est chargé d'apprendre au gouvernement de l'Inde que la chambre de commerce de Rangoon appelle l'attention du gouvernement sur la dépression du commerce. Si cet état de choses devait se prolonger, il se traduirait par des désastres financiers.

Le Chief Commissioner déplore cette situation et s'empresse d'en faire part au gouvernement de l'Inde. Mais il combat les raisons de la chambre de commerce, qui prend l'effet pour la cause. Il estime que rien n'est changé à Mandalay où l'on continue les préparatifs militaires en vue d'une attaque. Il ne croit pas qu'il soit possible de diminuer la garnison, surtout en présence de la politique du gouvernement métropolitain qui réprouve toute idée d'intervention, et ne légitimerait l'action que dans le cas où nous serions attaqués.

Il s'étend longuement sur la situation du résident et les erreurs de la chambre de commerce. Il juge qu'il serait on ne peut plus imprudent de retirer les troupes, à moins que la cour de Mandalay ne donne des gages d'amitié et des garanties de paix.

Statistique en main, il réfute le rapport de la chambre de commerce relatif à l'état du trafic et à ses causes d'affaiblissement.

Il prouve que l'importation et l'exportation ont commencé à péricliter avant l'envoi des troupes à la frontière.

La chambre de commerce a constaté les mêmes symp-

tômes : 1° Lors de la mort du roi Men-Doon, en octobre
dernier, l'importation des marchandises à Mandalay tomba
à R. 330,028. — 2° Lors de l'arrivée de Sir Douglas Forsyth,
chargé de régler les affaires relatives au droit de suzeraineté
sur les Karens, nouvelle décroissance.

Aux yeux du gouvernement de Rangoon, Mandalay est
le pivot sur lequel tourne le trafic dont parle la chambre
de commerce. Si l'ordre et la tranquillité y règnent, tout
marche bien, dans le cas contraire le moindre trouble arrête
l'importation, à moins que les marchandises soient payées
comptant.

Le Chief Commissioner d'accord avec la chambre de commerce, estime que les seules garanties qui puissent être
données au trafic et aux revenus du pays doivent être demandées à un nouveau modus vivendi avec la cour d'Ava.

Aussi longtemps que durera cette situation déplorable,
il n'y a rien à espérer et tout à redouter.

Le Chief Commissioner ne peut partager l'opinion de la
chambre de commerce, il épouse ses doléances et estime
qu'il serait regrettable à tous les points de vue de perdre
les avantages de la situation. Il ne doute pas que le gouvernement de l'Inde ne partage ce sentiment.

Pourquoi le gouvernement de Rangoon n'attribue-t-il pas
la décadence du commerce à l'augmentation de la garnison
placée à la frontière ?

Le Chief Commissioner, fidèle à sa politique d'action,
espérait toujours intimider la cour d'Ava par un déploiement
de forces ; c'est la raison pour laquelle il ne partage pas les
arguments de la chambre de commerce. Il veut bien l'accompagner de ses vœux et la soutenir de ses efforts, mais
à condition qu'elle ne se mette pas en opposition avec ses
vues et n'entrave pas indirectement son plan.

Enclosure 4 du N° 17.

Le 16 Mai 1879, le secrétaire de la chambre de commerce de Rangoon adresse son rapport au Chief Commissioner.

La chambre a cru qu'en renforçant la garnison à la frontière, le gouvernement était résolu à imposer à la cour de

Mandalay une politique plus conforme aux intérêts anglais, mais elle a été déçue dans ses espérances, car le cabinet de Londres a fait savoir officiellement qu'il n'interviendrait pas dans les affaires de la Haute-Birmanie.

L'augmentation de la garnison de Prome (frontière) s'est traduite en conséquence par l'aggravation de la situation. Les natifs ne se méprennent pas sur le sens de la concentration de nos troupes. Le commerce et l'industrie en ressentent le contre-coup. C'est si vrai que la chambre de commerce ne croit pas pouvoir engager le gouvernement à suivre telle ou telle voie coërcitive. Néanmoins il serait regrettable qu'on n'employât pas les moyens nécessaires pour porter remède aux relations commerciales échangées avec la Haute-Birmanie.

Le Gouvernement britannique et la chambre de commerce de Rangoon n'ont pas tardé à changer de langage.

Enclosure 5 du N° 17.

Le gouvernement de Rangoon accuse réception de la lettre du 16 Mai, adressée au Chief Commissioner par la chambre de commerce. Il la transmettra au gouvernement de l'Inde par le prochain courrier.

Enclosure 6 du N° 17.

Le 14 Juillet 1879, le gouvernement de l'Inde répond au Chief Commissionner relativement aux communications du gouvernement de Rangoon concernant l'état du commerce de la Birmanie anglaise et des relations avec la cour de Mandalay:

„ Son Excellence en conseil estime qu'il serait superflu de dis-
„ cuter avec la chambre de commerce la question des dispositions
„ militaires imposées par la défense générale de la Birmanie anglaise.

„ Il est certain que vous continuez à envisager la situation avec
„ une grande anxiété.

„ Il est impossible au gouverneur général de voir dans vos re-
„ lations avec Ava quelques motifs qui puissent être de nature à
„ modifier les vues de Son Excellence, relativement à la politique
„ qui vous a été tracée.

„ La question de nos relations commerciales est bien plus im-
„ portante que celle des Karens.

„ Depuis de longues années le commerce est victime de l'état
„ de nos relations avec Ava, aussi l'irritation des représentants du
„ commerce de Rangoon ne surprend pas son Excellence. Elle
„ mesure le développement que pourraient prendre les affaires com-
„ merciales si nous étions en meilleurs termes avec la cour de
„ Mandalay.

„ Le gouverneur général sait que cet état de choses durera
„ jusqu'à ce que les circonstances permettent d'imposer à Ava un
„ autre modus vivendi, mais elle estime qu'il n'est pas opportun de
„ contraindre la cour de Mandalay à modifier cet état de choses
„ si préjudiciable à nos intérêts.

„ Bornons-nous à nous tenir sur nos gardes en cas d'attaque.
„ Cette éventualité n'est pas probable.

„ Bref, si une nouvelle enquête démontrait l'existence d'un dan-
„ ger réel au point de vue de la sécurité de nos frontières, le gou-
„ vernement des Indes pourrait prendre en considération vos pro-
„ positions relatives au maintien de la paix. "

En résumé le gouvernement de l'Inde imbu des résistances du gouvernement métropolitain, refroidit l'ardeur du
gouvernement de Rangoon. M. Shaw meurt de chagrin et
d'ennui, le 15 Juin 1879. Cet événement témoigne de l'esprit de la politique asiatique de l'Angleterre. En 1885, le
résident français, malgré le traité de commerce et d'amitié,
malgré les assurances des ambassadeurs, boit jusqu'à la lie le
calice des humiliations et des épreuves. Après un an de souf-
frances morales il a été dirigé mourant sur Rangoon. Il s'est
empressé de remonter à Mandalay, malgré les avis des médecins, pour protéger ses compatriotes et les Européens en
général au moment de l'action.

Le 21 Août 1879. Le gouvernement de la métropole,
sous le N° 31, répond à la lettre de son Excellence le vice-
roi des Indes relative à une appréhension générale de la situation de l'Angleterre dans la Haute-Birmanie, et de la politique qu'il conviendrait de suivre à l'égard du roi Thebaw.

„ Lord Cranbrook estime qu'une politique agressive se tra-
„ duirait par la rupture des relations et par la guerre. Il s'en
„ rapporte à sa dépêche du 3 avril 1879, N° 11. (Anything like an
„ ultimatum based upon former grievances would at the present
„ juncture appear to her Majesty's Government highly impolitic). "

Le cabinet de Londres reste inébranlable. Rien ne saurait vaincre sa politique expectante. En 1883 il sort de son impassibilité, lors de l'arrivée de l'ambassade Birmane à Paris, et son inquiétude n'a d'égale que son indifférence d'autrefois.

Le 11 Août 1879, le gouvernement de l'Inde, dans sa dépêche au gouvernement métropolitain, sous le N° 179, (The Right honorable Viscount Cranbrook, her Majesty's Secretary of State for India), entretient encore son Excellence de l'état présent de ses relations avec Ava, et de la situation de son résident à la cour de Mandalay.

„ Le Chic Commissioner de la Birmanie Anglaise, avec notre „ approbation a remplacé M. Shaw à Mandalay, le 15 Juin dernier, „ par le colonel H. Browne. "

Le Chief Commissioner a exposé le discrédit dans lequel nous a entrainé la situation de plus en plus difficile de notre résident.

„ On étudiera après une enquête sérieuse, faite à Mandalay „ même, la question de savoir s'il convient de maintenir ou de „ supprimer la résidence.

„ Le rapport du colonel Browne conclut à la suppression. Le „ résident est systématiquement discrédité.

„ Après examen de toutes les circonstances et de toutes les „ considérations, le gouvernement de l'Inde se rend aux arguments „ du colonel H. Browne en faveur de la suppression de la résidence.

„ La présence d'un résident aggraverait la situation.

„ M. Ste Barbe, le résident de Bhamo, séjournera momentané- „ ment à Mandalay. Il a l'expérience nécessaire pour traiter les „ affaires pendantes avec le gouvernement d'Ava. "

Cette lettre du gouvernement de l'Inde renferme 3 enclosures qui résument:

1° L'opinion du colonel Browne, relativement au départ de la résidence.

„ Il n'est pas prouvé que les Birmans ne fermeront pas la porte „ après notre départ, de façon à nous rendre un retour décent fort „ difficile. " (It is not clear that the Burmese . . . . ")

Le colonel propose un moyen terme entre le maintien et le retrait complet de la résidence:

„ Seul le résident quitterait Mandalay où il serait remplacé par „ un secrétaire, simple interprète des intentions du gouvernement „ de l'Inde. “

2° La question de savoir si les circonstances présentes permettent de remplacer M. Shaw à Mandalay, et la réponse négative.

Suit un extrait d'une lettre du colonel Browne. Si le premier ministre Ken-Woon-Mingyee était victime des créatures du roi, qui règnent au palais, il faudrait s'attendre à tout.

Le palais est devenu un centre de basses et viles intrigues dont un roi féroce, ignorant et ivrogne est l'instrument.

„ A young ignorant and vicious King, who is surrounded by a „ clique of men as ignorant and vicious as himself. “ Liv. bl. p. 53.

Le résident est mis à l'index par les créatures les plus méprisables. Il est déplorable que sa présence ne soit d'aucune utilité.

La cour voudrait imiter le roi Tharrawady et isoler le résident dans une île de façon à rendre toute communication impossible.

3° L'inquiétude du gouvernement de Calcutta à l'endroit des conséquences d'une rupture diplomatique, qui ne manquerait pas de se produire à la suite du rappel du résident.

Il résulte de ce document que Calcutta est toujours sous l'impression du cabinet de Londres qui ne veut à aucun prix être conduit à intervenir dans la Haute-Birmanie. Le gouvernement de Rangoon plus rapproché d'Ava, et plus directement exposé aux humiliations infligées à l'amour-propre et à la dignité britannique, espère trouver un moyen de forcer la main au gouvernement de l'Inde, en rompant les relations avec la cour de Thebaw.

Le gouvernement de Rangoon ne s'est jamais mépris sur l'importance et les conséquences du rappel définitif du résident. Cet événement dans son esprit pourrait bien être la goutte d'eau qui ferait déborder le vase et entraînerait fatalement Calcutta dans la voie d'une action immédiate.

M. Ste Barbe a été chargé officiellement par le gouvernement de Calcutta de remplacer le colonel Browne. (19 septembre 1879. Liv. bleu, p. 54).

Le gouvernement de Londres dans sa dépêche du 21 août 1879. N° 31. (India-Office) s'en rapporte toujours à son télégramme du 3 avril.

„ Anything like an ultimatum based upon former grievances,
„ would at the present juncture appear to her Majestys Govern-
„ ment highly impolitic. "

„ Pour le moment, une politique de réserve et de précaution
„ s'impose ; à moins d'une agression flagrante de la part du gou-
„ vernement d'Ava, nous n'avons pas de motifs suffisants pour im-
„ poser nos volontés au gouvernement Birman, car si elles étaient
„ mal accueillies, il en résulterait une rupture de nos relations, qui
„ pourrait entraîner la guerre. " ᶜLivre bleu, p. 46).

Tous les jours, les prisons du palais de Mandalay retentissent des clameurs des victimes égorgées : on a martyrisé une jeune princesse. on l'a exécutée à la façon Birmane, et ce n'est qu'à la quatrième reprise que les bourreaux du roi parvinrent à briser le fil de cette frêle et délicate existence. (Mandalay confidential diary, 1879. liv. bleu, p. 55). — ‹ The ‹ girl endured seven blows before sche died. › Néron a trouvé son maître à Mandalay. La chambre de commerce de Rangoon sonne le tocsin d'alarme et promène le spectre de la banqueroute à Rangoon et à Calcutta. Le cabinet de Londres assiste de loin à cette agitation et se console de son inaction en déclarant que l'agression de la part de Thebaw pourrait seule être un motif suffisant d'intervenir dans les affaires de la Haute-Birmanie. Mais qu'aujourd'hui un Indien des environs de Pondichéry soit victime de l'imprudence d'un Français, il n'y a pas de doute que le gouvernement français n'ait fort à faire pour donner satisfaction au gouvernement de Calcutta. L'Angleterre s'inspire avant tout de l'opportunité et de l'utilité de ses actes.

Le gouvernement de Calcutta dans sa lettre du 15 septembre au vicomte Cranbrook, redoute à Mandalay les conséquences de l'écho du drame de Kaboul, qui pourrait enhardir la cour de Thebaw.

Il a été prouvé aussi par le colonel Shaw que le gouvernement Birman a torturé dans la prison de Mandalay un sujet anglais, Molla-Sa, musulman de Madras. Le malheureux est mort des suites de ses blessures.

Le roi Thebaw a décidément beau jeu. Il profite de la résolution du cabinet anglais. Il y aurait cependant des raisons plausibles pour faire entrer la cour d'Ava dans la légalité. Aussi a-t-on le droit d'être quelque peu surpris d'entendre, en 1883, le représentant de la Reine à Paris, prétendre que le gouvernement de l'Inde est le tuteur naturel et politique de la Haute-Birmanie. Il faut avouer que si la Birmanie supérieure est la pupille politique du gouvernement de l'Inde, le tuteur a été bien négligent et bien indifférent, car l'honneur britannique, la justice et l'humanité ont été perpétuellement outragés à Mandalay par une cour composée de gens sans aveu, qui du jour au lendemain avaient été élevés aux plus hautes dignités.

Rien n'a été épargné pour forcer la note de l'humiliation. Les différents résidents de Mandalay et de Bhamo; le commis de la chancellerie de Bhamo; le chirurgien de la résidence de Mandalay et le secrétaire; bref, tout le monde a eu sa part d'épreuves. Il n'a pas suffi de braver ouvertement l'Angleterre à l'abri de son propre drapeau; on n'a pas craint de torturer et de tuer ses sujets de l'Inde. Et en eut-on fait bien d'avantage, le cabinet de Londres ne se serait pas écarté d'une ligne de la voie tracée par ses intérêts. Pourquoi se créer des difficultés nouvelles et peut-être insurmontables au moment où la Russie est sur le point de s'emparer d'Hérat et de forcer la porte de l'Inde. La Birmanie, elle, est à l'abri de la Russie, elle n'excite pas la convoitise de la France. Le statu quo s'impose donc à tout prix. L'Angleterre peut attendre, et sa susceptibilité n'est pas mise à l'épreuve par ce qui se passe à Mandalay.

Le 19 septembre 1879, M. Ste Barbe reçoit l'ordre officiel de quitter Mandalay aussi promptement que possible, conformément aux instructions du gouvernement de l'Inde.

Le résident anglais n'a pas été étranger à la résolution du gouvernement de Calcutta. Il n'eut dépendu que de lui de rester à son poste. Il s'est trompé dans l'appréciation de la situation; et en exagérant la gravité des événements, il a provoqué la décision du gouvernement de l'Inde. S'il avait fait un autre tableau de l'état de la résidence, il n'eut pas été l'objet de tant d'inquiétudes et de tant d'hésitations à Rangoon et à Calcutta. Notre opinion n'a rien qui soit de nature à nuire à la considération dont le gouvernement anglais a entouré M. Ste Barbe.

Les détails du départ de la Résidence sont racontés par M. Ste Barbe lui-même, dans son rapport du 11 oct. 1879.

En arrivant à Minhla, le gouverneur de la ville apprend à M. Ste Barbe qu'il a été chargé par le gouvernement de Mandalay de s'informer des causes du départ de la Résidence. M. Ste Barbe répond à ce fonctionnaire qu'il a déjà exposé les motifs de sa résolution au ministre du roi, au moment de quitter la capitale.

Le 18 octobre 1879, M. Ste Barbe reçoit des félicitations officielles relatives à la façon sage et prudente avec laquelle il a exécuté les instructions de son gouvernement. Les ambassadeurs Birmans ont accusé M. Ste Barbe d'être parti précipitamment et sans raisons. — Précipitamment, oui; car sa vie n'était pas en danger, et l'eut-elle été que l'intérêt de l'Angleterre s'opposait au départ. Mais sans raisons, non; car il est constant que peu d'agents diplomatiques ont été si mal reçus.

Une ambassade Birmane arrive à Thayet-Myo, le 20 novembre 1879. Elle est l'objet d'une enquête de la part du gouvernement de Rangoon, qui la reçoit par ses agents de Thayet-Myo avec la plus grande courtoisie possible.

Cette ambassade n'est armée d'aucun pouvoir; elle porte des présents pour le vice-roi. Elle avait pour but déguisé la reprise des relations et le retour du résident.

Rangoon ne voit dans cette démarche de la cour d'Ava qu'un moyen habile de rendre le gouvernement de l'Inde responsable du départ de M. Ste Barbe, et considère la réception de cette mission, sans pouvoir défini, comme une victoire diplomatique pour Ava. Il en résulterait des aveux indirects, funestes aux intérêts britanniques. (Liv. bleu, p. 61)..

La lettre du roi Thebaw (21 octobre 1879) dont étaient porteurs les ambassadeurs était ainsi conçue :

„ Le souverain Birman du soleil levant qui règne sur les pro-
„ vinces de Thunaparanta et celle de Tambadeepa, et tous ces autres
„ domaines et contrées, et commande à tous les chefs à l'est qui
„ sont revêtus de l'honneur de l'ombrelle, dont la gloire est im-
„ mense, qui est le maître du roi des éléphants Saddan, le maître
„ de beaucoup d'éléphants blancs, le maître de la vie, le roi émi-
„ nemment juste et clément, à l'excellent vice-roi Anglais, qui règne
„ sur les nombreuses et vastes contrées, et gouverne les nations de
„ l'Inde.

Il dit:

„ Du temps où régnait une ancienne et grande amitié royale
„ qui a existé sans interruption, depuis les temps les plus reculés,
„ entre les deux empires Birman et Anglais depuis le père jusqu'au
„ fils, depuis le grand-père jusqu'au petit-fils, les marchands des
„ deux pays allaient et venaient librement, se livraient à Mandalay
„ à leur commerce sans le moindre embarras. Les officiers anglais
„ qui se trouvaient à Mandalay avec leur escorte ont quitté préci-
„ pitamment la ville royale et cela sans raison. Cet événement a
„ jeté le trouble dans l'esprit des marchands, a affligé leur cœur
„ et ruiné leurs intérêts.

„ En vue de rétablir les relations commerciales entre les deux
„ Empires, de ranimer la confiance des marchands et de fortifier
„ l'amitié qui existait entre les deux empires, une ambassade com-
„ posée de Myoza de Myoungla, Theree Maha Giaw Din Raza,
„ Min Din Theiddee Raza et de Nay Myo Min Din Raza, a été
„ envoyée par nous avec une lettre royale et des présents. "

Le roi, en envoyant cette ambassade, prouve qu'il est anxieux de maintenir et de continuer la grande et royale amitié entre les deux empires Birman et Anglais.

Le 30 octobre 1879, le commissaire délégué de Thayet-Myo, est chargé d'annoncer à l'ambassade qu'elle n'est pas, conformément aux intentions du vice-roi, autorisée à quitter Thayet-Myo. Le Chief Commissioner de Rangoon avise aussi le ministre des affaires étrangères à Mandalay, des intentions du vice-roi à l'endroit de l'ambassade.

Le gouvernement de Calcutta a compris:

1° Que la cour de Mandalay a été troublée par le départ précipité de la Résidence.

2° Que le roi a envoyé Myoungla-Woon-Douk en mission à l'effet de porter au gouvernement anglais l'assurance de son amitié, avec l'espoir de rétablir la confiance publique, relativement à l'état des relations entre les deux gouvernements. Il a remarqué que les lettres de créance ne renferment que quelques vagues expressions d'amitié, conformément aux usages orientaux; qu'elles ne font allusion qu'au départ de la résidence, mais que les ambassadeurs ne sont revêtus d'aucun pouvoir spécial. Aussi le vice-roi partage-t-il l'opinion du gouvernement de Rangoon : « Il serait impolitique et inutile de recevoir l'ambassade. » Il estime que ce qui s'est passé à Mandalay rend inadmissible et inopportune la réception à Calcutta d'une ambassade chargée de remettre au vice-roi une lettre amicale et des présents. Le gouverneur général de Calcutta ne veut pas entrer en discussion avec les ambassadeurs, relativement au motif du départ de la résidence, car le gouvernement Birman en concluerait que l'Angleterre désire reprendre les relations avec Ava. Il suffira de manifester d'une façon vague et brève le déplaisir causé au vice-roi par la façon dont la résidence britannique a été traitée à Mandalay, contrairement à toutes les protestations d'amitié. Cette situation exclut la possibilité de tout échange de courtoisie diplomatique. En un mot, l'ambassadeur doit comprendre qu'il ne saurait être reçu. Il peut s'adresser à son gouvernement et demander des instructions plus précises. Ce qui eut lieu.

Les négociations avec le Chief Commissioner de Rangoon échouèrent, parce que la cour d'Ava ne voulut pas se prononcer relativement à la situation dans laquelle l'Angleterre entendait placer son résident. Après une discussion de 2 mois et demi à Thayet-Myo, sur des bases inacceptables, on fit savoir aux ambassadeurs qu'il serait préférable de retourner à Mandalay, et que dans le cas où il serait question de reprendre les relations avec Ava, le résident serait reçu avec les plus grands honneurs, traité comme un prince de sang, et pourvu d'un palais disposé pour la défense, et capable de résister à une attaque, avec libre accès auprès du roi.

Le gouvernement de Calcutta approuve le gouvernement de Rangoon d'avoir rejeté les proposition inacceptables du gouvernement Birman. (Liv. bleu, p. 77—81).

Le gouvernement de Londres approuve la conduite du gouvernement de l'Inde. (Liv. bleu, 25 Mai 1880, p. 82).

Lord Ripon signe sa première lettre au gouvernement de Londres, (le 22 juin 1880). Il s'agit de l'arrestation d'un bateau de la Cᵒ Irrawady Flotilla, par les autorités Birmanes ; un événement qui n'avait rien de surprenant, parce que les Birmans sont coutumiers du fait. Il ne se passe guère de mois sans incident regrettable pour l'honneur Britannique.

Le Chief Commissioner a eu raison de demander réparation ; quant aux mesures de rigueur proposées par Rangoon en cas de refus de la part du gouvernement Birman, le vice-roi de l'Inde estime qu'il faut attendre avant de se prononcer sur la conduite à tenir à l'égard du gouvernement Birman.

Lord Ripon est partisan convaincu de la politique de non intervention. Il a toujours pendant son séjour aux Indes, manifesté son opposition aux vues de la Birmanie anglaise qui s'est trouvée paralysée dans ses efforts et déçue dans ses espérances.

Ami et admirateur de Gladstone. Lord Ripon a mené une campagne mémorable contre l'esprit de race, au profit de l'émancipation et de la réhabilitation de l'Indien, condamné à traîner par des dispositions légales aussi impolitiques qu'injustes le boulet de l'infériorité conventionnelle. Il a voulu prouver et décréter par la loi Ilbert que l'Indien assimilé par l'instruction et les grades universitaires à l'Anglais né sur le continent ou dans l'Inde, peut en qualité de juge comme son collègue de race Britannique, rendre des arrêts au criminel contre les Anglais ou les créoles.

Lord Ripon a mené courageusement cette campagne contre toute son administration et tout l'élément anglais. Il a été vaincu, mais sa défaite est une victoire pour les vrais principes libéraux bien entendus, et un affaiblissement de l'autorité Britannique aux Indes.

Le gouvernement de M. Gladstone. (page 95, liv. bleu,

Londres, 10 juillet 1880) ne veut pas rompre les relations avec la cour d'Ava: il désapprouve indirectement la politique du gouvernement de Calcutta, qui n'admet pas la possibilité de continuer les relations avec Ava dans des conditions qui blessent son amour propre, et la dignité Britannique. M. Gladstone calme les nerfs du gouvernement de Rangoon trop longtemps surexcités par le mépris de l'autorité Britannique.

Les sentiments du cabinet Gladstone profiteront à la cour d'Ava, dont le gouvernement de l'Inde demande depuis longtemps la suppression dans l'intérêt du commerce et de l'honneur Britannique.

Lord Ripon répond (Simla, 30 août, p. 96) : que le gouvernement de l'Inde est convaincu que les négociations avec l'ambassade Birmane, étant donnés sa composition et ses pouvoirs, sont inutiles; il appuie son opinion sur le résumé des communications, mais le gouvernement de Londres n'avait pas grand effort à faire pour convaincre le représentant de la reine aux Indes. (India Ollice, 17 sept. 1880).

Il est intéressant de suivre la marche de la politique du cabinet de Londres à l'endroit de la cour d'Ava. Les questions de personnes jouent un grand rôle à Calcutta. A Londres c'est d'un principe qu'il s'agit, attendu les événements. Aussi y a-t-il lieu d'être étonné que la politique d'action de Lord Lytton soit combattue par celle de Lord Ripon, expression fidèle des idées de M. Gladstone.

En suivant le fil de cette question Birmane, on pourrait croire que les hommes d'État qui tiennent tour à tour les destinées de l'Angleterre dans leurs mains puissent être accusés de versatilité dans la politique extérieure, et notamment dans la politique asiatique. On se tromperait. L'Angleterre n'a qu'une force, mais elle est formidable, c'est l'esprit de suite. C'est de là qu'est sorti le commerce écrasant qu'elle fait avec l'Inde, l'Indo-Chine, la Chine et le Japon. Gladstone n'interviendra pas plus que ses prédécesseurs. On veut bien à Londres déplorer la mort de M. Shaw victime de son patriotisme, et tombé sur le champ d'honneur, frappé au cœur par les humiliations et les résistances du cabinet de Londres. Mais peu importe, dut-on sacrifier un second et un troisième résident. Il faut de plus grandes raisons pour déroger à l'esprit d'une politique asiatique.

M. Bernard, le nouveau Chief Commissioner ne voit aucune solution, si l'Angleterre n'exprime pas catégoriquement ses désirs. Il ne veut pas prendre la responsabilité de faire des avances stériles, à moins que la cour d'Ava, après la déclaration de l'Angleterre, fasse le premier pas. En résumé M. Bernard dit que la principale inquiétude nait de l'état du commerce avec Mandalay et Bhamo. A son avis un simple agent consulaire serait préférable à un agent diplomatique. Il conseille de se désintéresser de la politique et de l'administration intérieure du royaume d'Ava.

M. Bernard, après avoir fait l'expérience des dispositions de l'admninistration d'Ava, a perdu ses illusions à l'endroit de l'intérêt que présenterait un agent diplomatique à Mandalay.

Quant à l'intérêt commercial, qui dans l'esprit du Chief Commissioner prime la situation avec exclusion de toute question de droit politique ou de responsabilité, nous en parlons pour mémoire à l'effet de rappeler, en 1885, M. Bernard à l'esprit de sa dépêche du 11 août 1879. Le gouvernement de Londres, ému par l'arrivée de l'ambassade Birmane à Paris, jugea le moment venu de faire entrer Ava dans la sphère de l'action Indo-Anglaise, que l'Angleterre avança subitement et sur l'heure comme une machine de guerre laissée dans les arsenaux de la politique asiatique de la prudente Albion.

Nous allons résumer brièvement les événements qui ont précédé l'annexion de 1885, et qui constituent 4 périodes :

A. Première période : *L'inquiétude,* du 14 mai 1883 au 7 novembre 1883.

B. Deuxième période : *L'intimidation,* du 13 novembre 1883 au 10 avril 1885.

C. Troisième période : *L'accusation,* du 16 avril au 14 août 1885.

D. Quatrième période : *L'action,* du 20 août au 3 décembre 1885.

PREMIÈRE PÉRIODE. *L'inquiétude.*

Elle comprend le temps écoulé entre l'arrivée de la mission à Rangoon (14 mai 1883, vice-roi au secrétaire d'État) et la dépêche de Lord Lyons au comte de Granville, relative à l'intérêt que l'Angleterre attache à la position géographique de la Birmanie. (Paris-Novembre 1883).

Le 14 mai 1883 le vice-roi annonce le départ d'une ambassade soi-disant scientifique et industrielle pour l'Europe.

En effet, le départ de la mission prétendue scientifique et industrielle fait naître des soupçons dans l'esprit du gouvernement de Rangoon. Il pourrait bien y avoir dans ce voyage un but politique caché, et il n'est pas étonnant que le gouvernement de Calcutta, à son tour, appelle l'attention la plus sérieuse du gouvernement de Londres sur le départ de cette mission, au moment où l'Angleterre a rompu ses relations avec Ava. Calcutta avait le sentiment de la situation. Le refus de recevoir l'ambassade ne pouvait manquer d'irriter le roi. Il importait donc de surveiller ses moindres mouvements, surtout ce qui pourrait avoir un caractère diplomatique avec l'Europe. (Simla, 8 juin 1883, Lord Ripon au duc de Kimberley. Rangoon, 17 mai 1883, M. Symes à M. Grant).

L'ambassadeur Britannique à Paris annonce au duc de Granville l'arrivée de l'ambassade Birmane, 13 août 1883, et le 7 septembre 1883, il rend compte à son gouvernement d'une conversation avec M. Clavery.

M. le Directeur des affaires commerciales et consulaires pense que l'ambassade Birmane a l'intention de reprendre les négociations relativement au traité de 1873 dont M. de Rochechouart a empêché la ratification. Il n'a pas été traité de questions touchant à la politique, et il n'a pas été fait allusion à la présence du prince Meen-goon à Chandernagor.

M. Plunkett qui représentait à Paris le gouvernement de la Reine pense qu'il peut s'en rapporter à la dépêche du 25 juin 1878.

Cette dépêche ¹) nous servira de base pour appuyer les

---

¹) Lord Lyons au marquis de Salisbury, 25 juillet 1878. . . . .
« M. Waddington me demanda s'il entrait dans l'intention du gouverne-

craintes de l'Angleterre à l'endroit de tout ce qui touche aux relations diplomatiques d'Ava avec la France.

M. Plunkett dit dans sa dépêche du 7 septembre qu'elle lui servira de ligne de conduite dans ses conférences avec le ministre des affaires étrangères.

DEUXIÈME PÉRIODE. *L'intimidation ou l'affirmation des intérêts britanniques.* 17 nov. 1883 au 10 avril 1885.

Le 7 novembre 1883, M. Challemel-Lacour tient à Lord Lyons un langage qui était de nature à calmer les inquiétudes de l'Angleterre préoccupée surtout de la possibilité d'un traité qui pourrait un jour compromettre l'annexion ajournée. (Liv. bleu, p. 106).

Mais l'ambassadeur de la Reine ne se contente pas de cette déclaration. Il sait maintenant qu'il s'agit d'un traité commercial, mais il pourrait y avoir une intention cachée, aussi s'empresse-t-il de dire à M. Challemel-Lacour que: « le « voisinage de l'Inde anglaise et les relations politiques de « la Birmanie avec le gouvernement de Calcutta placent ce « territoire dans une situation particulière vis-à-vis du gouver- « nement de Sa Majesté, qui attache un intérêt spécial à tout « ce qui touche à ce pays. » (Paris, 7 nov. 1883, p. 106).

Lord Lyons a répété à M. J. Ferry ce qu'il a dit à M. Challemel-Lacour.

Le président du conseil rassure l'ambassadeur de la Reine. La mission vraisemblablement, poursuivra la formation d'un nouveau traité de commerce et se mettra en communication avec M. Clavery.

M. J. Ferry comprend que le gouvernement anglais s'oppose aux facilités qui pourraient être accordées aux Birmans à l'effet de se procurer des armes de guerre.

« ment de sa Majesté de faire des objections relativement à la réception
« officielle de l'ambassade. — J'ai répondu que je ne pense pas qu'une
« simple réception puisse être l'objet d'une objection quelconque, mais j'ai
« ajouté : Eu égard à la situation géographique et à ses relations politi-
« ques avec la Birmanie anglaise, la Birmanie supérieure ne saurait faire
« avec n'importe quel état un acte qui ait le caractère d'une alliance ou
« d'une entente quelconque. Je fis aussi observer à M. Waddington, que
« le gouvernement de sa Majesté désire que l'acquisition d'armes à feu
« ne soit pas favorisée par la France »

Lord Lyons a prié M. J. Ferry, de ne jamais perdre de vue dans les questions relatives à la Birmanie «l'intérêt tout « particulier que le gouvernement de sa Majesté attache à ce « pays, en considération de sa position géographique, et des « relations politiques avec le gouvernement de l'Inde.» (Paris, 14 novembre 1883, p. 107).

L'India Office de Londres témoigne à Sir J. Pauncefort, représentant du gouvernement de la Reine, son contentement relativement à l'attention toute particulière qu'il a portée à tout ce qui touche à la mission Birmane et au traité de commerce, et espère qu'il saisira toutes les occasions pour « frapper » l'esprit du gouvernement français auquel l'Angleterre contesterait le droit de faire avec le roi d'Ava une tractation quelconque qui ne serait pas exclusivement commerciale. (India Office, novembre 17, 1883, p. 107).

Et le 13 décembre 1883, Lord Lyons essaye de démontrer à M. J. Ferry, que la France n'a que des intérêts secondaires en Birmanie, tandis que ceux de l'Angleterre sont de la plus haute importance. Il prie M. J. Ferry de ne pas oublier l'importance que le gouvernement de la Reine attache à cette question. Et il répète l'objection principale: « La « position géographique de la Birmanie vis-à-vis de l'Inde, « et les relations politiques entre Ava et Calcutta, donnent « aux yeux du gouvernement de la Reine une importance « vitale à tout ce qui touche à ce pays. »

Malgré les efforts de Lord Lyons, malgré sa persistance à amener le gouvernement français à une déclaration officielle de neutralité absolue, le gouvernement de Londres s'inquiète et prie Lord Lyons, le 21 décembre 1883, (foreign office, p. 108) de le renseigner le plus tôt qu'il le pourra sur le but de la mission Birmane, et les intentions du gouvernement français relativement à cette ambassade.

Lord Lyons (Paris, 26 décembre 1883) devient de plus en plus affirmatif.

« Il a fait remarquer (v. sa dépêche du 26 décembre) à « M. J. Ferry que les membres de la mission Birmane sont « à Paris depuis 5 mois, et qu'ils n'ont pas encore présenté « leurs lettres de créance au chef de l'Etat, qu'ils n'ont pas

« échangé leurs vues soit avec l'Angleterre, soit avec toute
« autre représentant européen, et qu'ils ont été en rapport
« avec le gouvernement français en vue de négocier un traité
« avec le gouvernement de la République.

« Il a dit à M. J. Ferry que son Excellence ne doit pas
« être surprise d'apprendre que le Gouvernement de sa Ma-
« jesté et celui de l'Inde ont été frappés de ce qui se passe
« dans l'Indo-Chine entre les possessions européennes et les
« pays limitrophes. Il a parlé des bruits que cette situation
« a fait répandre dans l'Inde.

« Il a résumé ses précédentes conversations relativement
« aux vues du gouvernement britannique, et il a prié M. J.
« Ferry de donner au gouvernement de sa Majesté des ren-
« seignements précis à l'endroit de l'état des relations entre
« le cabinet Français et la soi-disant mission Birmane.

« M. J. Ferry lui a répondu : Le département des
« affaires étrangères à Paris est en effet en relations avec
« cette mission qui a fait différentes propositions d'un
« caractère commercial, mais rien ne peut être conclu
« avant que la Birmanie ait envoyé un nouvel ambassadeur
« revêtu de tous les pouvoirs nécessaires à l'effet de traiter
« sérieusement. M. J. Ferry ignore si une nouvelle ambas-
« sade a quitté la Birmanie.

« Lord Lyons a rappelé à son Excellence qu'il a précé-
« demment élevé les plus sérieuses objections au nom du
« gouvernement de la reine relativement à un traité avec la
« Birmanie, ayant un caractère politique quelconque.

« Il a insisté sur les rumeurs répandues dans l'Inde relati-
« vement à l'établissement des monopoles royaux en Birmanie.

« M. J. Ferry a ajouté que l'ambassade pour le moment
« n'a pas qualité pour faire traiter.

« Lord Lyons a prié le président du conseil à Paris de ne
« pas perdre de vue l'intérêt tout spécial que l'Angleterre
« attache à la Birmanie, et de le renseigner sur tout ce qui
« touche à ce pays et à ses relations avec la France.

« M. J. Ferry a fait une réponse nette et très courtoise. »

Le 6 avril 1884, Lord Lyons apprend à son gouvernement que les ambassadeurs, en présence de M. J. Ferry, ont

apposé leur signature sur le traité de commerce qui avait reçu la sanction de l'Assemblée nationale, en 1873.

Il s'agissait du traité que M. de Rochechouart était chargé de faire ratifier par le roi à Mandalay.

Lord Lyons, fidèle aux instructions, de son gouvernement ne perd pas de vue l'ambassade qui est devenue l'objet de ses constantes préoccupations. Les lettres en font foi.

C'est qu'il y a maintenant un danger à l'horizon. Si cette mission allait profiter de quelques dispositions favorables du gouvernement de la République à l'effet de procurer des armes au roi Thebaw; si M. J. Ferry allait par un traité secret se réserver le droit d'intervenir un jour dans la grande liquidation ajournée par l'Angleterre; si le président du conseil à Paris allait placer la France entre Calcutta et Mandalay; s'il allait demander une cession de territoire à l'est, qu'elle ne serait pas la situation de l'Angleterre ? Elle aurait tout perdu pour avoir reculé les bornes de la prudence; elle serait victime de sa patience, et n'aurait qu'à déplorer son indifférence en présence de l'humanité outragée et de l'honneur anglais foulé aux pieds par les plus infimes et les plus arrogants des valets de Thebaw qui, après avoir joué avec les menaces de Calcutta, lui infligeraient en dernier ressort la honte d'une humiliation sous peine d'avoir un conflit avec la France.

Et le commerce de Mandalay tombé entre les mains de la France! Et la route de la Chine à travers les pays Shans rendue impossible par une simple tractation secrète! Et le Tonkin prolongé au-delà du Mékong! Bref, l'Angleterre bloquée à Rangoon et à Moulmein, tout cela n'est-il pas de nature à effrayer le gouvernement de Londres?

Fallait-il qu'à la suite de tant d'humiliations, une ambassade chargée d'une mission certainement secrète vint troubler la quiétude du gouvernement de la Reine et jeter l'alarme dans les esprits à Calcutta et à Rangoon!

Rien ne saurait être négligé pour sonder les intentions de l'Ambassade et prévenir un danger dont les conséquences se traduiraient par la ruine des espérances britanniques dans l'Indo-Chine.

Voilà pourquoi Lord Lyons va se dépenser maintenant

en protestations contre tout ce qui pourrait être de nature
à réaliser les inquiétudes de son gouvernement. Il ne dira
pas une fois mais vingt fois à M. J. Ferry que le gouvernement de la Reine ne saurait permettre à la France de conclure avec la Birmanie un traité qui pourrait modifier les
relations entre Ava et Calcutta.

Il est utile de placer sous les yeux du lecteur les conversations entre M. J. Ferry et Lord Lyons. Cette page d'histoire ne manque pas d'éloquence et d'intérêt, elle permet
d'affirmer que M. J. Ferry savait où il allait et ce qu'il voulait dans l'intérêt de notre France Indo-Chinoise. Cette œuvre
il ne l'a ni improvisée, ni cherchée, ni provoquée, il l'a
menée avec sang-froid et patriotisme, convaincu de sa gravité
et de son importance, il l'a conduite avec énergie et prudence
jusqu'à la solution, dont l'histoire lui accordera la gloire et le
mérite malgré les conséquences des fautes parlementaires qui
ont failli compromettre notre honneur et l'avenir de notre
commerce. ¹)

N° 62. Vicomte Lyons au duc Granville:

„ Paris, 10 avril 1384.

„ J'ai l'honneur d'informer votre Excellence que j'ai conféré
„ aujourd'hui avec M. Ferry relativement aux négociations pour-
„ suivies entre le gouvernement français et la soi-disant ambassade
„ Birmane.

„ M. J. Ferry m'a appris que les ambassadeurs ont préalable-
„ ment ratifié le traité signé en 1873.

¹) M. Harmand dans sa brochure: « L'Indo-Chine française » page 17,
apprécie la situation avec une judicieuse connaissance des choses de l'extrême Orient auxquelles il a dévoué sa vie:
    « Nous nous rappelons tous, dit notre ancien commissaire civil en
« Indo-Chine, comment la question du Tonkin devint le champ de
« bataille de tous les partis d'opposition à M. J. Ferry, héritier d'une
« situation forcée à laquelle il était absolument étranger, et comment en
« dernier lieu une dépêche, qui nous a coûté bien des millions et la vie
« de nombreux soldats, amena la chute de son cabinet. Aujourd'hui, en
« présence d'une situation plus calme, il est utile de bien faire re-
« marquer, que M. J. Ferry n'était pour rien dans cette situation,
« conséquence obligatoire de faits primordiaux remontant fort loin dans
« le passé, et qu'il est absolument injuste de l'accuser d'avoir voulu faire
« prévaloir une politique d'ambition coloniale et de conquête. Je ne dé-
« fends pas une personnalité, car fonctionnaire républicain correct, je sers
« également tous les partis républicains sans appartenir à aucun d'entre

„ J'ai rappelé à M. J. Ferry toutes mes conversations précé-
„ dentes relatives à la Birmanie et aux intentions du gouvernement
„ de la Reine en ce qui concerne à ce pays.

„ Je lui ai rappelé l'importance capitale que l'Angleterre attache
„ à la situation géographique de la Haute-Birmanie et aux relations
„ politiques qu'elle entretient avec Ava.

„ J'ai prié son Excellence de ne pas perdre de vue l'opposition
„ sérieuse que ferait le gouvernement de la Reine à toute entente
„ ou alliance politique entre la Birmanie et toute autre nation.

„ M. J. Ferry me rassura relativement aux négociations entre
„ la France et la Birmanie, il m'affirma que la France ne conclu-
„ rait qu'un traité purement commercial, et il ajouta que son gou-
„ vernement ne faciliterait pas l'acquisition des armes de guerre.

„ J'ai prié son Excellence d'examiner avec la plus scrupuleuse
„ attention toutes les propositions que l'ambassade pourrait tenter
„ de faire accepter sous le couvert d'un traité commercial, à l'effet
„ de déguiser des stipulations politiques d'une haute gravité.

„ M. J. Ferry me donna à cet égard une pleine et entière
„ assurance.

„ J'ai l'honneur etc.

signé: Lyons. "

N° 63. Le duc de Granville au vicomte Lyons, Foreign
Office, 3 mai 1884.

Le gouvernement approuve les paroles et les efforts de
son ambassadeur à Paris.

N° 64. Vicomte Lyons au duc de Granville. Paris, 21
mai 1884.

„ J'ai conféré de nouveau avec M. J. Ferry relativement aux
„ négociations entre l'ambassade Birmane et le gouvernement de Paris.

« eux; mais je prétends que tous les gouvernements quels qu'ils fussent,
« placés dans la même situation que le cabinet d'alors, auraient été con-
« duits à agir de même en dépit de leurs principes théoriques les plus
« accentués et les plus sincères. Il n'y avait qu'un moyen de ne pas faire
« la guerre du Tonkin, c'était d'évacuer la Cochinchine, en faisant litière
« de l'honneur français, en abandonnant les perspectives d'avenir. Certai-
« nement il y a eu des fautes commises, mais presque toutes viennent
« justement de ce fait que l'extension de notre entreprise a été trop su-
« bite, qu'elle a été trop improvisée sous la pression de circonstances im-
« prévues, et cette proposition est la meilleure preuve que l'on puisse
« donner de l'injustice flagrante des accusations portées contre M. J. Ferry
« et ses collaborateurs. M. J. Ferry n'a pas fait naître ces événements;
« il a cherché à en tirer le meilleur parti possible en face d'une situation
« parlementaire troublée et d'un parlement mal renseigné. »

„ M. J. Ferry m'a dit que les négociations auront prochaine-
„ ment une issue favorable malgré les prétentions de l'ambassade
„ qui insiste spécialement sur la clause qui leur accorderait le libre
„ passage d'armes de guerre à travers leur territoire. M. J. Ferry
„ m'assure que le gouvernement français est fermement résolu de
„ repousser cette clause. L'ambassade a, sans aucun doute, l'inten-
„ tion d'introduire à travers le Tonkin des armes de guerre.

„ J'ai rappelé les précédentes observations du gouvernement de
„ sa Majesté relativement aux facilités qui pourraient être accordées
„ aux Birmans en ce qui concerne l'introduction d'armes de guerre,
„ et l'intérêt tout particulier que l'Angleterre attache à la situation
„ géographique que la Birmanie occupe vis à vis de l'empire des
„ Indes et à tout ce qui pourrait toucher aux relations d'Ava avec
„ les autres puissances. J'ai ajouté que le gouvernement de sa Ma-
„ jesté ferait les plus sérieuses objections à toute alliance ou en-
„ tente politique avec une nation quelconque.

„ J'ai prié M. J. Ferry de me permettre de le prier une
„ fois de plus de ne pas oublier en traitant avec les envoyés
„ Birmans la situation spéciale qu'Ava occupe vis à vis de l'Inde
„ Anglaise.
„ J'ai l'honneur etc.

signé: Lyons.

N° 66. M. Godley à Sir Pauncefote, India-Office, 28 juin
1884:

„ . . . .
„ Le traité franco-birman de 1873, qui vient d'entrer en exé-
„ cution prévoit, art. 3, une représentation diplomatique à Paris et
„ à Ava.

„ En égard aux objections sévères du gouvernement de la reine
„ relativement à toute intervention diplomatique d'Ava auprès des
„ puissances européennes, Lord Kimberley désire que l'ambassadeur
„ de la reine à Paris s'efforce d'obtenir du gouvernement de la Républi-
„ que la promesse que les fonctions de l'agent français à Mandalay
„ seraient exclusivement commerciales. Cette promesse serait en har-
„ monie avec les assurances amicales de M. J. Ferry, dont parle
„ Lord Lyons dans sa dépêche du 10 avril dernier.
„ Je suis etc.

Signé: Godley.

7

N° 67. Sir Pauncefote à M. Godley. Foreign-Office, 8 juin 1884.

„ . . . . . , ...

„ Il importe d'obtenir du gouvernement français l'assurance re-
„ lative au caractère exclusivement commercial des fonctions de
„ l'agent français qui serait envoyé à Mandalay. "

N° 68. Duc de Granville au vicomte Lyons. Foreign-Office, 8 juin 1884.

„ . . . .

„ En égard aux objections sérieuses du gouvernement de sa Majesté
„ en ce qui concerne les relations diplomatiques d'Ava avec les autres
„ nations européennes, Lord Kimberley estime qu'il importe de s'effor-
„ cer d'obtenir du gouvernement français une promesse formelle à l'en-
„ droit du caractère des fonctions de l'agent français, dont parle
„ l'article 3 du traité de 1873. Cet agent ne saurait être qu'un
„ agent commercial sans aucune attribution politique.

„ Veuillez faire tout ce qui est en votre pouvoir à l'effet d'ob-
„ tenir cette promesse, en faisant remarquer qu'elle serait en har-
„ monie avec les assurances amicales de M. J. Ferry, dont parle
„ Lord Lyons dans sa dépêche du 10 avril.

Signé : Granville. "

N° 68. Sir J. Pauncforte à M. Godley. Foreign-Office, 16 juin 1884.

Transmission par le département des affaires étrangères au secrétaire d'Etat de l'Inde d'une copie de la dépêche de Lord Lyons relative à la conversation de l'ambassadeur de la Reine avec M. J. Ferry, en ce qui concerne le caractère des fonctions de l'agent français (art. 3, traité de 1873).

Lord Granville propose l'approbation des paroles de Lord Lyons.

N° 68. Vicomte Lyons au duc de Granville.
Approbation des paroles de Lord Lyons.

N° 68. Vicomte Lyons au duc de Granville. Paris, 11 juillet 1884.

„ J'ai reçu la lettre de votre Excellence relative au caractère
„ des fonctions de l'agent français dont parle l'art. 3 du traité de
„ 1873.

„ Je viens de voir M. J. Ferry. Je lui ai renouvelé mes nom-

„ breuses observations relatives à la situation spéciale de la Bir-
„ manie au point de vue politique, et au point de vue géogra-
„ phique par rapport à l'Inde anglaise. Je lui ai rappelé ses
„ assurances amicales relatives aux négociations avec l'ambassade
„ Birmane; et m'inspirant de la dépêche de votre Excellence, j'ai
„ cherché à obtenir dans les termes voulus la promesse désirée par
„ le gouvernement de sa Majesté.

„ M. J. Ferry me fit observer qu'il est très difficile de tracer une
„ ligne de démarcation bien distincte entre les fonctions commer-
„ ciales et les fonctions politiques. Le gouvernement français, reprit-
„ il, a l'intention d'envoyer en Birmanie un consul général, ou un
„ agent de cette importance, mais quel que soit son titre, cet
„ agent sera sans aucun doute chargé des intérêts français en
„ général. Il ajouta que les Français et les Birmans sont sur le
„ point de devenir voisins. J'ai répliqué que dans aucun cas la
„ Birmanie ne saurait être voisine de la France comme elle l'est
„ de l'Angleterre. M. J. Ferry de me demander alors s'il existe
„ quelque traité spécial entre l'Angleterre et la Birmanie qui dé-
„ fend à Ava d'ouvrir des relations politiques indépendantes avec
„ les autres nations. J'ai répondu que dans les relations politiques
„ entre Ava et Calcutta il y a des circonstances spéciales qui por-
„ tent le gouvernement de sa Majesté à s'opposer à toute alliance
„ spéciale de la Birmanie avec une autre nation. Et j'ai prié M. J.
„ Ferry, dut-il n'être pas prêt, de répondre immédiatement aux dé-
„ sirs du gouvernement de sa Majesté, de le faire promptement et
„ dans un esprit amical, et je lui ai remis une note (pro memoria)
„ à ce sujet.

„ M. J. Ferry me parla alors de l'opposition que l'ambassade
„ ferait à l'établissement d'un système de capitulation qui rendrait
„ les Français justiciables des tribunaux consulaires, et auquel le
„ gouvernement français attacherait une grande importance Puis il
„ fit allusion à la question des chaussures dont il se préoccupa moins.

„ D'un autre côté, le gouvernement français ne paraît pas dis-
„ posé à faciliter à la Birmanie l'acquisition d'armes de guerre,
„ ce à quoi elle tient le plus.

„ J'ai prié M. J. Ferry de ne pas oublier dans ses négociations
„ les communications précédentes que j'ai renouvelées si souvent à
„ l'endroit des vues et des sentiments du gouvernement de sa Ma-
„ jesté; et je lui ai exprimé l'espoir qu'avant longtemps il voudra
„ me donner la promesse que je lui ai demandée.

signé: L. Lyons. "

N° 68. Pro memoria, 11 juillet 1884, contient le résumé des demandes de Lord Lyons, et des réponses amicales de M. J. Ferry.

N° 69. Sir J. Pauncefote à M. Godley. Foreign-Office, 19 juillet 1884.

On communique au secrétaire d'Etat de l'Inde la lettre de Lord Lyons relative au caractère des fonctions de l'agent français.

N° 69. Vicomte Lyons au duc de Granville. Paris, 16 juillet 1884.

„ J'ai l'honneur d'informer Votre Excellence que je viens de
„ conférer avec M. J. Ferry relativement à la promesse exigée par
„ le gouvernement de la Reine en ce qui concerne la nature des
„ fonctions de l'agent français qui ne sauraient être nullement po-
„ litiques mais purement commerciales.

„ Il importe, dit M. J. Ferry, de ne pas juger les choses super-
„ ficiellement. Le traité accorde aux parties contractantes de se
„ faire représenter réciproquement par des agents diplomatiques et
„ consulaires. Pour le moment la France a l'intention d'envoyer
„ seulement un consul à Mandalay, mais après tout, le titre dont
„ est revêtu cet agent ne tient pas à conséquence. Il serait im-
„ possible, dit-il, de tracer la ligne de démarcation exacte entre les
„ deux fonctions politiques et commerciales. En réalité, l'agent,
„ quel que soit son titre, sera chargé de toutes les questions en
„ général qui intéressent les deux pays. Pour le moment il peut y
„ avoir des questions de „voisinage“ à traiter.

„ J'ai avoué à M. J. Ferry, qu'il ne m'est pas possible d'ad-
„ mettre que des questions de ce genre puissent surgir entre la
„ France et la Birmanie. A cela le président du conseil me répondit,
„ qu'il y a des territoires sur la rive gauche du Mékong, sur lesquels
„ la Birmanie revendique un droit de suzeraineté, bien qu'elle n'ait
„ jamais exercée à ce qu'il sache une autorité réelle sur les peu-
„ ples de la rive gauche de ce fleuve.

„ M. J. Ferry s'empressa de me dire qu'il désire vivement éloi-
„ gner tous les doutes ou malentendus qui pourraient exister dans
„ l'Inde ou en Angleterre relativement à l'objet des négociations
„ entre la France et le gouvernement Birman.

„ Il est vrai, me dit-il, que les Birmans veulent se jeter dans
„ les bras de la France, mais le gouvernement français n'est pas
„ disposé à se prêter à leurs désirs, et à accepter leurs offres, ni

„ à faire avec Ava une alliance offensive ou défensive, ou un traité
„ d'un caractère spécial. Le gouvernement français se borne à éta-
„ blir des relations amicales et commerciales. Il n'y a pas eu de
„ communications secrètes, et il n'y a jamais été question d'un
„ traité secret. Les Birmans auraient effectivement demandé
„ beaucoup de choses, et se seraient surtout attachés à la question
„ des armes, mais le gouvernement français s'y oppose.

„ M. J. Ferry affirme que le traité que le gouvernement fran-
„ çais est sur le point de conclure avec l'ambassade est un simple
„ traité de commerce ordinaire. Il veut assurer la sécurité des Eu-
„ ropéens dans l'Extrême Orient.

signé: L. Lyons.

N° 75. Vicomte Lyons au duc de Granville.

Paris, 5 janvier 1885

„ J'ai l'honneur d'informer votre Excellence que j'ai prié M. J.
„ Ferry de me dire où en est l'état des relations avec l'ambassade
„ Birmane.

„ Il m'apprit qu'elles „ n'avaient pas abouti “.

„ J'ai dit à son Excellence que mon désir d'éviter toutes les
„ questions embarrassantes entre les deux gouvernements me fait
„ un devoir de remémorer les nombreuses observations que j'ai eu
„ l'honneur de lui faire relativement à la situation particulière de
„ la Birmanie vis-à-vis de l'Inde anglaise. J'ai beaucoup parlé de
„ la note „ pro memoria “ que j'ai remise le 11 juin dernier, et je
„ me suis spécialement étendu sur l'opposition que rencontrerait
„ dans l'esprit du gouvernement de sa Majesté toute entente poli-
„ tique quelconque entre le gouvernement Français et la Birmanie.

„ Quand j'ai parlé du voisinage de la Birmanie et de l'empire
„ des Indes, M. J. Ferry m'a fait la même réponse qu'il me fit il y a
„ quelques mois: *La Birmanie est maintenant voisine de la France
„ dans l'Indo-Chine*, et il ajouta qu'il serait nécessaire de faire un
„ traité relativement aux frontières.

„ J'ai répété que le voisinage que son Excellence entend établir
„ entre les possessions françaises et la Birmanie ne ressemble nul-
„ lement à celui qui existe entre la Birmanie et l'Inde.

„ Certainement, répliqua M. J. Ferry, l'Inde domine la Birmanie
„ et a mille moyens d'exercer son contrôle sur ce pays.

„ Les Birmans, ajouta-t-il, s'efforceront avec l'astuce d'un peuple
„ oriental d'introduire dans leur traité quelques stipulations plus ou
„ moins incompatibles avec les relations entre Ava et Calcutta.

„ J'ai répondu que le gouvernement de l'Inde a incontestable-
„ ment tous les moyens d'action nécessaires pour ramener la Bir-
„ manie au sentiment de sa situation et de son devoir, mais il se-
„ rait possible que cette extrémité fut engendrée par les consé-
„ quences du traité Franco-Birman.

„ M. J. Ferry m'affirma dans des termes généraux qu'il s'effor-
„ cera d'éviter tout ce qui pourrait être de nature à créer des
„ complications.   signé : L. Lyons. "

N° 76. Duc de Granville au vicomte Lyons.

„ Le gouvernement de la Reine approuve ce que son Excel-
„ lence a dit à M. J. Ferry.   signé : Granville. "

N° 77. Vicomte Lyons au duc de Granville.

Paris, 16 janvier 1885.

„ M. J. Ferry m'apprend que le traité Franco-Birman a enfin
„ été signé et qu'il s'agit principalement d'un simple traité de com-
„ merce ordinaire avec droit de représentation, et avantages de la
„ nation la plus favorisée etc. etc.

„ Son Excellence m'affirme que ce traité ne renferme aucune
„ stipulation politique ou militaire, et que le droit de juridiction
„ pour les Français a été refusé, mais qu'en fait ce point a été
„ réservé et que le gouvernement français est sur le point d'envoyer
„ un consul en Birmanie.   signé : L. Lyons. "

N° 79. Vicomte Lyons au duc de Granville.

Paris, 4 février 1885.

„ J'ai annoncé à votre Excellence que j'ai reçu l'ambassade
„ Birmane qui a cru devoir me faire une simple visite de cérémo-
„ nie, après la conclusion du traité Franco-Birman.

„ Je n'ai cessé de répéter à tous les ministres des affaires étran-
„ gères à Paris, que toute entente politique entre Ava et n'importe
„ quel gouvernement Européen rencontrerait en Angleterre la plus
„ grande opposition. Pour fortifier ses nombreuses assurances, M. J.
„ Ferry m'a dit que le traité signé le 16 janvier, et conclu en-dehors
„ de toute préoccupation politique et militaire, est un traité pure-
„ ment commercial.

„ J'ai déjà dit à votre Excellence que le gouvernement d'Ava
„ s'efforce de s'affranchir du contrôle de Calcutta en se rapprochant
„ de la France dans les bras de laquelle il a voulu se jeter. Mais
„ M. J. Ferry m'assure que son gouvernement a repoussé ces avan-
„ ces. „ The Burmese take offered to throw themselves into the
„ arms of France. These offers have, M. J. Ferfy assurs, been re-
„ jected by the French Government. "

„ Mais l'esprit dans lequel agit l'ambassade Birmane continuera
„ à entretenir l'espérance d'Ava, parce que les progrès de la France
„ à l'est de la Birmanie augmenteront l'importance d'une contrée
„ qui, aux yeux de M. J. Ferry, est sur le point d'être voisine de
„ la France „ a country of which M. J. Ferry already speaks, as
„ about to become a neigbour of France. "

signé : L. Lyons. "

N° 81. Sir J. S. Lumley au duc de Granville. Rome, 13 Mars 1885.

L'ambassade a donné plus d'extension à son traité de commerce avec l'Italie. Elle s'est embarquée à Naples pour Bombay, le 25 Mars 1885.

N° 83. Gouvernement de l'Inde, affaires étrangères, à l'honorable duc de Kimberley.

Fort William, 24 mars 1885.

„ Nos relations avec la cour d'Ava nous préoccupent beaucoup.
„ Certes la situation laisse beaucoup à désirer. La conclusion du
„ traité Franco-Birman alarme le commerce Britannique. On nous
„ supplie d'annexer Ava ou de remplacer Thebaw par un autre
„ prince sous notre protectorat. Néanmoins nous estimons que
„ l'état de la situation ne justifierait pas ces mesures, et nous avons
„ fait connaître notre sentiment à la chambre de commerce.

„ Le départ de la résidence britannique ne s'est pas traduit par
„ un désavantage matériel, parce que les autres gouvernements eu-
„ ropéens ne cherchent pas à intervenir dans les affaires d'Ava.

„ La présence d'un consul français à Mandalay est de nature
„ à augmenter nos difficultés avec Ava, et à prouver qu'on a l'in-
„ tention de faire la guerre aux intérêts anglais. Cela nous porte
„ à dire qu'il y a lieu de tenter quelque chose si c'est possible, à
„ l'effet de relever notre influence à Mandalay. (The presence of
„ French Consular agent at Mandalay) . . . .

„ On ne pourra décemment se faire représenter à la cour d'Ava
„ à moins d'employer la menace, qui en ce moment serait inoppor-
„ tune. S'il y avait une entente Franco-Birmane, funeste à nos in-
„ térêts, notre représentant aurait beau être reçu et traité conve-
„ nablement, cela ne relèverait pas l'influence anglaise.

„ La situation est on ne peut plus délicate et il nous est pour
„ le moment impossible de proposer au gouvernement de sa Majesté
„ n'importe quel moyen d'action. Continuons à surveiller les affaires
„ de la Haute-Birmanie, et sous peu nous pourrons résoudre la diffi-
„ culté d'une façon satisfaisante.   Signé : Dufferin. "

Il ressort de tout cela un ensemble de faits qui démontrent :

1° Que l'Angleterre a toujours considéré le royaume d'Ava comme un prolongement politique et géographique de la Basse-Birmanie incorporée dans l'empire Indo-Anglais.

2° Que l'annexion a été ajournée pour ne pas inquiéter les princes quasi indépendants de l'Inde, et affaiblir le corps d'armée destiné à surveiller les mouvements de la Russie dans l'Afghanistan.

3° Que le cabinet de Londres ne s'est préoccupé que de l'action de la France à Mandalay et des conséquences politiques de l'occupation du Tonkin, au point de vue de la route commerciale de la Chine méridionale à travers le Haut-Laos.

4° Que l'Angleterre a sacrifié ses devoirs dans un pays qu'elle a placé officiellement sous sa dépendance politique et morale. Que le vrai motif de préoccupation était moins l'intérêt immédiat du commerce britannique que le voisinage possible de la France dans la vallée du Haut-Mékong, où elle voulait établir sa prépondérance en vue de la conquête commerciale du Yunan.

5° Que M. J. Ferry a fait preuve d'homme d'Etat, en traçant la limite de la sphère de l'action Indo-Anglaise. Qu'il a su concilier la loyauté de sa politique avec les grands intérêts de la France dans la vallée du Haut-Mékong. Que la franchise de ses déclarations fait ressortir la politique occulte du cabinet de Londres, qui n'a jamais voulu avouer ses intentions à l'endroit de l'équilibre Franco-Anglais dans l'Indo-Chine.

6° Que M. Jules Ferry, par la franchise de ses conférences avec Lord Lyons, prouve jusqu'à quel point s'égarent en Angleterre les hommes qui traitent les questions coloniales de la France, et parmi lesquels se trouve le capitaine Norman, aux yeux duquel nous avons fait dans l'Indo-Chine œuvre de barbarie, de cruauté, de duplicité et de mensonge. Mensonge et duplicité, les procédés de M. J. Ferry, qui ne veut pas créer de difficultés à l'Angleterre, en se jetant dans les bras de l'ambassade Birmane! Mensonge et duplicité, les assurances loyales de M. J. Ferry à Lord Lyons! Mensonge et duplicité, les actes de M. J. Ferry, qui se contente de faire un simple traité de commerce sans aucune stipulation politique, tout en traçant le mur mitoyen entre la France et l'Angleterre! Mensonges et duplicité, les scrupules et les aveux de M. J. Ferry, qui ne veut pas profiter de ses avantages pour priver l'Angleterre de son action dans la vallée de l'Irrawady, en fortifiant le roi Thebaw, ou en se faisant le complice du prince Men-goon! Allons donc, capitaine Norman, soyez plus maître de vos impressions, et avouez que la France à vos yeux a commis tous ces crimes dans l'Indo-Chine, parce que M. J. Ferry a fait ce que son patriotisme lui a commandé, et dit ce que sa franchise et sa loyauté lui ont inspiré. Mais c'était trop, car il eut dû se souvenir de ce qu'a dit le colonel Phayre dans son livre « une ambassade à Ava », il y a un siècle. Et c'est peut-être précisément parce qu'il s'est rappelé ce programme, posé en 1784, qu'il a dit à Lord Lyons : « Ne doutez pas de nous ; achevez votre œuvre comme il vous plaira, mais ne la portez pas sur le terrain de notre sphère d'action à l'Est. » — *Voisinage.* C'était trop pour l'Angleterre, et voici pourquoi la France dans l'Indo-Chine a fait œuvre de mensonge et de duplicité. Puisse l'histoire ne pas dire un jour que l'Angleterre en Birmanie a fait comme Clive aux Indes, œuvre de bravoure et de loyauté, en surprenant Thebaw sans défense. Et pour quels motifs, hélas!!! Quand il y avait deux ans auparavant mille raisons de détrôner ce *Néron moderne* qui a humilié tous les résidents anglais et martyrisé des sujets britanniques? Mais tout cela s'explique. L'ambassade Birmane n'était pas encore arrivée à Paris.

Lord Lyons souligne ce mot *voisinage.* Liv. bleu, p. 119.

Est-il besoin d'insister sur le sens de cette façon d'accentuer une pensée.

M. J. Ferry aura dorénavant beau affirmer les intentions pacifiques de son gouvernement. Il aura beau insister sur la loyauté avec laquelle M. Clavery a conduit les négociations ; il aura beau avouer avec une sincérité pleine d'indépendance et de dignité que les Birmans ont voulu séduire le gouvernement par de belles promesses ; il aura beau engager sa parole d'homme d'Etat et l'honneur de son gouvernement en promettant de la façon la plus formelle une neutralité absolue; il aura beau tenir compte des droits et des intentions du gouvernement de l'Inde. Peu importe dorénavant; toute cette loyauté et cette franchise ne comptent plus. Il y dans ce mot « voisinage » une déclaration qui est tout un monde pour l'ambassadeur de la Reine; dorénavant tout disparait devant cette affirmation si simple, si froide, mais si énergique.

Le gouvernement de la République a maintenant démasqué ses batteries, il est un danger pour l'exécution des projets de l'Angleterre; et ce danger devient le péril français dans l'Indo-Chine. Arrêter où enrayer les prétentions de la France sur le Mékong est dorénavant un devoir qui s'impose au gouvernement de sa Majesté. Heureusement pour le gouvernement de la reine, le roi Thebaw une fois de plus appelle l'intervention de l'Angleterre sur l'ignorance de sa conduite.

Le 22 septembre 1884 (liv. bleu, p. 126), on ouvre dans le palais de Mandalay les écluses de la cruauté. L'histoire retiendra ce qui s'est passé. C'est toujours la frayeur de voir surgir des prétendants, car dans toutes ces boucheries le spectre de Men-goon ou de Nioung-Yang a été la cause directe et immédiate. Rangoon se contente de dire que ce renouvellement d'atrocité n'est pas justifié par la crainte de la révolution, parce que le gouvernement de Calcutta a dit qu'il ne permettrait pas aux prétendants de faire de l'Inde ou de la Birmanie anglaise la base d'opérations de leurs projets. Rangoon demande en conséquence l'action contre Mandalay, seul moyen de résoudre les difficultés pendantes avec la cour d'Ava, et de sauver le commerce de la ruine totale qui le menace.

La chambre de commerce de Rangoon elle aussi intervient de nouveau au nom des intérêts commerciaux de l'Indo-Chine et de la métropole. Elle dit que les massacres ne sont pas justifiés parce que Thebaw sait que le gouvernement de Calcutta ne permettra pas la révolution à Mandalay.

Les conclusions de la chambre de commerce de Rangoon se résument en 4 points :

1° Le désordre de l'administration de Thebaw engendre la misère et la désolation dans la Haute-Birmanie.

2° Il y a solidarité entre la tranquillité et la prospérité en Birmanie.

3ᵉ Le gouvernement anglais ne peut ne pas hâter son intervention.

4° L'annexion d'Ava ou le protectorat avec un autre roi s'impose.

Les marchands de Bhamo, de Mandalay, et de tous les centres importants sont liés et molestés. La récolte du froment est difficile ou impossible. L'émigration vers Rangoon augmente de jour en jour.

L'annexion indispensable sera une œuvre de paix et de prospérité. Il est possible que le départ du résident et la suppression de la cour mixte aient encouragé l'anarchie.

Le Chief Commissioner estime que le vice-roi doit adresser à la cour d'Ava des remontrances sévères relativement à ce qui vient de se passer dans la prison de Mandalay, mais si elle faisait mauvais accueil à ces sentiments, la situation serait plus grave.

Le Chief Commissioner commente les vœux de la chambre de commerce.

En résumé M. Bernard n'est pas favorable à l'annexion. Il expose ses vues, les défend et dit qu'il faut confier au temps la solution de la question Birmane. Il ne partage pas l'idée des compatriotes de Rangoon relativement à l'annexion immédiate, et prouve que les chiffres relatifs à l'état du commerce anglais sont erronés.

Commerce anglais entre Ava et la Birmanie anglaise :
Pendant les 4 années qui ont précédé
l'avènement de Thebaw au trône d'Ava   3,061,174 Livres.
Pendant les 4 années qui ont suivi son
avènement au trône   3,224,814   »

M. Bernard estime que les commerçants anglais ont raison de demander au gouvernement d'employer les moyens qui pourraient augmenter le trafic entre Rangoon et Ava. Mais à ses yeux les principes modernes ne permettent pas d'intervenir dans les affaires d'un gouvernement voisin pour atteindre ce but en annexant le pays.

Marchandises anglaises importées en Haute-Birmanie:

Durant les trois années qui ont précédé l'avénement de Thebaw au trône :

1876—1877	4,709,404	Livres.
1877—1878	4,64,4116	»
1878—1879	5,922,123	»

Durant l'année de l'avénement :

1879—1880	5,970,002	Livres.

Durant les 4 années qui ont suivi son avénement au trône :

1880—1881	7,040.640	Livres.
1881—1882	6,384,893	»
1882—1883	6,789,635	»
1883—1884	7,313,451	»

M. Bernard désapprouve le meeting. A ses yeux cet effort de l'opinion publique ne pourra que nuire au commerce et jeter la panique dans l'esprit des marchands de Mandalay. Il estime qu'il est préférable de s'en tenir aux protestations contre les derniers massacres.

A ses yeux le dommage causé à la Birmanie anglaise par les actes de Thebaw ne constitue pas un motif suffisant pour annexer la Haute-Birmanie, sur le trône de laquelle on pourrait placer le prince Nyoung-Yan ou le prince Men-goon.

Le colonel Sladen, dit M. Bernard, n'a-t-il pas dit: « Je « suis un de ceux qui pensent que nous commettons une « faute en n'utilisant pas le prince Men-goon... Je crois que « je pourrais décider ce prince à faire tout ce que nous dé- « sirons. Dévoué à nos intérêts, son gouvernement serait « préférable à celui de Thebaw. »

« Si le prince Men-goon, ajoute M. Bernard, cherchait à « monter sur le trône de Birmanie, grâce à l'influence et l'aide « de la France, il serait préférable de remplacer le roi Thebaw « par ce prétendant. »

Aux yeux du Chief Commissioner il importe de faire savoir le plus tôt possible au public que le gouvernement n'a pas l'intention d'intervenir dans les affaires de la Haute-Birmanie, pour ne pas aggraver la crise commerciale et l'inquiétude engendrée par les événements de Mandalay. (Livre bleu, p. 130—134). [1])

[1]) M. Bernard a toujours professé la plus haute opirion pour les idées de l'école libérale dont Lord Ripon est un des champions. Caractère droit et élevé, intelligence supérieure, le gouverneur de Rangoon voulait l'annexion, mais il se livrait un combat dans son esprit pour mettre cet événement, indispensable aux yeux de l'Angleterre, en harmonie avec ses convictions religieuses et ses opinions politiques. M. Bernard s'est toujours retranché derrière les principes modernes de l'école qui condamne d'une façon générale l'annexion quelle qu'elle soit, parce qu'elle viole à ses yeux la liberté de l'élément annexé au profit d'un élément plus fort.

Nous avons dit plus haut ce qu'à notre humble avis valent les objections philosophiques de ceux qui d'une façon générale condamnent le principe d'annexion. Il y a des annexions politiques coupables et des annexions humanitaires fatales et heureuses. Les premières, fruit des guerres engendrent la guerre, rompent l'équilibre des relations et perpétuent des sentiments qui ruinent celui qui annexe et celui qui est annexé. Les secondes sont la conséquence d'un fait humanitaire qui s'appelle: « Intervention armée » en vue de châtier ou de réprimer des actes dont la morale internationale a eu à souffrir, ou « tentative commerciale et industrielle » en vue de développer des richesses éloignées au profit des peuples qui les possèdent mais qui ne veulent ou ne peuvent les utiliser.

Les annexions humanitaires les seules morales, utiles et viables, parce qu'elles engendrent peu à peu l'assimilation progressive rendue difficile ou impossible aux annexions politiques, sont légitimes, parce qu'elles profitent plus aux peuples qui les subissent qu'à ceux qui les appliquent, et constituent un bienfait pour l'humanité.

Calcutta et Rangoon ont tiré plus de profit de l'annexion que Manchester. L'Indo-Chine française qui a coûté beaucoup de sang et coûtera encore beaucoup de millions profitera autant à l'Annam, au Tonkin et à la Chine qu'à la France. Les uns y trouveront la délivrance, la vie, la santé, la prospérité et la liberté, les autres une colonie indispensable à l'équilibre politique en Asie et à l'évolution de leur commerce.

Quand un effort militaire est tenté en vue d'une annexion humanitaire au profit d'une race déshéritée et victime de ses institutions contre une autorité arbitraire, aveugle, ignorante et égoïste, préoccupée du peuple que parce qu'il est la chair à impôts, le succès est fatal.

L'Angleterre en général sait toujours où elle va, et ce qu'elle veut; si l'expédition de Saïgon avait été faite par elle, elle eut été conduite comme Clive a conduit celle du Bengale. Si le gouvernement de Napoléon III, au lieu de s'en aller presqu'à l'aventure, avait compris l'importance et les conséquences de la prise de Saïgon, il nous eut évité la campagne du Tonkin. Si M. J. Ferry n'avait été mis en suspicion et entravé dans l'exécution du plan que lui avait imposé son patriotisme élevé et sa connaissance approfondie des efforts et des ambitions Britanniques en Extrême-Orient, nous n'eussions pas été menacés d'un second désastre asiatique. Si M. Jules Ferry n'avait été la cible de toutes nos querelles intestines nous eussions fait une œuvre plus utile, et la question Indo-Chinoise serait entrée pour une plus large part dans l'équilibre de nos finances, dans la prospérité économique de la France et dans la bonne entente avec le gouvernement de Pékin. Il nous eut été facile cette fois de venger Dupleix, de relever le prestige de la France et de

La chambre de commerce de Rangoon continue sa campagne dans la presse locale et métropolitaine. Elle adres ⟂ au Chief Commissioner pétition sur pétition. Celle du 14 octobre 1884 (p. 139), est très intéressante. Elle s'efforce de prouver que les intérêts commerciaux et les devoirs envers l'humanité sont sacrifiés au déplorable état des choses dans le royaume d'Ava.

La chambre de commerce s'en rapporte au gouvernement en ce qui concerne le choix des moyens à employer pour porter remède à la situation, mais elle estime que seule l'annexion triomphera de l'état des choses qui engendre la ruine et le découragement. Elle fournit à l'appui de ses affirmations un état détaillé de l'importation et de l'exportation (p. 141).

La C° Irrawady-Flotilla, elle aussi se joint au concert des protestations et des supplications du commerce de Rangoon. (p. 153—144).

Les marchands de Rangoon depuis longtemps sonnent la cloche d'alarme et fatiguent M. Bernard par l'éternel thème de l'annexion indispensable; cela ne suffit pas. Voici la voix d'une puissante compagnie qui se fait entendre. S'il fallait en croire les rapports de ses directeurs toute la flotte serait menacée par les Dacoïts et les troupes du roi.

M. Bernard ne s'émeut pas mais observe; il est plus préoccupé de ce qui pourrait se passer à Paris entre l'ambassade Birmane et le gouvernement Français que des agitations du commerce de Rangoon, qui à ses yeux ne peut pas du jour au lendemain atteindre le maximum de ses espérances.

---

tenter un nouvel effort économique et maritime de nature à grandir notre fortune. Mais hélas! on ne l'a pas voulu.

Aujourd'hui nous sommes en présence d'un résultat incomplet. Nous avons fait notre paix de Yandabo et il nous reste à compléter notre œuvre au point de vue politique et économique. Nos frontières sont ouvertes à l'ouest, l'équilibre politique n'est pas assuré et nos relations commerciales avec les provinces du Céleste Empire se ressentent trop des fautes commises. Peu à peu notre autorité grandira et nous permettra d'appuyer sur des bases plus solides et plus larges nos traités de commerce et d'amitié.

Cependant le Chief Commissioner, tout en suivant sa politique d'observation et de réserve, prie le gouvernement de Calcutta de ne pas négliger de prendre les dispositions nécessaires à l'effet de protéger la vie et la propriété des sujets anglais. Il reconnaît dans sa lettre du 9 janvier 1885, les conséquences désastreuses de l'occupation de Bhamo par une bande de Chinois et de Kachiens qui ont paralysé complétement le commerce entre Bahmo et Mandalay. (p. 144).

M. Bernard prévoit une insurrection à Mandalay dans le cas où les troupes du roi Thebaw ne parviendraient pas à s'emparer de Bahmo. Et il propose le cas échéant d'imposer l'ordre à Ava par la force, et de remplacer ce monarque par le prince Men-goon qui signerait un traité favorable aux intérêts anglais. Mais il se demande si l'Angleterre a le droit d'imposer sa volonté par la force au roi de Birmanie par ce seul fait qu'il est l'auteur de la crise commerciale.

M. Bernard va jusqu'à examiner les avantages et les inconvénients d'une assistance militaire que le gouvernement de l'impératrice des Indes pourrait prêter au roi Thebaw à l'effet de le tirer d'embarras à Bahmo, et il estime que ce secours, sans modifier sensiblement la situation pourrait l'améliorer quelque peu ; mais eu égard au caractère et aux antécédents du roi il ne croit pas à l'utilité d'un secours, et conclut à regret en faveur de l'intervention britannique contre Thebaw dans le cas où la révolution éclaterait à Mandalay. (Page 146).

La chambre de commerce (p. 147) continue ses doléances ; elle exprime indirectement au gouvernement de Rangoon sa déception à l'endroit de l'attitude officielle de l'Angleterre, prouve son mécontentement dans des termes énergiques, et met à nu toutes les blessures que l'état politique d'Ava fait au commerce Britannique. Elle prétend que l'indécision du gouvernement anglais encourage la France et la Chine dans leurs projets Birmans, et occasionne des faillites à Rangoon.

M. Bernard dans ses rapports au gouvernement de l'Inde est fort embarrassé. Il veut bien reconnaître que tout n'est pas pour le mieux dans le meilleur des mondes, mais ses lettres se ressentent toujours de sa politique de non intervention momentanée, qui est l'expression de celle de Lord Ripon, disciple de l'école de M. Gladstone. *But it is questionable*, dit M. Bernard, *whether even so important on end as the improvement of the import trade of Rangoon would justify British interference by armed force in the affairs of Upper Burma at the present crisis.* (p. 148).

Rangoon, Calcutta et Londres se préoccupent pour le moment moins de la crise commerciale que M. Bernard voudrait attribuer à d'autres causes (p. 148) que des projets incertains de la mission Birmane à Paris. Mais s'il allait sortir de ces négociations secrètes une entente Franco-Birmane, quelque chose comme une promesse d'intervention ou de garantie d'indépendance, bref, un traité d'alliance offensive et défensive. Alors la situation serait autrement grave, et la crise locale deviendrait une crise générale, qui pourrait peser sur l'ensemble des rapports anglo-français et priver la Grande Bretagne non seulement de la Birmanie, mais encore des provinces méridionales de la Chine, du Yunan surtout, dont le gouvernement de la Reine rêve depuis longtemps l'absorption jugée nécessaire à l'équilibre de son commerce.

L'Angleterre veut bien soutenir son commerce extérieur, mais elle se place toujours à un point de vue élevé, qui domine les petits côtés de la question. Jamais elle ne se laisse émouvoir par des considérations locales, quand des intérêts plus larges et plus profonds sont en jeu. Que pouvaient en effet les justes doléances des marchands de Rangoon sur l'esprit de M. Bernard, dont les regards s'étendaient jusqu'au Yunan.

La chambre de commerce revient à la charge. Non seulement elle déclare que l'abîme se creuse sous le monde des affaires, mais elle joue du « spectre de la France ». *Action of France.* (page 153, 4°, 83).

L'action de la France! Nous verrons dans un instant ce qu'elle était en réalité et ce qu'on a prétendu qu'elle était. La chambre de commerce veut absolument savoir que le roi Thebaw a cédé des territoires à la France, qu'il a concédé à cette nation des mines de rubis, puisqu'elle doit être représentée, *while a French consul is to be stationed in Mandalay,* (page 153 . Elle prévoit l'absorption fatale de la Birmanie par le Tonkin, car la politique agressive de la France dans l'Est ne laisse aucun doute à cet égard. Le commerce se préoccupe aussi avec raison des pays Shans *trade of Burman on the Shan States from English into Frensh Channels.* Et ce n'est pas seulement pour ses propres intérêts que le commerce de Rangoon élève la voix ; c'est aussi en faveur des manufactures de la Grande Bretagne qu'elle demande l'annexion *manufactures of Great Britain itself,* (page 153). Il faut bien faire vibrer toutes les cordes pour vaincre la résistance du gouvernement.

Le commerce de transit par la Haute-Birmanie est soumis aux lourdes taxes qu'imposent les autorités d'Ava aux marchands des pays Shans. Ceux-ci paient non seulement les droits ordinaires aux différentes stations de douane, mais ils sont forcés d'acquitter un droit de 4 ½ p. % ad valorem. en arrivant à chacune des quatre grandes villes suivantes : Ava, Sagain, Amarapoora et Mandalay. Cet état de choses pèse lourdement sur le commerce que Rangoon entretient avec Mandalay.

Le gouvernement prendra maintenant pour base de son action l'argumentation et les doléances de cette même chambre de commerce, qui pour lui étaient presque lettres mortes en février 1885.

L'Angleterre a le talent de savoir écouter, de se taire, de ne s'émouvoir qu'à son heure et de n'agir qu'au moment psychologique. Elle ne dédaigne rien, fait profit de tout ; tous les facteurs entrent dans sa décision qui n'arrive jamais tout d'une pièce. Elle semble éclater naturellement aux yeux des masses qui n'ont pas suivi la juxtaposition des faits et l'accumulation des matériaux destinés à justifier l'action.

Aussi se garde-t-on bien de décourager les marchands de Rangoon. Le commerce sera peut-être le seul motif d'un changement de politique si les circonstances imposaient l'action contre Ava ; il faut le ménager.

La chambre de commerce de Rangoon a beau dire, en février 1885, que l'action s'impose à moins que le gouvernement soit décidé à livrer tout le trafic de la Birmanie et des pays Shans à la France, (*if the trade is not to pass into French hands*). (Livre bleu, page 154).

Lord Lyons a renseigné son gouvernement; l'ambassadeur de la Reine n'a pas pu dire que M. J. Ferry conspire avec la mission Birmane contre les intérêts légitimes de l'Angleterre dans l'Indo-Chine. Il n'a pas pu cacher à son gouvernement la franchise, la cordialité et la loyauté du Président du conseil à Paris. Il a pu ajouter que la France ne permettrait jamais la rupture de l'équilibre politique dans l'Indo-Chine au profit de l'Angleterre. Il a dit sans doute que les réserves de M. J. Ferry constituent tout un programme et ne permettront jamais à l'Angleterre de dépasser le Mékong. Toutes ces considérations politiques étaient certes de nature à impressionner le cabinet de Londres, qui croyait avoir carte blanche dans l'Indo-Chine, et qui voyait déjà les produits britanniques *passer sur les ailes de la vapeur de Rangoon à Talifou.*

Mais il est certain que Lord Lyons a fait comprendre à son gouvernement que pour le moment la France n'a rien tenté, et a promis de ne rien tenter contre le commerce Britannique dans la vallée de l'Irrawady. Aussi les hommes de l'India-Office de Londres qui ne se paient pas de mots ne sont-ils pas émus quand ils entendent dire, le 7 février 1885, à Rangoon, que l'hésitation ne saurait être tolérée par les chambres de commerce en Angleterre, (*by all the chambers of commerce in Great Britain and India*). (P. 154).

La chambre de commerce de Rangoon ne se contente pas de demander l'annexion au nom de l'Angleterre, menacée dans son commerce; elle trace les limites de l'action militaire, et cela avec une modestie qui bientôt servira de guide au gouvernement de Calcutta.

Troisième période: *L'accusation.* — Du 16 avril 1885
(liv. bleu, N° 87, p. 158) au 12 octobre 1885 (N° 124, p. 212)
c'est-à-dire jusqu'au conflit entre le gouvernement de Mandalay et la Compagnie des forêts. « Bombay-Burmah Corporation. »

Avant d'étudier cette période, disons en passant que l'am-
bassade Birmane s'est arrêtée à Rome sous prétexte de modifier le traité de commerce entre l'Italie et la Birmanie.
Mais elle avait un autre but: La France n'a pas voulu se
prêter au désir du roi, relatif à l'introduction d'un matériel
de guerre à travers le Tonkin et ses possessions de l'Est.
Peut-être l'Italie s'intéresserait-elle à cette question des armes?
(Page 158, liv. bleu).
La Birmanie espérait à l'aide de son entente avec la
France, l'Italie et l'Allemagne se créer une situation nouvelle
vis-à-vis du gouvernement de Calcutta, et profiter de ces
nouvelles relations pour secouer le joug de l'Angleterre et
agir dans la plénitude de son indépendance. Elle a mal vu
et mal jugé la situation; car l'insolence et l'arrogance du
palais n'étaient pas de nature à se concilier avec une politique nouvelle qui eut été plus utile que tous les traités de
commerce avec les puissances européennes. Si la voix du
consul de France avait été écoutée, l'Angleterre n'eut pas
encore annexé la Birmanie. L'agent français n'a cessé de
demander au Keen-Woon-Mengy, ministre des affaires étrangères auprès duquel il a été maintes fois appelé: « Les réformes administratives, le rétablissement de l'ordre, le respect des personnes et des propriétés, la reprise des négociations avec Calcutta, le retour à une politique plus
franche, plus amicale, plus conforme aux intérêts commerciaux de l'Angleterre et à son amour propre national, l'exclusion de toute application de l'étiquette Birmane aux résidents
britanniques, la surveillance active des villages et des rives
de l'Irrawady, l'organisation d'une cour de justice mixte pré-
sidée par un magistrat anglais, la facilité pour tous les consuls de conférer directement avec le roi, bref, la punition
sévère de toutes les vexations et de toutes les entraves ap-

portées au commerce, l'abandon de tout ce qui révolte l'humanité et les principes de la morale internationale etc.

L'Angleterre qui est aujourd'hui en possession des archives du palais de Mandalay, reconnaîtra qu'elle n'avait pas un ennemi mais au contraire un défenseur de ses intérêts dans la personne du consul de France qui, convaincu de la nécessité de l'annexion de la Haute-Birmanie au point de vue britannique, espérait prolonger l'indépendance d'Ava jusqu'à l'établissement définitif entre les cabinets de Paris et de Londres de l'équilibre politique dans l'Indo-Chine. L'Angleterre sait aujourd'hui que les conseils donnés par l'agent français se résumaient tous dans ces mots : « Il importe « avant tout de rétablir les relations diplomatiques avec « Calcutta sur des bases plus larges et dans un esprit réel- « lement amical, sinon tous les traités de commerce avec « l'Europe sont vains et inutiles, car la Grande Bretagne « a déclaré que le royaume d'Ava fait partie du centre de « la sphère politique de l'Inde. »

C'est précisément ce que redoutait l'Angleterre qui ne voulait pas jeter les bases d'un mur mitoyen dans l'Indo-Chine. L'indépendance prolongée du royaume d'Ava eut certes permis à M. J. Ferry de dire ce qu'il entendait par ces mots *questions de voisinage*. Le statu quo eut permis au ministre de la République de fixer le pivot de l'équilibre politique, grâce à son intervention et à l'action de de l'agent qu'il avait accrédité auprès du roi Thebaw à l'effet de s'occuper *des questions générales, et notamment de tout ce qui pourrait toucher aux nouvelles frontières Franco-Birmanes à l'Est.*

L'Angleterre a bien voulu poursuivre une politique expectante, une politique d'ajournement de réserves conformes à ses intérêts et à certains principes de M. Gladstone, mais à condition que rien ne soit compromis. Et si, grâce à des réformes heureuses introduites à la suite des conseils de l'agent français, l'intervention anglaise devenait moins légitime, M. J. Ferry profiterait de la continuation de l'indépendance d'Ava pour établir ce que l'Angleterre redoute par-dessus tout *l'équilibre politique* dans la presqu'île. Cela se traduirait pour la Grande Bretagne par la ruine de ses espérances séculaires. A quoi eussent servi alors la prise de Rangoon, la paix de Yandabo, les humiliations subies, la mort de M. Shaw, bref le calice de l'insolence Birmane, bue jusqu'à la lie? A quoi eussent servi les instructions données à M. Cooper à Bhamo, à l'effet de préparer l'intervention Britannique dans les affaires du gouvernement du Yunan compromise par les Taippnig? A quoi eussent servi ces découragements infligés aux chambres de commerce, s'il faut renoncer à ouvrir la grande route commerciale de Rangoon-Moulmein aux frontières de la Chine méridionale, et s'il faut abandonner l'idée de conduire les peuples Trans- et Cis-Salouens ainsi que le roi de Siam dans la *grande famille Indo-Anglaise* de MM. Colquhoun et Hallett? A quoi bon faire tant de sacrifices dans la vallée de l'Irrawady, si parallèlement dans la vallée du Mékong la France doit marcher à la conquête commerciale du Haut-Laos et des provinces méridionales de la Chine?

Voici pourquoi il faut profiter de l'état des esprits surexcités en France, de l'égarement du parlement et surtout de la chute de M. J. Ferry, pour rendre sinon impossible au moins plus difficile son programme Indo-Chinois. Maintenant qu'il n'est plus au pouvoir, on profitera des erreurs répandues dans le parlement et la presse française, pour passer par-dessus ces fameuses questions de *voisinage et de frontières Franco-Birmanes.* Quand on aura annexé Mandalay, les réserves de M. J. Ferry seront lettres mortes, et pour légitimer tout cela aux yeux de M. de Freycinet on prendra à partie le consul de France. On sait bien qu'il est calomnié, outragé par la presse de Rangoon, qu'il est la cible nécessaire de toutes les agrimonies du commerce britannique, qu'il plaide à Mandalay la cause des intérêts anglais et de la civilisation; mais peu importe, on le fera passer aux yeux de M. de Freycinet pour un agent remuant, dangereux et très intrigant. On dira qu'il a accaparé la cour de Thebaw. Il est vrai qu'on sait bien à Paris que l'agent français n'a rien accaparé du tout, qu'il n'a eu pour tout succès que le dédain de la cour et pour toute récompense que l'exagération de la question des chaussures.

Peu importe, cela produira toujours son effet. Il faut avant de mettre la main sur Mandalay, trouver moyen de faire peser la responsabilité de cet acte sur la France. Quoi de plus facile que de dire que l'agent français a obtenu du roi Thebaw de tels avantages qu'il est dorénavant impossible de rester indifférent.

Quand le gouvernement de Londres, d'accord avec le gouvernement de Calcutta, disait en 1884 et 1885 : « Le mo- « ment n'est pas venu, il serait impolitique de hâter l'action « ajournée et d'annexer Mandalay, ou de placer Ava sous le « protectorat Britannique ; » on était conséquent. On savait à l'India Office que M. J. Ferry ne permettrait pas l'annexion pure et simple de la Birmanie supérieure sans régler la question des frontières de l'ouest, et poser d'une manière définitive les assises du mur mitoyen entre la France et l'Angleterre. Aussi n'eut-on jamais songé à renverser Thebaw si le cabinet Ferry n'était pas tombé, car on s'est dit à Londres : mieux vaut attendre encore que de fournir à M. J. Ferry l'occasion de dire : « Je ne vous conteste pas le droit d'annexer le royaume d'Ava, mais je ne vous reconnais pas celui de profiter de votre conquête facile pour confondre les provinces Trans-Salouennes avec celles qui sont soumises à l'autorité directe du roi Thebaw. Le cabinet français estime que votre action s'étend politiquement sur toutes les vallées dont vous avez la clef à Rangoon et à Moulmein, mais il entend ne pas sacrifier ses droits sur la vallée dont il a la clef à Saïgon. »

Pour éviter cette solution tant redoutée, l'Angleterre a jugé que le moment n'était pas opportun aussi longtemps qu'elle était menacée de cette épée de Damoclès, que M. J. Ferry avait suspendue sur sa tête. Elle savait bien, la prudente Albion, que tôt ou tard les circonstances favoriseraient ses plans. Elle a confié ses espérances à l'instabilité ministérielle en France. La lettre du duc de Kimberley au gouverneur général de l'Inde en conseil, (N° 13, India Office, 1 mai 1885), confirme ce que j'avance :

« Le gouvernement de sa Majesté partage l'opinion de « son Excellence relativement à l'emploi des moyens deman-

« dés par la chambre de commerce de Rangoon au gouver-
« nement de Calcutta. Ces moyens d'intervention active ne
« seraient pas justifiés par l'état présent des affaires. On
« estime à Londres qu'au point de vue politique et com-
« mercial il serait on ne peut plus désirable que le gouver-
« nement de l'Inde se fit représenter à Mandalay par un
« agent diplomatique.

« Le traité de Yandabo donne au gouvernement de l'Inde
« le droit d'envoyer quand bon lui semble à la cour de Man-
« dalay un agent diplomatique avec une escorte de cinquante
« hommes.

« Si, comme le pense votre Excellence, il y avait lieu
« d'imposer la réception d'un agent diplomatique et d'exiger
« par un déploiement de forces qu'il fut traité comme il con-
« vient, il faut reconnaitre que le moment serait mal choisi
« pour agir dans ce sens. Cependant si un changement fa-
« vorable, dans un temps donné, se produisait dans la situa-
« tion de la politique générale ou dans les dispositions du
« roi, votre Excellence examinera avec soin ce qu'il convien-
« dra de faire. »

Et pourquoi le moment est-il inopportun? (*The present
moment would certainly seem to be inopportune*). Et pourquoi faut-il attendre un changement qui pourrait se produire
dans la situation générale de la politique? Et quel pourrait
bien être ce changement?

Il n'est pas nécessaire de remonter bien haut. Le moment est inopportun parce que toute tentative sérieuse se
traduirait par un refus de la part de Thebaw, et engendrerait fatalement l'obligation d'agir militairement, ce qu'il faut
éviter à tout prix pendant que M. J. Ferry dirige les affaires.
Une guerre contre le roi Thebaw pendant que le ministre
des *questions de voisinage* est au pouvoir serait une faute
grave, voici pourquoi le duc de Kimberley appuie sur l'in-
opportunité de la tentative en question.

Quant au *changement probable* qui pourrait se produire
dans la situation de la politique générale, cela ne nécessite
pas de commentaires. Il a voulu dire: « Quand M. J. Ferry
ne sera plus au pouvoir. »

En résumé, l'Angleterre est entre deux situations: 1° L'action contre Mandalay avec les réserves de M. J. Ferry, 2° le maintien du statu quo. Elle opte pour la dernière, parce qu'elle lui paraît la plus prudente.

Le cabinet de Londres ne s'est pas trompé, les événements lui ont donné raison. Le ministre des « questions de frontière », qui faisaient le désespoir de Lord Lyons, est descendu du pouvoir peu de temps après comme un capitaine qui juge inutile de rallier son équipage affolé, et qui se tait, parce que sa voix est étouffée par le bruit de l'orage. Tel M. J. Ferry a quitté le navire de l'Etat. Il n'a pas cherché à se sauver lui-même après avoir vainement tenté de sauver les autres, et cependant il avait une planche de salut dans son portefeuille.

Maintenant, cher lecteur, vous avez vu cette période à vol d'oiseau, vous l'avez jugée comme un étranger jugerait Paris du haut de l'Arc de Triomphe. Nous allons ensemble passer en revue les faits, et examiner ce qui s'est passé à Paris, à Londres, à Rangoon et à Calcutta.

L'India Office de Londres apprend, le 17 mars 1885, (fort William, M. Durand au Col. Sir O. Burne), que M. Bonvillain, ingénieur français au service du roi Thebaw, est sur le point d'obtenir la concession des mines de rubis, moyennant la somme de 13 lacks.

Le gouvernement de Calcutta, qui a envoyé à Londres la copie de la traduction de l'acte Bonvillain ne pouvait pas ignorer que le gouvernement du roi ne donnerait jamais la concession des mines de rubis aux Européens. Au palais quelques ministres espéraient toucher une forte commission mais leur intention secrète ne pouvait pas être ignorée. Quand la société Bonvillain a voulu donner suite à l'affaire des mines de rubis, les ministres ont demandé une commission plus élevée. En résumé, cette affaire n'a pas abouti parce qu'elle était mort-née comme tout ce qui dépend de la rapacité des officiers Birmans.

Les conséquences politiques du projet Bonvillain ont néanmoins effrayé le gouvernement de Calcutta. Que deviendrait l'influence Britannique si les Français étaient installés aux mines de rubis avec une force armée de cent hommes? Ils finiraient par s'emparer peu à peu de toutes les mines de la Birmanie et par annihiler l'influence anglaise. Il serait plus difficile d'annexer le royaume d'Ava si toutes les mines étaient exploitées par des compagnies françaises, qui entretiendraient un courant d'idées hostiles à l'influence de Calcutta et impressionneraient les populations par un déploiement de forces armées. Aussi l'ambassadeur de sa Majesté Britannique à Paris dit-il dans sa dépêche du 5 Mai 1885 :

« J'ai vainement tenté d'avoir des renseignements authen-
« tiques et précis relativement à la concession des mines de
« rubis à un Français.

« Je ne cesserai de me préoccuper de cette question et
« je suis loin de me désintéresser de l'importance qui s'at-
« tache en général aux privilèges que la France s'efforce
« d'obtenir du gouvernement Birman.

« Je ne cesserai de dire: D'un côté je persévère dans
« l'opinion que les progrès de la France dans l'extrême
« Orient, (Progress of French power in the extreme east) ses
« acquisitions de territoire, ou l'établissement de protectorats
« dans le voisinage de la Birmanie se traduiront par un
« changement radical entre les relations du gouvernement
« Français et le royaume d'Ava. De l'autre je crois qu'il faut
« admettre que les premiers résultats d'un développement
« commercial entre la France et la Birmanie engageront les
« spéculateurs Français à obtenir du gouvernement Birman
« d'utiles concessions. »

Lord Lyons souligne le mot *concession*. Il a maintenant une nouvelle préoccupation. En-dehors du péril français c'est-à-dire de la Birmanie placée sous le patronage de la France, il a le péril des concessions, et aux yeux de l'ambassadeur il est de la plus haute gravité.

Le même mois d'avril 1885, deux chambres de commerce du continent, Macclesfield et Glascow, expriment aussi leurs doléances. La première, (18 avril 1885), déclare que la situation de la Haute-Birmanie paralyse le commerce en général et surtout celui de la soie. Elle croit que pour le moment il faut moins penser à l'annexion qu'à empêcher toute autre nation de s'emparer de ce pays. (*That no other nation annexed Burmah, as it would prove very prejudicial to English commerce*).

La chambre résume ses vœux :

1° Résidence anglaise à Mandalay avec une garde suffisante.

2° Cour mixte chargée de régler les différends entre les sujets anglais et les natifs.

3° Résidence anglaise à Bahmo avec garde suffisante.

4° Résidences secondaires dans toutes les villes importantes du royaume d'Ava.

Celle de Glascow, (20 avril 1885), déclare qu'elle représente des maisons importantes qui entretiennent avec la Birmanie des relations d'affaires très considérables; qu'il y a lieu de reviser les traités de commerce de 1862 et 1867; de rétablir la cour mixte et la résidence anglaise à Mandalay avec une garde européenne sérieuse et des agents britanniques à Meing-Yan, et dans tous les postes importants le long de l'Irrawady. Bref qu'il y a lieu de donner la liberté au commerce.

Rangoon a toujours été bien plus agressif que le continent : aux yeux de sa chambre de commerce l'annexion seule et sans retard constitue le remède de la situation. L'industrie du continent n'en demande pas tant, elle se contenterait d'un résident appuyé par une garde sérieuse, et fortifié par des agents sous ses ordres, établis le long du fleuve pour surveiller et protéger le commerce.

Cela s'explique: Rangoon était trop près de Mandalay et par le fait directement placé sous le feu de l'administration du roi Thebaw, qui n'était pas capable de protéger le commerce et de travailler à son développement. Mandalay a toujours été le grand objectif des marchands de Rangoon, tandis que Calcutta et les autres villes manufacturières du continent se préoccupaient bien de l'importation et de l'exportation avec Ava, mais sans y attacher l'importance qu'elles avaient aux yeux de la chambre de commerce de Rangoon. Aussi la chambre de commerce de Manchester, dans son rapport au duc de Kimberley, 20 mai 1885, se contente-t-elle d'appeler l'attention du gouvernement sur les nouvelles répandues par la presse au sujet des conséquences qu'entraînerait pour le trafic anglais une différence des droits d'importation au profit de la France.

Les grands centres industriels du continent veulent surtout conserver les marchés de Mandalay et de Bhamo, qui risqueraient de passer entre les mains des Français s'il était vrai que leurs marchandises fussent soumises à des droits d'importation beaucoup moins élevés.

Le 1er juin 1885, la chambre de commerce de Rangoon ne se contente plus d'exhiber le spectre de la ruine commerciale, de placer sous les yeux du gouvernement de Calcutta les plaies faites au crédit des principales maisons de commerce par l'Etat de la Haute-Birmanie. Elle entre plus résolument dans la voie des doléances et se place à un point de vue plus politique.

Au sujet du projet de fédération coloniale, la chambre de commerce de Rangoon examine l'intérêt que présente cette idée au point de vue de la concentration des forces, mais en se basant sur des principes plus rationnels. Elle critique les liens qui lient la Birmanie à l'empire des Indes. A ses yeux ils ne sont pas rationnels au point de vue géographique.

D'un autre côté elle fait ressortir les différences de races, de caractères et de mœurs. Contrairement à l'Inde, la Birmanie n'est pas paralysée par l'esprit de caste. Le Birman accepte assez facilement la civilisation occidentale. La population de l'Inde est très dense et très ignorante; la Birmanie ne demande qu'à développer ses immenses richesses naturelles. La partie la plus riche de cette contrée est soumise à l'autorité anglaise depuis trente ans. Si on compare les consommations des produits anglais par tête en Birmanie et dans l'Inde, l'avantage est du côté de la Birmanie, bien que l'Inde soit depuis longtemps soumise à l'administration Britannique. L'Indien consomme quelques yards de cotonnade tandis que le Birman achète volontiers tous les articles de luxe que nous importons. Il n'est pas si économe que l'Indien. La

Birmanie paie beaucoup plus d'impôts que l'empire des Indes. Elle est moins bien traitée, elle a néanmoins de grands besoins, des routes et des chemins de fer à construire, mais ses revenus sont en grande partie absorbés par le budget de Calcutta. Les jeunes gens viennent faire dans la Basse-Birmanie leur apprentissage administratif et retournent aux Indes, cela occasionne de grands préjudices. L'Angleterre, elle aussi commet des fautes au point de vue de l'administration coloniale. Elle a sur nous la supériorité que lui donnent l'institution de l'India Office à Londres qui agit avec un grand esprit de suite et une méthode basée sur les intérêts britanniques et l'expérience des affaires asiatiques. Mais il serait injuste de dire que l'Angleterre ne se trompe jamais, et que nous avons le privilège des fautes et le monopole des tâtonnements. L'Angleterre a été longtemps empirique au point de vue colonial; elle tend par un système de fédération à appliquer nos principes, tout en conservant ceux qui ont fait sa force, « la liberté et l'indépendance ».

« Au point du vue commercial Rangoon est la troisième
« ville de l'empire des Indes. La justice, grâce au grand et
« rapide développement de la Basse-Birmanie est trop char-
« gée. Les travaux publics laissent beaucoup à désirer, c'est
« à peine si en dehors de Rangoon il y a quelques routes.
« Et après trente ans, qu'avons-nous en fait de chemins de
« fer? deux petites lignes de 161 milles chacune, dans un
« pays sans route, couvert d'impénétrables jungles; et cepen-
« dant il a été prouvé que les chemins de fer payent bien.

« La Birmanie est un des pays les plus riches du monde,
« malheureusement le surplus de ses revenus passe dans la
« caisse de l'Inde, qui sur 17 millions de liv. sterling a pris
« 6 millions à la caisse de Rangoon en huit ans pour payer
« la part des dépenses d'administration centrale. Mais il est
« difficile de dire ce que la Birmanie a reçu en retour. Elle
« a donné plus du tiers de ses économies au gouvernement de
« Calcutta. Elle estime qu'il serait utile que chaque province
« pût dépenser ses revenus. La Birmanie, extrêmement riche,
« est explorée au profit de l'Inde qui ne lui laisse rien pour
« son développement. La chambre de commerce espère

« que la fédération projetée changera la situation ; elle
« se place sous le patronage de celle de Londres, gran-
« dement intéressée dans cette question, et dans le dé-
« veloppement du commerce des pays Shans. L'indifférence
« du gouvernement de Calcutta en présence de la situation
« déplorable de la Haute-Birmanie, cause un immense préju-
« dice. L'annexion, réclamée comme le seul et unique re-
« mède, semble laisser froid et indifférent le gouvernement
« de l'Inde. Et cependant la séparation géographique de la
« Haute et Basse-Birmanie est purement fictive. Les dépenses
« seraient à la charge d'Ava. Quant à la question d'huma-
« nité, elle n'est pas à discuter. L'émigration vers la Basse
« Birmanie a été si importante qu'elle n'a pu être entravée
« que par les rigueurs de l'administration du roi Thebaw.

« Les richesses de la Birmanie supérieure, du pays des
« Shans, des provinces de l'ouest de la Chine et du pays
« des Karens sont *incalculables*. L'Angleterre les exploitera
« sans difficultés, quand elle le voudra. La France par ses
« intrigues convoite ces immenses trésors qui se trouvent
« sous clef et que l'apathie du gouvernement de Calcutta
« peut donner à nos voisins.

« Si le gouvernement de Calcutta se montrait plus éner-
« gique envers tous les petits roitelets qui entourent l'empire
« des Indes, Rangoon serait un des premiers ports du
« monde. » (Liv. bleu, p. 165).

Il résulte de cette tentative suprême de la chambre de
commerce de Rangoon que ce n'est plus simplement au nom
du trafic menacé par la mauvaise administration du roi Thebaw que se place cette corporation commerciale, mais bien
au contraire au nom de la justice coloniale et administrative. Le gouvernement de Londres a été ému et il a compris que le moment politique qui lui permettrait de faire
état de ces revendications ne serait peut-être pas très éloigné,
car M. Gladstone tout en imprimant à la politique générale
l'impulsion et l'orientation de ses principes, n'a jamais pu
faire passer sa pensée dans celle de l'India-Office de Londres qui a poursuivi avec résolution et une prudence peut-
être exagérée, mais à coup sûr très patriotique un but

nettement défini et clairement indiqué : « La conquête com-
« merciale de la Chine méridionale par la Haute-Birmanie
« et les pays Shans du Haut-Laos. L'exclusion de la France
« de tous les marchés du Haut-Laos, du Yunan et des deux
« Quang. »

Les considérations de la chambre de commerce de Rangoon seront pour beaucoup dans l'intimidation que le gouvernement de Londres emploiera à Paris à l'effet d'impressionner le gouvernement de la République en prise avec des
difficultés intérieures et des agitations parlementaires.

Le Times du 18 Mai 1885 dit que l'arrivée de M. Haas,
le nouveau consul de France à Mandalay, sera suivie
bientôt d'une proclamation, ayant pour but de réduire les
droits d'entrée à 2 ½ p. %, tandis que les marchandises anglaises seraient grevées d'un droit de 5 p. %. L'organe de
la cité ne néglige rien pour préparer et faciliter l'œuvre
Indo-Chinoise.

Le 16 juillet 1885, la chambre de commerce de Londres,
après avoir examiné et approuvé les griefs de celle de Rangoon relativement à la séparation du gouvernement de la
Basse-Birmanie et à la crise commerciale attribuée à l'administration de Thebaw conclut en disant que *le gouvernement
britannique a pour devoir d'obtenir du roi Thebaw au
moins les mêmes avantages commerciaux qu'il a accordés aux Français par le dernier traité, et surtout de
faire tout ce qui est en son pouvoir pour atténuer et limiter l'action de la France qui semble ne pas vouloir
s'en tenir à la Cochinchine, au Cambodge et au Tonkin.
La France, au contraire, veut s'immiscer dans les affaires du Siam et s'étendre à l'ouest.*

Le lecteur voudra bien retenir cette appréciation. C'est
la chambre de commerce de Londres qui parle et nous savons quelle est son influence sur la politique asiatique. Le
gouvernement pouvait tranquilliser cette importante corporation, et publier les assurances pacifiques de M. J. Ferry,
mais cela n'entrait plus dans ses vues, parce qu'il a jugé
politique d'ouvrir la période de l'intimidation. M. J. Ferry
a, il est vrai, promis de rester indifférent aux propositions

de l'ambassade Birmane. Il a garanti le respect des droits britanniques, mais il n'a pas hésité à dire très clairement que l'action anglaise a des limites, et qu'il faudra compter avec les droits de la France, dont l'influence s'étend au minimum jusqu'au Mékong. Aussi le gouvernement se garde-t-il bien de rassurer les chambres de commerce. Il eut été si facile et si équitable de dire aux représentants du haut commerce de Londres : « Depuis que M. J. Ferry a promis formellement et solennellement à Lord Lyons que la France ne contrarierait jamais directement ou indirectement l'extension rationnelle et progressive de l'Angleterre dans l'Indo-Chine, nous pouvons continuer avec calme et tranquillité notre œuvre Indo-Anglaise. Nous pourrons désormais sans préoccupations, au nom de la civilisation, annexer la Haute-Birmanie et donner satisfaction au commerce de Rangoon et du continent. Nous sommes désormais tranquilles à l'endroit de la prétendue alliance Franco-Birmane. Le prince Men-goon cessera d'être un danger, puisque la France s'est engagée à ne pas favoriser ses plans, ce qui revient à dire qu'elle consent à être son geôlier au lieu d'être son complice. »

Ce langage que nous eussions été heureux de trouver dans les livres bleus, n'a pas été tenu au haut commerce de Londres, parce qu'on n'a pas voulu reconnaître implicitement les droits de la France. On était toujours sous l'impression des reserves de M. J. Ferry. On ne voulait pas admettre que la France est, elle aussi partenaire, et à juste titre en situation d'être consultée sur le mur mitoyen, dont M. J. Ferry a indiqué la nécessité. On ne le voulait pas uniquement parce que ce mur mitoyen empêcherait l'Angleterre d'annexer les provinces Trans-Salouennes indispensables à l'exécution du projet de Colquhoun, qui permettrait à la Grande Bretagne d'assurer la conquête économique du riche Laos et du Yunan, dont se préoccupe la chambre de commerce de Rangoon. Si on n'avait pas redouté les paroles de M. J. Ferry, si on n'avait pas vu en lui un homme résolu à barrer le chemin à l'Angleterre et à placer le Haut-Laos sous le protectorat de la

France, on eut rassuré la chambre de commerce de Londres, on lui eut dit: « Nous n'avons rien à craindre de la France, elle n'intrigue ni à Mandalay, ni à Paris, et nous préparerons l'annexion d'Ava. »

Le 25 juillet 1865, le gouvernement de Londres télégraphie au vice-roi des Indes ce qui suit:

« 1° Le gouvernement Français a obtenu du gouvernement
« Birman la concession d'une voie ferrée de Mandalay à la
« frontière. La France fournit un capital d'un million de liv.
« sterling, payable en 7 ans avec intérêts de 7 et demi p. 100.

« 2° L'autorisation de fonder une banque à Mandalay au
« capital de 25 millions de Roupies. Le roi Thebaw a donné
« à la France les revenus du Letpet et la concession des mines
« de rubis en garantie, y compris les huiles minérales et les
« revenus de la douane de l'Irrawady.

« Une ambassade part aussitôt pour la France à l'effet de
« ratifier ce traité. Avez-vous acquis la conviction que cette
« nouvelle est exacte, et quelles sont vos vues dans la marche
« à suivre ? »

Cette fois ci c'est Londres qui semble effrayé, contrairement à ce que nous avons vu jusqu'à présent. Il s'est incontestablement passé dans l'esprit de l'India Office quelque chose qui a été de nature à modifier son plan, et cela ne peut être que la crainte de perdre une occasion unique. On suivait sur les bords de la Tamise les progrès de l'orage qui a renversé le cabinet Ferry et on se disait : *Toute cette agitation anti-coloniale, cette campagne anti-Tonkinoise, anti-Ferryste favorise au-delà de toutes les espérances notre politique Indo-Chinoise.*

« Le gouvernement de Paris est troublé par les ennemis poli-
« tiques de M. J. Ferry qui font du Tonkin le cimetière de la
« patrie et le tombeau de son honneur et de sa fortune. Nous
« pouvons donc sans crainte mettre la main sur la Birmanie et
« ouvrir ainsi la route du Yunan. La France ne nous contrari-
« era pas, elle restera indifférente, car les esprits sont irrités,
« et le ministre qui s'opposerait à nos désirs serait renversé.
« On verrait en lui un continuateur des idées de M. J. Ferry,
« qui, malgré tout, pourrait bien revenir au pouvoir. Alors

« nous serions paralysés, il faudrait compter avec lui et lui
« garantir au moins la neutralité des pays Shans, car il s'op-
« poserait à la construction du chemin de fer de Colquhoun.
« Il assurerait l'avenir de son œuvre en exécutant ce qu'il a dit
« à Lord Lyons relativement aux provinces situées sur les
« deux rives du Mékong. Nous n'eussions jamais pu payer la
« campagne déguisée que les ennemis de M. J. Ferry font
« contre le Tonkin. Notre or n'eut pas suffi, tant est grand
« l'avantage qui en résultera pour notre politique Indo-Chinoise.
« Nous pouvons nous flatter d'être un peuple heureux. Mais
« soyons un peuple habile, et ne perdons pas des occasions qui
« ne se présenteront plus. La France pourrait se recueillir et
« alors il faudrait compter avec un ministère Ferry, qui nous
« laisserait il est vrai prendre la Birmanie mais avec des res-
« trictions. Demain peut-être nous n'aurons plus les coudées
« franches, car le retour de M. J. Ferry est possible; on a vu
« des choses plus extraordinaires en France. »

Voilà ce qui se disait ouvertement dans tous les cercles
politiques de Londres. La presse, les chambres de commerce
commentaient cet ordre d'idées, et il ne faut pas s'étonner
de voir le gouvernement de la métropole témoigner un peu
d'inquiétude relativement à des prétendus faits qui n'eussent
pas été pris en considération, si M. J. Ferry avait été au
pouvoir. Quelques spéculateurs ont en effet tenté d'obtenir
des concessions en Birmanie. Il arrive toujours que les am-
bassades d'Orient et surtout de l'Extrême-Orient sont à Paris
l'objet de l'attention des hommes d'affaires. Mais il a été démontré que le gouvernement est resté en-dehors de toutes ces
tentatives. Il ne convenait pas à son rôle de paralyser la
liberté d'action des ambassadeurs. Tout ce qui a été tenté à
l'effet de nouer des relations d'affaires avec la Birmanie a
été fait en-dehors du gouvernement français. Le vice-roi
savait bien que le roi Thebaw, devenu la proie de ses ministres, ne donnerait jamais la moindre concession à l'Europe, en réalité abhorée par les favoris au pouvoir. On était
édifié à Calcutta sur la cour de Mandalay qui voulait exploiter l'Europe sans rien céder. Ce qui est arrivé.

Le vice-roi répondit, le 26 juillet 1885, au secrétaire

d'Etat à Londres, par un télégramme ainsi conçu : « M. Ber-
« nard dit qu'on fait courir le bruit que sous le patronage
« de l'Etat une société française a été fondée au capital
« de 35 millions de francs, à l'effet d'établir une banque,
« d'exploiter la navigation de l'Irrawady et autres branches
« commerciales. M. Bernard ne croit pas à tous ces bruits.
« Quant au consul de France, il s'efforce de prévenir un
« conflit entre la cour d'Ava et l'Angleterre. J'ai soumis
« votre télégramme à l'appréciation du chief commissioner
« et je l'ai prié de me renseigner aussitôt. »

Et le 29 juillet, le vice-roi télégraphie au secrétaire d'Etat
à Londres : « Je viens de recevoir des documents de Man-
« dalay ; ils confirment les négociations entre Ava et la
« France. Si ces propositions des Français sont acceptées,
« leurs agents seront maîtres de tout le commerce et tien-
« dront la clef de toutes les sources de revenus du pays ; il
« en résultera un désordre pour le trafic britannique. Je
« vais mettre Ava en demeure de donner l'assurance for-
« melle que de telles concessions ne seront jamais accordées
« aux nations européennes. Cela serait contraire aux traités.
« Je suis obligé de reconnaître que si Ava refuse nous som-
« mes forcés d'annexer. »

C'est la première fois que M. Bernard parle clairement et
énergiquement d'annexion. Jusqu'à présent il s'est contenté
d'espérer. Il faut que les documents confidentiels qu'il a
reçus de Mandalay l'aient vivement impressionné, pour qu'il
soit si précis à l'endroit de la ligne de conduite à suivre. Il
est possible que la police du chief commissioner ait découvert
à Mandalay quelques demandes de concessions. Mais il savait
par les sous-ministres et secrétaires officiels à Ava, qui
lui ont vendu tous les documents du Palais, que le roi n'accorderait rien. Nous ne sommes pas surpris de voir l'Angleterre, défendre au roi Thebaw tout ce qui pourrait nuire
à sa légitime influence à Mandalay, mais il eut été digne
de parler d'annexion au moment des massacres. Si la France
est intervenu militairement dans l'Annam, c'est parce qu'on
a mis à mort quelques missionnaires. M. Norman, qui nous
traite de brigands, devrait bien méditer les causes de notre

intervention dans l'Annam et faire une comparaison entre la nation, qui tire le canon au nom de l'humanité et de la civilisation, et l'Angleterre, qui annexe la Birmanie non parce que le roi Thebaw a dépassé Néron en cruauté, mais uniquement parce qu'elle croit que la France pourrait prendre place dans le commerce du royaume d'Ava.

Le 29 juillet 1885, la chambre de commerce de Liverpool s'adresse à son gouvernement. Elle a reçu une pétition de la chambre de Rangoon relativement à la crise commerciale, à ses causes et aux moyens de la conjurer. Elle fait observer à Lord Churchill:

1° Que la séparation du gouvernement de la Birmanie anglaise s'impose.

2° Que les officiers civils de l'Inde viennent simplement faire un stage dans la Basse-Birmanie.

3° Que les cours de justice sont trop surchargées; que la création d'une haute cour est indispensable.

4° Que les voies de communication font défaut, parce que Calcutta absorbe tous les revenus du pays qui s'élèvent annuellement à un million de liv. sterling (pendant les huit dernières années, l'Inde a pris le tiers des revenus de Rangoon).

Cette chambre de commerce réédite le tableau des misères qui affligent le trafic Britannique dans la Basse-Birmanie. *Les intrigues des Français à Mandalay augmenteront les difficultés avec le roi Thebaw.* Elle conclut avec Rangoon à l'autonomie du gouvernement de la Basse-Birmanie.

En résumé le haut commerce de la métropole se contenterait du protectorat, mais le gouvernement Britannique ne veut pas perdre l'avantage des circonstances favorables pour résoudre la solution du problème Birman, car il pourrait y avoir une réaction en France contre les détracteurs du Tonkin. M. J. Ferry, après l'orage, pourrait bien être le sauveur du lendemain, surtout après avoir été l'objet de tant de calomnies.

Le 2 août 1885, le vice-roi fait savoir au secrétaire d'Etat que la prépondérance de la France à Mandalay se traduira par la ruine totale de l'influence Britannique, mais il n'est nullement prouvé que tout ce qu'on dit au sujet de la France et des Français à Mandalay soit exact. *Les preuves font défaut.*

Lord Ripon conclut en faveur d'un résident anglais qui pourrait aplanir les difficultés. Avant tout il y a lieu de prier la France de s'expliquer sur tout ce qui a été dit. Si Ava refuse d'accepter le contrôle d'un résident il faut être prêt à intervenir.

En un mot le protectorat. Rangoon n'a jamais eu la la preuve d'un engagement de la part du roi. L'Angleterre a eu la conviction que Thebaw a beaucoup payé en promesse, qu'il n'a fait signer aucune concession. Et cependant elle a annexé. Il fallait à tout prix mettre à profit l'opportunité du moment. On a exploité cette question des concessions pour légitimer la précipitation de l'action.

Le 4 août 1885, le vice-roi télégraphie au secrétaire d'Etat: « La traduction de certains documents Birmans vient d'arriver; elle émane d'une source digne de foi à Mandalay. Il « existe un document sous forme de lettre du premier ministre en France au ministre des affaires étrangères du roi « Thebaw, datée du 15 janvier 1885, elle est ainsi conçue: « *relativement au passage des armes de guerre, des mu-* « *nitions etc., à travers les provinces du Tonkin à desti-* « *nation de Mandalay, on s'entendra amicalement avec* « *le gouvernement d'Ava à l'effet de faire passer ces* « *attirails de guerre quand la paix et l'ordre seront assu-* « *rés au Tonkin, et quand les officiers qui s'y trouvent,* « *jugeront que le moment est venu d'agir sans danger.* »

L'ambassade n'a été envoyée à Paris que pour obtenir du gouvernement de la République: 1° des garanties contre le prince Men-goon, 2° un traité d'alliance offensif et défensif avec la France, 3° un matériel de guerre complet. On sait ce qui s'est passé. M. J. Ferry, soucieux des droits de l'Angleterre a toujours repoussé les propositions politiques des plénipotentiaires; c'est si vrai qu'il a refusé de faire un nouveau traité de commerce avant que l'ancien qui devait servir de base aux négociations fut revêtu de la signature du roi

Thebaw. S'il était entré dans l'esprit du quai d'Orsay de faire avec la cour d'Ava une alliance politique, il lui eut été facile de s'appuyer sur une lettre importante du premier ministre de cette cour, et que nous devons au patriotisme de M. F. Deloncle.

L'ambassade n'a cessé de solliciter le concours et le patronage politique du gouvernement de la République. Sa sincérité et l'énergique résolution de respecter les droits de l'Angleterre ne sauraient être mises en doute. M. J. Ferry n'a jamais varié. Ses conversations avec Lord Lyons en font foi. Il n'a vu dans ces longues et laborieuses négociations que l'intérêt commercial de la France, la protection des nationaux et des Européens en général à Mandalay, et il n'a pas voulu y voir autre chose. Ses déclarations à ce sujet ne permettent pas d'en douter. Quant à la question des frontières, question d'intérêt général et réciproque, elle n'était pas de nature à effaroucher la loyauté et la bonne foi de l'Angleterre, car M. J. Ferry a préféré aller droit au but pour éviter dans la suite les complications qui pourraient résulter d'un mal-entendu. Il ne voulait pas que l'Angleterre put s'armer de son silence pour faire échec à la France sur le Mékong. Il lui eut été facile de prendre des engagements relatifs aux armes et de protéger le projet de l'Ambassade, décidée à faire passer ces armes et ces munitions par Bangkok. Il n'a pas voulu prêter l'oreille à ces propositions, malgré les promesses séduisantes de la cour de Mandalay; et nous n'en voulons pour preuve que la lettre du 15 janvier 1885, dont parle le vice-roi. Elle ne résoud rien et ne saurait en rien engager la responsabilité du cabinet français. Car l'esprit de ce document démontre que M. J. Ferry a tout remis aux calendes grecques, sans s'engager en quoi que ce soit. Bref, il est tangible pour tous les esprits impartiaux qu'il ne renferme qu'un moyen courtois de se dégager des obcessions irréfléchies et intéressées de l'Ambassade qui voulait à tout prix entraîner la France dans une voie politique. Maintenant n'allons pas aussi loin. L'Angleterre devrait être la dernière à se plaindre, car elle sait aujourd'hui comme elle le savait en 1885 que, malgré les instances de Lord Lyons la France a été digne, correcte, réservée et respectueuse des intérêts et des droits de l'Angleterre. Mais cela ne suffit pas à certains esprits; il eut fallu pour échapper à la critique Britannique tout abandonner sur le Mékong. C'est à ce prix seul que nous pouvions éviter les accusations de Rangoon, de Calcutta, et de tous les grands centres de la métropole.

Si M. J. Ferry n'avait pas en principe, dans l'esprit de Lord Lyons, planté le drapeau de la France sur les deux rives du Mékong, s'il n'avait pas dit que « *l'agent français pourrait être chargé des questions de frontières, de voisinage et de délimitation* », il n'eut certes pas été question de concessions, de prépondérance française, de la ruine du commerce Britannique, de passages d'armes à travers le Tonkin, de route commerciale coupée, d'un Yunan français, d'un fleuve rouge traînant tout le commerce du Laos et des provinces limitrophes de la Chine vers Hanoï. Tout ce *péril français* n'eut jamais existé, et d'un mot on eut calmé les flots déchaînés des passions et des appétits de Rangoon. Mais telle n'était pas l'intention du cabinet de Londres. Il est donc superflu pour ne pas dire puéril de s'occuper de la lettre du 15 janvier 1885, car il est des justifications qu'il faut mépriser sous peine de sortir, diminué, et affaibli de la démonstration de la vérité qui gagne dans certaines circonstances à ne pas être discutée.

Le 7 août 1885, il y eut une conversation à Londres entre M. Waddington et M. Pauncefote relativement aux prétendues concessions qui auraient été données à quelques capitalistes français (chemin de fer, poste, navigation de l'Irrawady et quelques autres branches de revenus) avec le patronage d'un représentant de la France.

M. Pauncefote dit : *Que cette question touche l'Angleterre de très près, et il ajoute que le gouvernement de la reine ne saurait pas plus la sanctionner que le gouvernement français l'eut sanctionné, si elle s'était produite en Tunisie. M. Waddington a répondu qu'il ignore complètement cette question, mais qu'il en entretiendra con-*

fidentiellement M. de Freycinet ; que du reste de pareilles propositions lui ont été faites pendant qu'il était minis-tre, mais qu'il les a repoussées.

Le 7 août 1885, la Haute-Birmanie n'était pas annexée. En conséquence le gouvernement de Rangoon n'exerçait sur Mandalay qu'une autorité morale. Et cependant l'Angleterre compare déjà la Birmanie à la Tunisie. En réalité, Mandalay n'était pas annexé le 7 août 1885, mais le fait était accompli dans l'esprit du gouvernement anglais : car s'il en avait été autrement on n'eut pas comparé la situation de la France à Tunis à celle de l'Angleterre à Mandalay. Aussi a-t-on le droit d'être surpris quand on entend dire deux ans après l'annexion : *la prise de la Birmanie ! mais nous n'y avons jamais pensé, c'est l'action de l'agent français à Mandalay qui nous a forcé la main.* (Paroles de Sir Charles Dilke, Forthnightly Review. mai 1887).

L'ambassadeur du roi Thebaw à Paris a quitté Rangoon, le 9 août 1885. Il était porteur du traité de commerce et d'amitié qui devait être soumis à l'approbation des pouvoirs publics en France.

Le 14 août 1885, le vice-roi télégraphie au secrétaire d'Etat à Londres : « L'ambassadeur Birman a dit au secré-« taire de M. Bernard que la question du chemin de fer a « été discutée à Mandalay. C'est M. de Trévelec qui a fait « la première proposition. Cette ligne serait construite par « une compagnie anglo-française. et deviendrait la propriété « du gouvernement Birman après 99 ans. L'intérêt serait de « 7 et demi p. 100. La compagnie serait indemnisée par le « revenu des douanes de l'Irrawady; mais le gouvernement « de Mandalay ne paraîtrait pas disposé à accepter ces con-« ditions. Il y a lieu de s'informer à Paris. L'ambassadeur « a mission de négocier en France ».

Puisque nous sommes sur ce terrain. nous allons donner le dernier mot de cette question de chemin de fer, et dé-montrer que le ministre des affaires étrangères à Paris a non seulement repoussé toutes les offres de l'ambassade, mais reculé les bornes de la délicatesse et de la loyauté vis à vis du gouvernement de la reine. Si on pouvait lui adresser un reproche ce serait plutôt d'avoir exagéré ses scrupules dans toute cette question Birmane. Elle lui a apparu dès la première heure comme une véritable question anglaise; il l'a traitée avec la dignité, la fermeté et la courtoisie qui conviennent à la France, sans provocations mais sans faiblesse. M. J. Ferry n'a povoqué personne en apprenant à Lord Lyons, que si le gouvernement est fixé sur les intentions de celui de la Reine dans la vallée de l'Irrawady, il n'est pas décidé à sanctionner tout le programme anglais qui ne saurait être exécuté sur le Mékong sans le consentement formel de la France. Dès 1885, bien avant la prise de Mandalay, avant avant l'arrivée de M. Haas, l'Angleterre a été officiellement prévenue par M. J. Ferry que jamais la France approuverait le projet Britannique sur les deux rives du Mékong. Il ne suffit pas de faire flotter le drapeau anglais dans les vallées de la Salouen et de l'Irrawady pour croire que la France puisse jamais autoriser l'établissement de l'Angleterre à Kiang-Tung et à Kiang-Hung.

Revenons à la question des concessions.

Le 14 août 1885, Lord Dufferin, vice-roi des Indes en conseil, rend compte à Lord Rodolphe Churchill, secrétaire d'Etat au département de l'Inde, de sa correspondance avec M. Bernard, chief commissioner à Rangoon, relative aux dernières négociations entre les agents français à Mandalay et le gouvernement du roi Thebaw *(late negotiations between the Burmese Government and the french agents at Mandalay)*. (Liv. bleu. p. 171).

Il résulte de cette correspondance:

1° Que M. Bernard a été de bonne foi en défendant les intérêts anglais sans toutefois épouser l'esprit de la politique de la chambre de commerce de Rangoon qui n'a reculé devant aucun moyen pour atteindre son but.

2° Qu'il s'est formé autour de M. Andrecino agent des compagnies Irrawady-Flotilla et Bombay-Burmah un parti de haine et de délation contre le consul de France qu'on voulait abattre à tout prix, parce qu'il était Français d'abord et parce qu'il s'efforçait de prévenir les causes de conflit que

M. Andrecino provoquait secrètement pour mieux servir les intérêts Britanniques dont il était chargé, et surtout les siens.

3° Que le Chief commissioner lui-même a été obligé de reconnaître que M. F. Haas s'est efforcé de prévenir un conflit entre Ava et Calcutta: qu'il a été désireux de prolonger l'indépendance de la Haute-Birmanie mais non contrairement aux intérêts anglais : qu'il a été placé vis-à-vis des ministres, dont il contrariait les projets intéressés, dans une situation on ne peut plus difficile: qu'il s'est, par devoir, aliéné l'esprit de la cour qui ne vivait que de flatteries: qu'il s'est tenu à l'écart de tout ce qui n'entrait pas directement dans sa mission.

Ces documents ont suffisamment d'intérêt pour que nous les placions sous les yeux du lecteur, en les accompagnant de certaines réfutations imposées par la morale historique et la dignité dont doit être revêtu un représentant de la France quelle que soit l'importance de son poste.

Enclosure 1 du N° 109.
M. Bernard Esq. C. J. C., à M. Durand Esq.
„ Rangoon, Juillet 1885.

„ Je suis chargé de vous faire parvenir la traduction de deux
„ documents que vient de recevoir le Chief Commissioner. Ils con-
„ cernent certaines prétendues négociations entre le gouvernement
„ Birman et l'agent français à Mandalay. Ces deux documents sem-
„ blent contenir en substance deux arrangements entre les deux gou-
„ vernements. Le premier a rapport à la construction d'une ligne
„ de chemin de fer entre Mandalay et la frontière de Tongoo. Les
„ dépenses seraient à la charge du gouvernement français et de la
„ compagnie formée à cet effet. Le capital est de 2,500,000 liv.
„ sterling. La ligne sera construite dans l'espace de 7 ans; la con-
„ cession est de 70 ans, après ce laps de temps le gouvernement
„ Birman serait propriétaire du chemin de fer. L'intérêt est fixé à
„ 7 ½ p. %. Il sera garanti par les droits de douane et les mines
„ de pétrole. Le second document a rapport à la fondation d'une
„ banque par le gouvernement français et une compagnie. Elle
„ pourra prêter au roi à 12 p. % par an et faire d'autres avances
„ à 18 p. %. La banque émettra du papier-monnaie, elle aura l'ex-
„ ploitation des mines de rubis et le monopole du thé, elle sera
„ administrée par un syndicat d'employés français et birmans. "

S'il faut s'en rapporter aux documents, cet arrangement est encore à l'état de proposition ; mais on dit que ces deux conventions ont été conclues et signées à Mandalay et que le Phangyet-Woonduk est sur le point de les emporter avec lui pour les compléter à Paris. Le chief commissioner n'est pas assez bien informé pour se prononcer, mais il croit que ces renseignements lui ont été donnés « bona fide » et que ces arrangements sont discutés en ce moment.

Ces projets, s'ils étaient définitivement ratifiés et exécutés, placeraient sous le contrôle de la France ou d'un syndicat français représentant le gouvernement français :

A. Les principales sources des revenus de la Birmanie supérieure.

B. Le commerce de l'Irrawady.

C. L'unique chemin de fer dans la Birmanie supérieure.

D. L'unique route ouverte au trafic entre les ports Anglais et le Yunan.

Si ces projets étaient mis en pratique, il en serait fait de l'influence anglaise; la France serait toute puissante et accaparerait tout le commerce de la vallée de l'Irrawady.

Le Chief Commissioner croit que ces conséquences seraient désastreuses pour la Basse-Birmanie, il y voit les germes d'un conflit probable sur les frontières d'Ava entre les agents français et les agents Britanniques, conflit qui un jour pourrait devenir sérieux. Si la France était établie à Ava, elle tenterait, de concert avec d'autres nations Européennes de neutraliser le royaume et de faire de l'Irrawady un fleuve ouvert à tous les pavillons de la terre, comme le Danube.

On peut prendre des mesures pour faire échouer ces projets, soit à Paris, soit à Rangoon. Le Chief Commissioner n'a pas indiqué ce qu'il y a lieu de faire à Paris, mais il estime que c'est là qu'il faut agir pour faire avorter ces projets.

M. Bernard conseille d'envoyer au roi Thebaw une lettre catégorique qui déclarerait que le vice-roi considère comme une rupture des traités et un véritable acte d'hostilité tout ce qui serait de nature à favoriser une autre nation Européenne au détriment de l'Angleterre. Mais il estime qu'il y aurait danger à lancer cette mise en demeure si en cas de refus le gouvernement n'était pas prêt à agir.

Le Chief Commissioner fait observer qu'il s.occupe des questions birmanes depuis cinq ans. Il a toujours été opposé à l'annexion :

1° Parce que l'Angleterre n'a pas de motifs sérieux.

2° Parce qu'il faut compter avec l'impression que produirait cet événement sur l'esprit des princes indépendants de l'Inde qui pourraient s'en émouvoir.

3° Parce qu'il n'est pas prouvé que la population de la Haute-Birmanie désire l'annexion.

4° Parce qu'il est permis d'espérer que nos relations avec Ava s'amélioreront naturellement.

Mais M. Bernard a compris et a dit « que dans le cas « où le gouvernemant d'Ava déclinerait l'assurance demandée « dans la lettre dont on vient de parler, ou s'il se retranchait « avec sa persistance habituelle derrière les faux-fuyants qui « se traduisent toujours par un refus, qu'alors, mais « qu'alors seulement il estime qu'il y a lieu d'annexer le « royaume d'Ava pour assurer la tranquillité et la paix dans « la Basse-Birmanie et pour conjurer dans l'avenir les con- « flits entre la France et l'Angleterre. Si on remplaçait Thebaw « par un autre roi, la France ne s'efforcerait pas moins de « faire renaître son influence à Ava. Elle a le prince Men- « goon à Pondichéry, un prétendant qui trouverait un grand « parti en Birmanie s'il pouvait y pénétrer.

« Si le gouvernement de l'Inde est d'avis qu'il importe « d'envoyer la lettre en question, il faut faire les préparatifs « militaires nécessaires en vue d'une action. Il y aurait alors « lieu de masser des troupes à Thayet-myo à la frontière. « L'opération n'exige pas un grand effort, mais il y aura « lieu, après les événements, de maintenir l'armée sur les lieux « et cela pendant quelque temps.

« C'est là le point principal qu'il faut ne pas perdre de « vue, s'il y a lieu de procéder à l'annexion. La Chine « pourrait aussi revendiquer la suzeraineté ou quasi-suzerai- « neté sur le royaume d'Ava. Il y a longtemps qu'elle « s'en est désintéressée. *China has not exerciced any*

« *such power for many years.* Occasionnellement, à
« des intervalles de quelques années, le roi d'Ava avait l'ha-
« bitude d'envoyer des ambassadeurs à Pékin chargés d'offrir
« des présents à l'empereur. Lors de la mort ou de l'avéne-
« ment au trône d'un souverain, Ava et Pékin avaient l'ha-
« bitude d'échanger des rapports de haute courtoisie. Jus-
« qu'en 1767 la Chine envahissait périodiquement la Birma-
« nie. Depuis cette époque les deux peuples ont vécu dans
« des termes plus ou moins amicaux. »

Il résulte de ce document comme de tous les autres, relatifs à la question de l'influence française et des prétendus
avantages accordés à la France : 1° la certitude de l'intention
Britannique relativement à la prétention de priver le roi
Thebaw de sa liberté d'action. de le réduire au point de vue
politique à l'état d'un vassal du gouverneur de Rangoon, qui
aura le droit de contrôler tous ses actes et de s'opposer à ce
qui ne lui paraît pas conforme aux intérêts anglais. 2° L'intention bien arrêtée de fermer la Haute-Birmanie à n'importe
quelle influence Européenne. 3° Le désir de mettre le gouvernement Français en demeure de s'expliquer.

M. Bernard . Chief Commissioner à Rangoon reste
indécis relativement à la véracité des renseignements four-
nis par sa police à Mandalay. Il est dans le doute en ce
qui concerne ces fameux contrats qui doivent placer la
Birmanie sous la dépendance indirecte de la France et de
ses capitaux, cela ne peut s'expliquer qu'à la condition d'admettre de la part du gouvernement de Londres l'intention
arrêtée de laisser Rangoon dans l'incertitude relativement à
la prétendue action du consul de France et aux succès des
capitalistes français auprès de l'ambassade à Paris d'abord,
et en second lieu auprès de Thebaw lui-même.

Le 16 janvier 1885 (liv. bleu, page 123). M. J. Ferry avait
donné les assurances les plus formelles à Lord Lyons. Il
avait dès cette époque mis l'ambassadeur de la Reine à même
de rassurer son gouvernement à Londres. Il n'avait pas voulu
laisser subsister le moindre doute à l'endroit des intentions
de la France, et il avait reculé les bornes de la courtoisie
et de la sincérité en déclinant toute ambition politique et

tout patronage officiel sous lequel les ambassadeurs eussent été heureux d'enrôler les capitalistes. M. J. Ferry est même allé au-devant des craintes et des préoccupations de Lord Lyons, car les capitalistes ne comptaient que sur le patronage officieux ou officiel du gouvernement de la République; ils n'eussent jamais engagé un centime en Birmanie sans se retrancher derrière une autorité officielle quelconque. Et les ambassadeurs, plus incrédules et plus méfiants que leur gouvernement même, n'eussent jamais tenté de créer une affaire de banque ou de chemin de fer sans être assurés de pouvoir présenter à leur roi une société revêtue de toute l'autorité officielle que donne l'assentiment officieux et la protection occulte du gouvernement. Comment se fait-il alors qu'au mois de juillet le Chief Commissioner s'émeuve des rapports de ses agents secrets de Mandalay? Comment se fait-il alors qu'il ajoute foi à toutes ces prétendues concessions? Qu'il puisse croire que le gouvernement français ait réellement consenti à se faire le tuteur naturel de tous ces spéculateurs? Bref, que tout soit perdu, parce que derrière les syndicats financiers se cacherait la France? En vérité, il faut admettre que le gouvernement de Londres a été bien léger ou bien habile, car il est hors de doute que M. Bernard, le 28 juillet 1885, n'eut pas écrit la lettre qui émane de son secrétariat, s'il avait été bien renseigné par son gouvernement sur les véritables intentions du cabinet de Paris. Il n'eut pas proposé l'annexion comme dernière planche de salut, s'il avait connu les paroles de M. J. Ferry qui, en janvier 1885, disait à Lord Lyons à peu près ceci: « Rassurez votre « gouvernement, ce n'est pas de notre côté que viendront « les difficultés. Il m'eut été facile de me jeter dans les bras « de la Birmanie et de profiter de sa situation embarrassée « à tous les points de vue. Mon gouvernement n'a pas cru « devoir sortir des limites strictes d'un traité de commerce. « Quant à l'agent de la France, il est nullement chargé de « combattre les intérêts britanniques, sa mission n'a aucun « caractère hostile. Il se trouve placé dans la même situation « que tous les autres agents de son grade, chargé des inté- « rêts généraux de ses nationaux. Sa présence à Mandalay

« ne saurait porter ombrage à la politique et aux intérêts
« Britanniques. »

Ce langage eut permis au gouvernement de dissiper toutes
les inquiétudes de Rangoon. et de mettre à l'abri de tous les
soupçons M. Bernard qui savait mieux que personne que les
ministres du roi Thebaw tenaient en tutelle l'ignorant et
juvénil monarque; que selon la coutume on promettait beaucoup aux naïfs Français, et que le patronage officiel seul
pourrait engager la cour de Mandalay à traiter. Et c'est précisément ce patronage, dont parle M. Bernard, qui a été refusé systématiquement par M. J. Ferry. Nous somme» lonc
autorisés à dire que le silence politique du cabinet oe Londres à l'endroit de ce point capital a été à la lois léger et
habile. Léger en ce sens qu'on a exposé Calcutta et Rangoon à toutes les péripéties d'une campagne anti-française;
qu'on a placé le Chief Commissioner lui-même dans une
situation fort embarrassante. Habile, en ce sens qu'on a voulu
préparer le terrain. En effet, on avait intérêt à laisser Rangoon dans l'ignorance, du moment qu'on avait l'intention
d'agir contre Mandalay. L'agitation de la chambre de commerce qu'il eut été si facile de calmer: les craintes de M.
Bernard, tout cela devait servir de point d'appui. Aussi l'Angleterre n'a-t-elle pas manqué à Londres et à Paris surtout
de se faire une arme nouvelle des rapports de M. Bernard.
On avait beau jeu. M. J. Ferry n'était plus là. Ce n'est pas
à lui qu'on eut reproché de favoriser secrètement les intérêts
français au détriment des intérêts britanniques. Ce n'est pas
à lui qu'on eut parlé de patronage officieux ou officiel. Lord
Lyons n'eut pas été assez mal avisé pour mettre en doute
la sincérité du langage d'un président du conseil dont il n'a
eu qu'à se louer. Il lui eut été impossible de paraître aux
yeux du chef du gouvernement français manquer de mémoire
ou de confiance. Bref, les choses n'eussent pas pu être con-
duites par l'ambassadeur de la Reine avec autant d'habileté,
car les circonstances ne s'y seraient pas prêté. Le cabinet
de Paris était paralysé.

C'est à la suite des rapports de M. Bernard que l'ambassadeur britannique engagea une nouvelle action contre le gou-

vernement français. M. J. Ferry, en quittant le pouvoir avait emporté avec lui la substance de ses conférences avec Lord Lyons dont il n'était pas resté trace. On voulait avoir l'air aux yeux de son successeur de paraître menacé d'une véritable catastrophe dans la Haute-Birmanie. On voulait pouvoir se servir des rapports de M. Bernard, et faire de l'agitation de la chambre de commerce de Rangoon une solide plate-forme de protestation et d'action contre Ava. Tant il est vrai qu'on avait peur de froisser ou de mécontenter la France, qui eut été en situation de tirer un parti rationnel de la prise de la Birmanie, en fixant les limites de la sphère de l'action indo-anglaise.

L'ambassadeur de la Reine s'empresse d'agir sur le gouvernement français dans une disposition d'esprit qui trahissait à peu près cette pensée : « Si nous prenons la Birmanie, « n'en soyez pas étonnés; nous avons l'intention d'éviter l'em- « ploi de la force. mais si nous sommes conduits par vos « agissements à faire acte de légitime défense contre le gou- « vernement d'Ava, mal inspiré par vos agents et vos capi- « talistes, n'en soyez pas surpris, c'est vous seuls qui en « porterez la responsabilité. »

Le gouvernement Français n'eut pas de peine à faire justice de toutes ces allégations, de toutes ces insinuations et de toutes ces questions, dont la plupart ne supportaient même pas la discussion: mais l'effet désiré était produit. L'Angleterre voulait pouvoir à son heure se retrancher derrière les prétendus dangers, dont elle se disait menacée par la spéculation française, soi-disant cachée dans les plis d'un voile plus ou moins officieux, conformément aux rapports du Chief Commissioner de Rangoon. Elle voulait pouvoir se réserver les motifs d'une action, tout en sauvant les apparences, et paraître en un mot contrainte, malgré elle, à tirer l'épée contre ce fantôme royal qu'elle a ménagé outre mesure et d'une façon ridicule en boudant et en faisant de la sensibilité, alors qu'au nom de la civilisation et de la situation géographique dans la vallée de l'Irrawady elle n'avait qu'à faire réellement acte d'autorité pour dicter ses volontés, et empêcher M. Shaw de mourir de chagrin et M. Sainte-Barbe de partir dans de mauvaises conditions, sans dignité et sans prestige.

N'oublions pas que nous sommes en pleine période d'intimidation, voici pourquoi on ne tient plus compte des assurances de M. J. Ferry. Du reste il faut mettre à profit les circonstances. Le cabinet de Paris sera surpris et effrayé quand nous lui dirons combien les agents français, encouragés par leur gouvernement, ont abusé de la situation, combien sont profonds les préjudices causés aux intérêts et à l'influence britannique à Mandalay, et combien la France sort de son rôle et de son droit en se substituant totalement à l'Angleterre dans la vallée de l'Irrawady. C'est ainsi qu'a dû penser et agir l'ambassade Britannique à Paris. Et nous ne voulons pour preuve de son action sur le cabinet français dans cet ordre d'idées que la dépêche adressée par le ministre des affaires étrangères à Paris au consul de France à Mandalay: *Un échange de vues relativement à de prétendues concessions de chemin de fer à des Français a eu lieu entre les cabinets de Paris et de Londres. Cette situation vous impose la plus grande réserve.*

La plus grande réserve! Oui. Le gouvernement de la République, fidèle à la politique et aux traditions de M. J. Ferry, avait raison de recommander à son agent auprès de la cour d'Ava *la plus grande réserve*, mais il ne l'a fait que par acquit de conscience, car il lui était démontré que ces recommandations étaient inutiles:

1° Parce que l'agent français a été tenu à l'écart, comme tous les agents anglais. Le palais a toujours été fermé par les ministres qui, jaloux de leur autorité, ne voulaient pas paraître subir une influence européenne quelconque, et suivre les conseils sages et désintéressés de ce premier représentant de la France, qui s'efforçait à tout prix de sauver l'indépendance de la Birmanie, dont l'Angleterre était sur le point de couper le dernier fil.

2° Parce qu'il savait que l'agent français ignorait même l'existence de ces projets de traité que les ambassadeurs, toujours en quête d'argent, avaient promenés dans tous les cercles d'affaires de Paris, en faisant miroiter le patronage officiel pour mieux séduire les financiers sceptiques et peu disposés à traiter avec un monarque tel que Thebaw, qui n'inspirait à personne une entière confiance. Aventurer des capitaux dans un pays où sur un simple soupçon, on fait disparaître un homme pour toujours, n'était pas précisément du goût des Français. Voici pourquoi on a tant joué du patronage officiel. On voulait éblouir.

D'un autre côté, il nous est permis d'affirmer que si M. Bernard est de bonne foi dans sa lettre du 28 juillet 1885, relativement à la prétendue participation du gouvernement français, on n'a pas trouvé les documents authentiques sérieux de nature à convaincre le gouvernement de la Reine de la véracité du fait, qui aux yeux de L. Lyons n'a jamais été qu'une manœuvre. L'ambassadeur de la Reine à Paris savait que le gouvernement de la République ne voulait et ne pouvait pas se faire agent d'affaires en Birmanie, et moins encore prendre sous son patronage direct ou indirect des capitalistes hardis désireux de faire à Mandalay des banques et des chemins de fer, etc. etc.

A partir de ce moment la politique Britannique va changer de moyens, sans toutefois les emprunter à un autre ordre d'idées. Les choses vont prendre une tournure plus nette et, plus précise, et le système d'*intimidation* va être pratiqué en réalité et d'une façon suivie. On ne se bornera plus à déposer des notes entre les mains du ministre; on a épuisé les côtés philosophiques de la question. La situation géographique de la Haute-Birmanie vis-à-vis de la Basse-Birmanie, la sphère de l'action Indo-Anglaise qui s'étend sur le royaume d'Ava. les intérêts moraux et matériels de Mandalay, solidaires de ceux de Rangoon etc., tout cela avait sa raison d'être, car M. J. Ferry avait toujours l'œil fixé sur la sphère d'action de la France à l'est, et qui répondait imperturbablement: «La Haute-Birmanie. oui, mais *les rives du Mékong?*» Du reste, M. J. Ferry n'était plus au pouvoir, et l'opinion publique était égarée. Le ministère Brisson voulait bien ne rien sacrifier dans l'Indo-Chine; il était animé des meilleures intentions, mais pouvait-il se préoccuper de la Haute-Birmanie? avait-il la force de remorquer l'opinion publique entraînée par le courant des agitations anti-coloniales? Tout cela favorisait le jeu du gouvernement de Londres, et lui facilitait sa politique d'intimidation basée sur la connaissance de l'état des esprits en France. On promenait la carricature du » Tonkinois » à l'effet de battre en brèche les amis et les partisans de la politique de M. J. Ferry. Tout cela certes n'était pas fait pour détourner l'Angleterre de son but et lui faire perdre un seul des moyens que la France lui préparait en vue de la réalisation de son œuvre Indo-Chinoise. Avec l'annexion de la Haute-Birmanie, cela ne sera plus à ses yeux qu'une question de temps et d'opportunité, puisque le Siam et le Haut-Laos suivront cette loi des priorités, qui veut qu'un grand peuple maritime fasse son évolution économique, quand il a été conduit pour une cause juste, à faire œuvre de souveraineté en Asie ou en Afrique, au milieu des populations opprimées dont il devient fatalement l'éducateur et le libérateur. Il n'y a pas d'exemple dans l'histoire qu'une nation européenne se soit jamais arrêtée quand elle a planté son drapeau en Asie. Elle peut disparaître de la scène, comme Dupleix dans l'Inde, mais s'arrêter, jamais; c'est contraire à toutes les lois morales et physiologiques des races qui, malgré toutes les protestations des philosophes, amènent une absorption fatale des races inférieures par les races supérieures. Quant à ceux qui prêchent l'équilibre du niveau moral et intellectuel des races, nous les envoyons à toutes les latitudes où ils se convaincront, sans peine, que l'égalité philosophique et sociale des hommes n'a rien à faire dans la question de leurs aptitudes physiques et morales.

Revenons à la question des prétendus contrats.

La lettre du 28 juillet, nous présente M. Bernard sous un jour nouveau, en ce sens qu'il épouse pour la première fois et avec énergie et décision les idées d'annexion qu'il a toujours plus ou moins combattues. Elle est accompagnée de quatre documents différents: A. N° 1, B. N° 2, C. N° 3, D. N° 4 (p. 174 et 175, 1885). Nous allons les placer sous les yeux du lecteur pour être autorisé à en apprécier l'esprit.

A. N° 1. Termes d'un contrat éntre les Français et le

gouvernement Birman, en vertu duquel les premiers proposent et le second autorise la construction d'un chemin de fer en Birmanie aux frais des Français.

Voici les termes du projet :

« On désire faire une avance de fonds à l'effet de construire « un chemin de fer de Mandalay jusqu'à la frontière du royaume « d'Ava par Toungon. La compagnie qui versera les fonds et « construira la ligne avancera 2.500,000 liv. sterling en quatre « parts. La ligne sera construite dans 7 années; pendant 70 « ans le roi d'Ava aura le droit de s'en servir gratuite- « ment. Le gouvernement Français et les membres de la com- « pagnie partageront le fruit de l'exploitation. Le gouverne- « ment Birman, eu égard aux dépenses nécessitées par cette « construction, donnera le produit des douanes de Yattanabon « et les sources de pétrole, en garantie de l'intérêt des som- « mes engagées. S'il y avait excédant, il profitera à Ava, « dans le cas contraire le roi fera la différence. Après la pé- « riode de 70 ans le gouvernement Français et la compagnie « n'auront plus rien à revendiquer, et la ligne sera la pro- « priété du roi. Tels sont les termes du contrat. »

B. N° 2. Termes du contrat entre le gouvernement Français et les membres de la Compagnie d'une part, et le gouvernement d'Ava d'autre part, à l'effet de fonder en Birmanie une Banque proposée par les premiers et acceptée par le second.

Voici les termes de la proposition, ayant pour but la fondation d'une banque :

« Le gouvernement Français et les membres d'une société « désirent fonder une banque à Mandalay. Capital 25,000,000 « de roupies, intérêts 1 p. % dont la moitié en espèces. L'ar- « gent prêté au roi pour les dépenses ou travaux royaux por- « tera 1 p. %. Dans le cas où l'accord s'établirait entre les « deux parties contractantes *les mines de rubis* et les revenus « du thé seront compris dans le contrat, et considérés et ad- « ministrés comme des monopoles. — L'administration de la « banque sera confiée à des employés Français et Birmans. « Les profits seront partagés par moitié. L'intérêt sera pré- « levé sur la première moitié, soit 12,500,000 roupies. »

La lecture de ces documents nous conduit à dire : De deux choses l'une : ou les agents de M. Bernard à Mandalay ont faussé la vérité en inventant ces documents ou en les amplifiant. Ils ont voulu faire du zèle pour prouver quand même l'existence du *péril français*. Ou bien M. Bernard a mal jugé, et pris au sérieux des pièces qui n'étaient revêtues d'aucun caractère officiel et qui ne pouvaient être que l'écho de la police Britannique à Mandalay plus royaliste que le roi, ou l'émanation isolée et sans importance de quelques imposteurs qui auraient poussé l'audace jusqu'à parler de la participation du gouvernement de la République. Dans le premier cas la falsification des pièces aurait dû frapper le Chief Commissioner assez prudent pour ne pas se passer des documents et signatures officielles, avant de former son jugement. Dans le second cas, M. Bernard aurait fait preuve de naïveté, car sa bonne foi et sa loyauté sont à l'abri de tout soupçon. Il est permis de regretter dans sa lettre du 28 juillet une lacune relative à ses doutes. Il eut été si logique et si naturel de dire : « Il est impossible que « ces documents aient un caractère d'authenticité et de « vérité, car il n'est pas permis d'admettre un instant que « le gouvernement français puisse pousser la légèreté et « la complicité jusqu'à ce point. En conséquence, je me « crois autorisé à refuser à ces documents toute espèce d'in-« térêt; car il est prouvé que la question des concessions est « toujours à l'ordre du jour, mais qu'elle n'est entretenue « que pour tirer de la naïveté des spéculateurs francais le « plus d'argent possible. »

Loin de là, M. Bernard avec une foi aveugle dénonce lui-même maintenant ce *péril français* auquel il ne croyait pas. Il veut bien avouer qu'il n'est pas suffisamment renseigné « *the chief commissionner's information is not yet sufficient to enable to speak positively on the question* ». Néanmoins il incline en faveur de la véracité des documents; non parce qu'ils sont revêtus de signatures de nature à fortifier son opinion; non parce que l'ensemble des circonstances prouve que le roi aurait paru céder aux offres de quelques Français; non parce qu'il serait question de traces officielles. Nullement ; mais uniquement parce que la source d'où émanent ces renseignements, lui paraît digne de foi, « *bona fide* », et parce qu'il est dit à Mandalay que ces projets de contrat sont en discussion. N'insistons pas sur l'appréciation pessimiste de M. Bernard, mais disons en passant, et cela dans l'intérêt de la vérité et de la morale historique, ce qui se passait à Ava. Le Keen-Woon-Menghy, ministre des affaires étrangères, partisan plus ou moins convaincu de la civilisation occidentale, malgré sa réputation justifiée d'ami et de protecteur des Européens, a toujours joué un rôle douteux. Il porte, grâce à son incroyable faiblesse, une grande partie de la responsabilité des massacres. Ancien prêtre boudhiste, homme de foi et de charité, il n'a jamais, au nom de la religion, tenté d'éviter les scandales qui ont déshonoré le règne de son maître. Il protégeait les Européens et surtout les Français, mais il avait donné toute sa confiance à un secrétaire birman: Aumier. Ce dernier, connaissant l'anglais et le français, avait certaines attaches britanniques. Il avait accompagné le Keen-Woon-Menghy deux fois à Paris et à Londres. Aumier était chargé de la traduction de toutes les pièces françaises et anglaises. Il avait entre ses mains toutes les notes du consul de France au Keen-Woon-Menghy, relatives aux dangers que l'extravagance de la cour, la mauvaise administration, le brigandage et le pillage des campagnes, bref, le désordre moral et financier du palais faisaient courir à l'indépendance menacée de la Haute-Birmanie, exposée à une attaque fatale de Calcutta contre Ava. Aumier a été acheté par M. Andereino, agent consulaire d'Italie et représentant à Mandalay de deux riches et importantes sociétés : « Irrawady-Flotilla » et « Bombay Burmah trading C°. (Le lecteur a compris qu'il s'agit de sociétés anglaises). M. Andereino, dont les sentiments anti-français se sont surtout accentués lors de l'arrivée de M. Haas en Birmanie, a compris l'importance des services qu'Aumier pourrait lui rendre. On ne saura jamais ce qu'a été ce marché. Mais ce qui est certain, c'est que le Keen-Woon-Menghy a joué un rôle de naïf ou de traître. Nous préférons nous arrêter à la première hypothèse. En effet les deux compagnies anglaises « Irrawady Flotilla » et « Bombay Burmah trading C° » étaient au courant de tous les secrets du palais. Les intérêts britanniques étaient représentés par M. Andereino qui ne marchandait pas le prix des confidences qu'Aumier avait intérêt à lui vendre. Le gouvernement de Rangoon avait là une police toute trouvée. Mais il est certain que M. Andereino était irrité de ne pas avoir les concessions des mines de rubis, chemin de fer, etc., éternellement promises au plus offrant et dernier enchérisseur, mais toujours refusées au dernier moment. Il est certain que ces malheureuses concessions, dont les résultats imaginaires ont troublé le cerveau de notre diplomate marchand, n'ont pas peu contribué à la fabrication des pièces dont M. Bernard, dans sa lettre du 28 juillet, analyse les dangers. Guidé par Aumier, le consul d'Italie n'a pas été embarrassé de faire passer dans l'esprit des directeurs de ses deux compagnies le sentiment et la conviction du « péril français ». La source véritable dont parle M. Bernard « bona fide », il ne faut pas être bien perspicace pour la découvrir.

Nous ne pouvons et ne voulons pas insister sur ce côté d'une question dont l'intérêt ne touche que ceux qui se préoccupent réellement de la moralité de notre histoire asiatique. Quant à ceux qui ont dans leur patriotisme quelque chose d'exubérant, qui les porte à ne pas se contenter de la philosophie et de la connaissance de ce qui se passe chez nous, sans tambour ni trompettes, et qui veulent savoir, si, oui ou non, nos rivaux dans l'Indo-Chine sont autorisés à nous traiter de peuple léger, quand ils ne nous prêtent pas d'autres défauts ou d'autres vices ; à ceux-là nous disons avec fierté et joie : Rassurez-vous, nous ne sommes ni les *agitateurs* ni les *tripoteurs*, dont parle M. Norman dans son livre « la France au Tonkin ». A Mandalay comme ailleurs, nous sommes sortis blancs, je ne dirai pas de la lutte, car en réalité il n'y a pas eu lutte. mais du cadre de l'action ; nous pouvons coucher fiers du passé et confiants dans le lendemain sur le champ de bataille de notre vieille réputation de bravoure et d'honnêteté.

Nous voilà au C. N° 3.

(N° 109). Mandalay, 19 juillet 1885.

« Conformément à ce que j'ai annoncé, le consul de
« France et les ministres ont eu différentes réunions privées.
« Il est très difficile de savoir ce qui a été dit. L'entretien
« a été secret et l'un des ministres a servi d'interprète à M.
« Haas. Je me suis néanmoins efforcé de connaître le résumé
« de cette conférence. Je vous transmets deux copies du rap-
« port qui m'est parvenu, elles sont correctes et renferment
« tout ce qui a été traité. Vous saurez ainsi tout ce qui est à
« ma connaissance. Les contrats sont signés à Mandalay. —
« Thangyet-Woondook, sur le point de se rendre à Paris,
« les emportera et les fera signer par les parties intéressées. »

Un mot seulement : Qui trompe-t-on ici ? Nous affirmons
qu'il était impossible au Chief Commissioner d'ignorer que
les fameux contrats ou projets de contrats n'ont jamais été
signés ni discutés au Palais. Thangyet-Woondook a été en
effet chargé d'aller porter à Paris le traité de commerce revêtu du sceau royal, à l'effet d'obtenir la ratification de l'instrument par les pouvoirs publics. Mais M. Bernard ne pouvait pas confondre le traité de commerce avec les projets de
contrat de banque et de chemin de fer. Il pouvait moins encore
ignorer le côté fantaisiste et ridicule de ces projets de traité.
Le gouvernement français se ferait donc l'associé d'une compagnie financière, on exploiterait compte à demi la Banque
et le chemin de fer Birman ? Le gouvernement de la République, devenu pour la circonstance société financière, irait
à Mandalay fonder des œuvres en participation, sans prévenir de ses intentions l'Angleterre, moralement maîtresse de
la Haute-Birmanie ? Il faut avouer qu'il est difficile d'admettre que le gouvernement de Rangoon ait pu avoir une
si pauvre opinion de la loyauté et du bon sens du cabinet
de Paris.

D. N° 4. Résumé de la conversation du consul de France
avec les ministres. Vous pouvez en faire l'usage qu'il
convient.

« Comme je viens de vous le dire, on a fait courir le
« bruit que le roi a l'intention de provoquer un conflit au-

« glais-birman dans la Basse-Birmanie, l'Angleterre se trou-
« vant embarrassée ailleurs. Ce bruit circule, mais il est
« fondé. Le Tangyet-Woon-Dook a dit à M. Haas que telle
« est en effet l'intention de sa Majesté. On dit que le consul
« de France a fait observer aux ministres tout ce qu'il y a
« d'impolitique et de dangereux à nourrir un pareil projet,
« avant de se fortifier par de solides traités avec les nations
« européennes.

« M. Haas a répété que Lord Granville, répondant à
« une demande de M. J. Ferry, relative à la Birmanie, s'est
« exprimé en ces termes : « Veuillez ne pas perdre de vue
« que l'Angleterre considère la Birmanie comme *le centre de*
« *ses opérations dans l'Indo-Chine,* et ne pas vous méprendre
« sur les motifs qui ont déterminé cette puissance à ne pas agir
« pour le moment en Birmanie. » M. Haas a dit qu'il a vu
« cette lettre de Lord Granville cinq mois avant son arrivée
« à Mandalay, et qu'il a prévenu le gouvernement Birman
« des intentions du cabinet de Londres.

« On dit qu'il a démontré au gouvernement d'Ava l'intérêt
« qui pourrait résulter de ses traités avec la France, l'Alle-
« magne et l'Italie, et qu'il l'a engagé à demander avec l'appui
« de ces puissances la neutralité de la Birmanie qui pour-
« rait être obtenue dans l'espace de cinq mois.

« Thangyet-Woon-Dook partira aussitôt pour se rendre
« en Italie, en France et en Allemagne, à l'effet de pour-
« suivre ce projet. Certes, si ces puissantes nations décla-
« raient la *neutralité de la Birmanie,* l'Angleterre isolée
« ne pourrait plus agir.

« M. Haas insiste beaucoup auprès des ministres à ce
« sujet, et les engage à tirer parti de l'apathie de l'Angle-
« terre. »

D'abord relevons une contradiction : M. Haas dit aux
ministres : « Vous êtes menacés par l'Angleterre ; la Bir-
« manie, par sa situation géographique, est destinée à tom-
« ber dans la sphère de l'action anglaise ; n'oubliez pas que
« le royaume d'Ava est considéré à Calcutta et à Londres
« comme *le centre de l'action indo-anglaise dans l'Indo-*
« *Chine.* » Et un peu plus tard il aurait dit à ces mêmes

ministres : « L'Angleterre; vous n'en avez aujourd'hui rien
« à redouter; elle est plongée dans une profonde apa-
« thie en ce qui concerne le royaume d'Ava, qui ne la pré-
« occupe pas pour le moment. »

La contradiction est trop évidente pour qu'il soit besoin
d'insister davantage sur ce point. Quant à la neutralité de
la Haute-Birmanie il importe d'en parler pour bien permettre au lecteur de juger, si en réalité il y avait là un danger
immédiat et profond pour les intérêts britanniques dans
l'Indo-Chine. Voici ce qui s'est passé :

Le Keen-Woon-Menghy, président du conseil et ministre
das affaires étrangères, prie le consul de France de vouloir
bien se rendre chez lui, à l'effet de conférer relativement au
départ de l'ambassadeur de sa Majesté pour l'Europe, et principalement au traité de commerce franco-birman revêtu enfin
du sceau royal.

Le résident Français se rend à la demeure du premier
ministre, se déchausse à la porte, traverse la cour et pénètre
dans l'appartement du Keen-Woon-Menghy, auprès duquel il
avait été accrédité par le gouvernement de la République.

Le ministre des affaires étrangères avait fait faire la toi-
lette de son cabinet de travail : des tapis, des chaises et une
table. On voulait recevoir le résident Français à l'européenne,
pour atténuer l'effet de l'étiquette des chaussures. Car devant
le roi et chez eux, ni chaises, ni table ; les ministres sont
assis par terre et écrivent sur leurs genoux.

Le Keen-Woon-Menghy avait auprès de lui le ministre
des finances et le ministre de la justice qui, grâce à sa connaissance parfaite de la langue française, servait d'interprète.

Après avoir parlé du traité de commerce et de son application, le Keen-Woon-Menghy questionne le résident français : 1° Sur la constitution de la France, dont il ne pouvait concevoir l'esprit, ni apprécier la forme, 2° sur les ressources de la France, 3° sur sa situation et ses véritables
intentions au Tonkin, 4° sur les motifs qui ont porté le gouvernement de Paris à négliger le projet de traité de M. F.
Deloncle, 5° sur l'assistance morale ou effective que la Birmanie pourrait attendre du gouvernement de la République.

Le résident français n'eut pas de peine à répondre:

1° Il met à profit sa connaissance des notions et des idées des peuples de l'Asie et de l'extrême Orient, relativement au principe d'autorité absolue. Il réussit à donner au Keen-Woon-Menghy et à ses collaborateurs une définition du gouvernement démocratique en rapport avec leur éducation civile et religieuse.

2° Il rend tangible, à l'aide de chiffres, les ressources agricoles et les richesses industrielles de sa Patrie.

3° Il résume les droits séculaires de la France dans l'Indo-Chine, les motifs de son intervention et les conséquences morales de l'organisation d'un protectorat, et de l'annexion du Tonkin. Il relève son pays aux yeux de ces ministres asiatiques, en leur apprenant les causes élevées des opérations de la France à Hué, et la générosité de sa politique Indo-Chinoise. Il compare les résultats obtenus à Saïgon à ceux atteints à Rangoon, et fait connaître et apprécier la politique d'assimilation. Il démontre que la France ne saurait être ni un encouragement à la résistance sur les frontières anglaises à Thayet-Myo, ni un indice de nature à effrayer la cour de Mandalay.

4° Quant au projet de traité de M. F. Deloncle ¹) ayant pour but une alliance plus intime entre la France et la Birmanie, il n'eut pas de peine à rassurer les ministres de sa Majesté sur les intentions et les motifs qui ont dicté au gouvernement de la République la conduite sage, discrète et réservée dont il ne s'est jamais écarté. Quant à l'as-

¹) On a exploité contre la France à Mandalay et à Paris la lettre du Keen-Woon-Menghy due à l'initiative et au patriotisme de M. F. Deloncle. Cette convention signifiait peut-être dans l'esprit du ministre birman plus qu'elle ne disait. Ils espéraient, lui et le roi, d'ouvrir des négociations d'où devait sortir, à leur point de vue, une protection directe et immédiate et une politique de neutralisation des forces anglaises. Cela résulte des plaintes amères du Keen-Woon-Menghy, qui maintes fois a exprimé au consul de France les sentiments de mécontentement et de surprise que lui causait, disait-il, *le silence du Président de la République* relativement aux engagements de sa Majesté emportés par M. F. Deloncle. M. Haas avait beau se retrancher derrière les exigences de la politique générale, il n'a jamais pu convaincre le premier Ministre qui ne variait pas dans son argumentation et ne se gênait pas d'accuser le cabinet de Paris d'indifférence à l'égard des dispositions de son Souverain. Cela n'a pas peu contribué à créer à l'agent français la situation difficile dans la-

sistance morale ou effective que le gouvernement de
Mandalay n'a cessé de réclamer à Paris par l'organe
de ses ambassadeurs, le résident Français a été très précis: « Il ne faudrait pas qu'on se méprit à la cour sur
« le véritable esprit du traité Franco-Birman. La France n'a
« pas pu et n'a pas voulu déguiser sa pensée. Loin d'elle
« l'idée de jouer en Birmanie un rôle politique quelconque.
« Ils se tromperaient étrangement à la cour ceux qui pour-
« raient être tentés de croire que la France puisse défendre
« le roi Thebaw contre l'annexion fatale à laquelle le mène
« en droite ligne l'état déplorable du pays, ruiné par la mau-
« vaise administration et l'incurie du Palais. Il faudrait que

quelle il s'est trouvé jusqu'à son départ. Il n'était cependant pas possible de faire allusion à nos dissensions parlementaires sans compromettre
le prestige de la nation qui à l'heure du danger eut été invoqué en vain.

La lettre du Keen-Woon-Menghy entre les mains d'un cabinet fortement appuyé par un parlement moins divisé et une presse mieux éclairée,
eut été un précieux instrument politique, de nature à imprimer à la marche des événements une direction plus rationelle et plus conforme aux
intérêts réciproques de la France et de l'Angleterre. Quoi qu'il en soit,
elle aura une grande influence sur la solution des questions territoriales
et l'établissement de l'équilibre politique dans la presqu'île.

Louis XIV a fait avec la cour d'Annam ce que la République de 1884
eut pu faire avec la cour d'Ava, si elle n'avait été paralysée par des courants d'opinions funestes pour l'honneur et les intérêts de la Patrie. En
d'autres circonstances on pouvait espérer une transaction avantageuse avec
le cabinet de Londres, relativement aux questions des sphères d'action, à
la priorité de la France dans la vallée du Mékong, à ses droits moraux
sur les provinces méridionales de la Chine.

La vérité est qu'il n'est jamais entré dans la pensée d'un cabinet français de favoriser des espérances dans l'Indo-Chine de nature à nous créer
des difficultés sérieuses avec l'Angleterre. La Grande Bretagne évitera la
guerre, autant que son honneur le lui permet. Elle serait mal avisée la
nation qui provoquerait l'Angleterre, en tentant de la priver d'un pays
indispensable à son commerce et où l'humanité lui a donné droit de cité.

Si Thebaw avait pu, en réalité, faire avec une puissance européenne
une alliance offensive ou défensive, il eut fallu, en cas de guerre, faire le
siége de Rangoon et de Moulmein, forcer l'Irrawady avant de pouvoir
porter secours à ce malheureux et piteux allié. Ce n'est pas à Ava qu'eut
été décidé le sort de ce *Maître de la terre et de l'eau*, mais en mer, dans
le golfe du Bengale et à coups de canon.

Le cabinet Ferry aurait pu mettre à profit certaines circonstances for-
tuites pour disputer à l'Angleterre la prépondérance politique. Mais il a
tenu compte des lois de l'histoire des droits acquis des convenances diplomatiques et de la dignité de la France, trop élevée pour rééditer à
son profit les procédés de Clive. Il a préféré fonder dans l'Indo-Chine, à
l'appui de nos droits et d'une façon normale et rationnelle un Empire,
non d'aventure, mais de réel avenir et de grande moralité historique.

« sa Majesté comprit jusqu'à quel point la désorganisation
« financière et administrative porte préjudice au commerce
« anglais, dont les plaintes finiront par triompher des hési-
« tations du gouvernement de Londres. Le meilleur moyen
« de se défendre contre les dangers fatals qui pourraient
« venir de Rangoon, serait de donner à l'Angleterre des
« gages de tranquillité, de sécurité et de prospérité, en re-
« nouant les relations diplomatiques dans un esprit plus li-
« béral, en admettant le résident britannique à unir ses conseils
« à ceux que le résident français pourrait être appelé à don-
« ner en vue de la réorganisation administrative et du dé-
« veloppement du commerce en général dont la cour d'Ava
« a tout à attendre.

« Au point de vue politique il serait peut-être sage d'exa-
« miner s'il conviendrait au roi Thebaw de confier le salut
« de son indépendance à la garde de toutes les grandes na-
« tions maritimes de l'Europe y compris l'Angleterre. Il pour-
« rait résulter de ce principe de neutralité un modus vivendi
« conforme à la fois au développement du commerce bri-
« tannique, et à l'indépendance de la Haute-Birmanie qui
« risque fort de faire naufrage. Les griefs nombreux que
« le gouvernement de Calcutta articule journellement dans la
« presse de Rangoon, de l'Inde et de la métropole sont fondées. »

Voilà l'histoire de cette fameuse question de la *neutralité de la Haute-Birmanie*. L'Angleterre aurait pu s'en ac-
commoder, car il en serait résulté un quasi-protectorat à
son profit. Le résident Français a conçu un instant l'espérance de rallier le premier ministre à cette idée rationnelle,
au profit réciproque des gouvernements d'Ava, de Londres
et de Paris. Car pourquoi ne confierait-on pas à l'Angleterre
elle-même la mission de garantir au nom de toutes les grandes
puissances maritimes, l'acte de neutralité dont elle serait une
des signataires. M. Haas espérait ainsi pouvoir prolonger
l'existence de cette indépendance si compromise et permettre
dans la suite à la France de régler, de concert avec Londres,
la question de l'équilibre politique dont le pivot serait un
partage d'influence dans la vallée du Mékong. Si la Haute-
Birmanie, avec l'assentiment des puissances chargées de la sau-

regarde de sa neutralité, passait un jour sous le protectorat de Rangoon, cet événement, par voie de réciprocité, se traduirait par le protectorat Français sur Kiang-Tung et sur Kiang-Hung avec la sanction des grandes puissances intéressées à établir des relations commerciales avec ces pays.

Le Keen-Woon-Menghy qui passait pour un ami et un admirateur de la civilisation européenne, était avant tout un vrai Birman, c'est-à-dire un être personnifiant au plus haut point la vanité et l'orgueil. Le résident Français avait, il est vrai, prouvé qu'en cas de conflit avec l'Angleterre la lutte serait impossible; il avait démontré que l'idée de la résistance contre une armée anglaise bien équipée et bien commandée ne serait rien moins qu'un acte de folie, eu égard au manque absolu d'organisation militaire, de chefs expérimentés, de discipline, d'idée nationale, de patriotisme, d'armes et de bateaux sérieux. Tout cela avait été rendu clair et tangible à l'aide de faits et de chiffres. Peu importe, l'orgueil et la vanité du caractère Birman l'ont emporté sur la conviction. La Birmanie neutre, c'est-à-dire une Birmanie liée, une Birmanie qui ne pourrait pas librement faire la guerre à n'importe quelle puissance occidentale ou orientale. Jamais, c'est l'abdication de tous les anciens droits; c'est le renoncement à l'espoir secret de chasser un jour les Anglais de Rangoon. Il ne faut pas s'étonner, après l'accueil qu'elle a reçu du Keen-Woon-Menghy, si, l'idée d'une Birmanie neutre et quelque peu placée sous la surveillance du gouvernement de Calcutta, n'a pas eu beaucoup de chance au palais.

Le Keen-Woon-Menghy, malgré son admiration momentanée pour l'Europe et sa civilisation, a trouvé trop audacieux et trop irrévérentiel une pareille proposition, pour oser l'exposer à son maître, entretenu dans les idées de puissance et de domination absolue. Et il n'a fallu rien moins que la sympathie du premier ministre pour le consul de France, pour éviter un choc qui pouvait entraîner une rupture.

Le gouvernement de Rangoon, mieux que personne, savait jusqu'à quel point la cour de Mandalay et ses conseillers ont toujours poussé l'orgueil et la vanité. M. Bernard avait eu le temps d'étudier l'histoire de ce peuple étrange qui n'a rien de la fierté et de l'indépendance de l'Arabe, mais semble prendre un malin plaisir à imiter le paon son emblème. Le Birman est arrogant, vaniteux, insolent et parfais cruel. [1] M. Bernard ne pouvait en vérité pas se méprendre sur les dangers que l'idée de la Birmanie neutre pourrait faire courir aux projets secrets du gouvernement de Londres. Il n'a pas pu accueillir cette nouvelle avec inquiétude. Il lui eut suffi de se rappeller ce qui s'est passé autrefois, pour être rassuré à l'endroit de l'accueil que l'esprit du palais pourrait faire à ce projet de neutralité, surtout avec l'Angleterre comme gardienne, et à l'idée d'un Etat politique garanti, sur la demande d'Ava, par la France, l'Allemagne, la Russie, l'Italie et l'Autriche, bref, toutes les nations maritimes de l'Europe.

On a lieu en conséquence d'être surpris de ne pas trouver dans les livres bleus une lettre du gouvernement de Rangoon relativement à ce projet de « neutralité d'Ava ». Il est difficile de croire que M. Bernard, dans sa correspondance confidentielle n'ait pas dit à peu près ceci : « Certes, « l'idée de neutralité renferme un grand sens politique, mais « il ne suffit pas qu'elle soit bonne en elle-même, il faut la « juger non par sa force absolue, mais par sa force relative. « L'histoire de la Birmanie nous autorise à dire qu'il est im-

---

[1] Il y a plus d'un siècle, la compagnie anglaise, établie à Calcutta, envoya une ambassade à Ava. Lors de son retour on régla la question des honneurs à rendre aux représentants de la compagnie au moment de leur embarquement. Quant aux coups de canon, on était d'accord, onze de part et d'autre. Avant de se rendre à son bord, le chef de la mission diplomatique invita le gouverneur de Rangoon à déjeûner. On échangea de belles paroles, et le diplomate et les officiers anglais se flattaient déjà d'emporter à Calcutta l'écho des sentiments du roi et l'assurance dernière d'une amitié réelle. Bref, tout allait pour le mieux. Le gouverneur birman était on ne peut plus aimable. Au moment du départ on répète les promesses réciproques. On lève l'ancre, le bateau anglais, fidèle à la convention, tire joyeusement et de bon cœur ses onze coups de canon. Au bout de cinq minutes, salve de la batterie birmane. On compte : le dixième coup se fait entendre, on écoute à bord du bâtiment anglais, on écoute toujours, silence profond à terre. On s'est trompé, disent les Anglais; un envoyé quitte le bord et se rend à terre pour faire remarquer l'erreur et prier le gouverneur de recommencer. Nullement, répond ce dernier. Ce qui a été fait est bien fait et nous ne croyons pas pouvoir en faire davantage. — Les choses en restèrent là, et la mission partit humiliée et déçue.

« possible de proposer la neutralité d'un royaume à un mo-
« narque qui se dit et se croit *le maître de la terre et de*
« *l'eau,* qu'on encense tous les matins en ces termes séculaires :
« *Le simple prestige du roi fera tomber comme par en-*
« *chantement tous ses ennemis, et Gautama ne saurait*
« *permettre que le royaume des Alompra soit mutilé et*
« *privé de la belle pagode de Rangoon.* »

« La neutralité de la Birmanie est une illusion ou un
« manque d'expérience. L'Angleterre l'accueillera avec un
« sourire d'indifférence. »

En réalité la neutralité a été proposée au Keen-Woon-
Menghy, parce que ce dernier semblait convaincu, après les
paroles du consul de France, de la fatalité de l'annexion.
Cette idée n'était en réalité rien moins que chimérique. Elle
pouvait entrer dans le domaine des faits, si la France, l'Allemagne et l'Italie, liées par des traités de commerce et d'a-
mitié, eussent compris l'intérêt de l'indépendance du royaume
d'Ava au point de vue commercial. La Russie se serait
jointe à cette action, et l'Angleterre l'eut sanctionnée, parce
qu'elle était honorée de la confiance qu'on accorde à un
gardien d'une situation. Placer sous la surveillance directe
et immédiate de l'Angleterre l'indépendance décrétée par
toutes les grandes puissances maritimes de l'Europe, tel était
le projet du consul de France. Il eut suffi que cette idée
trouvât un peu d'écho à Paris, en Allemagne et en Italie pour
la faire rentrer dans le domaine des faits. Il est vrai que l'Angleterre disait : « *Ava fait partie du centre de l'action indo-an-*
glaise dans l'Indo-Chine. Ava ne doit pas se soustraire à
notre influence politique, liée intimement à nos intérêts com-
merciaux et basée sur notre situation géographique. » Mais
la reine avait aussi déclaré solennellement que l'Angleterre
n'annexera pas la Haute-Birmanie *à moins qu'elle soit forcée*
par les circonstances à se résoudre à cette extrémité. Gladstone cédait à regret à l'action de l'India-Office à Londres.
Il est vrai que Lord Salisbury avait intérêt, lui, à satisfaire
ses électeurs, avides de jouir immédiatement des fruits de
l'annexion du royaume d'Ava et de la Chersonèse d'or, dont
Colquhoun avait décrit les ressources et les richesses. Mais

restait toujours la répugnance marquée du Chief Commissioner. M. Bernard, en effet. cédait à regret à la pression
de ses agents secrets à Mandalay qui le trompaient grossié-
rement, et aux doléances répétées de la chambre de commerce de Rangoon dont il n'a jamais voulu se constituer
l'avocat bien convaincu et déterminé à l'action. Il luttait cet
esprit convaincu et élevé contre ce qu'il appelait ses répugnances morales; et ce n'est toujours qu'à la dernière limite
qu'il parlait d'annexion. Mais, malgré les doléances de Rangoon, de Calcutta et de toutes les chambres de commerce du
continent; et cela dès le premier coup de canon tiré à l'est par
la France contre les pavillons noirs; malgré les différentes
menaces de toute la presse Britannique, lors de l'arrivée
subite du consul de France, qui, sur les bords de l'Irrawady, abandonné à ses propres lumières, se trouvait exposé
au contre-coup de tout ce qui se passait à l'est de l'Indo-
Chine; malgré l'intérêt électoral de l'annexion promise aux
électeurs de Lord Salisbury; malgré les paroles de Sir Charles
Dilke à ses électeurs de Chilsa; malgré l'ensemble de tous
ces différents courants qui peu-à-peu devenaient un torrent
contre lequel on ne pouvait plus lutter. Malgré tout cela,
l'idée « de la neutralité » eut réussi si les nations maritimes intéressées, y compris la Russie, avaient dit à l'Angleterre : *L'indépendance de la Haute-Birmanie s'impose.
Elle préviendra des conflits toujours regrettables, assurera
le principe d'indépendance du royaume d'Ava reconnu et
respecté par l'Angleterre elle-même. A l'effet d'assurer
la réalisation des légitimes espérances britanniques dans
la vallée de l'Irrawady, de donner au commerce une prospérité et une sécurité légitimes et indispensables, de prévenir le retour des attentats contre l'humanité, l'Angleterre sera chargée par toutes les puissances maritimes
intéressées à la neutralité de la Haute-Birmanie, de maintenir et de protéger l'indépendance absolue d'un royaume
qu'elle a toujours voulu soustraire à l'influence prépondérante et à l'action politique d'une nation européenne
quelconque.* »
Mais pour atteindre ce but il eut fallu en France une

presse mieux renseignée. Elle eut éclairé l'opinion publique, et dit au gouvernement: « *C'est le roi Thebaw qui dans la* « *personne de nos ambassadeurs* est venu à Paris deman- « der aide et assistance contre sa puissante voisine, dont les « intentions rationnelles commencent à l'inquiéter. Il faut « que la cour d'Ava sache que la France et l'Europe entière « ont intérêt, au nom de l'humanité, à ne pas servir de « marchepied à une autorité absolue maintes fois déjà dés- « honorée dans le carnage de ses sujets. C'est à la France « à imposer sa volonté à un roi barbare et à ne pas subir « les caprices de son ignorance. La France n'a pas intérêt « à blesser l'Angleterre, à contrecarrer ses projets, à nuire à « son commerce pour le bon plaisir d'un monarque asiatique « dont elle n'a rien à attendre. Mais par contre elle peut « accueillir avec bienveillance une demande de neutralité et « s'en faire même l'avocat auprès des autres puissances ma- « ritimes. »

Si l'opinion publique avait fortifié le gouvernement dans cet ordre d'idées, il n'est pas douteux que la Bir- manie effrayée par le langage énergique d'un ministre dé- cidé à se désintéresser complètement de ce qui pourrait tou- cher la cour d'Ava, se fût hâté à contre-cœur de faire trève à ses ridicules prétentions, à son orgueil aveugle et stupide, pour supplier le gouvernement de la république de s'inté- resser à sa neutralité et de la patroner auprès de tous les gouvernements maritimes de l'Europe. Si la cour d'Ava avait été traitée à Paris en connaissance de cause, c'est-à-dire avec plus de fermeté, elle eut abdiqué ses illusions, ses espé- rances et ses ridicules prétentions auxquelles elle n'a jamais complètement renoncé, malgré les refus catégoriques de M. J. Ferry. Entre deux maux elle eut choisi le moindre, et pour échapper à l'absorption fatale, en présence du désintéresse- ment absolu de la France, elle eut été condamnée à se ral- lier, malgré elle, à l'idée de neutralité.

Dans ces conditions, le gouvernement de la République, armé du traité de commerce et d'amitié pouvait à l'aide d'autres gouvernements, notamment de l'Allemagne et de l'Italie qui avaient fait avec Ava à peu près le même traité,

entrer sans crainte dans la voie de la neutralité de la Birmanie sollicitée par l'ambassadeur de Thebaw, non pas contre
le commerce Britannique, mais en vue d'une situation plus
équitable. La cour d'Ava ainsi bridée dans sa vanité, condamnée à se prêter aux conseils de la France, sous peine de
se voir complètement isolée et abandonnée à ses propres
forces, eut rendu facile l'action du cabinet de Paris. Ce
dernier eut été alors autorisé à dire au gouvernement
de Londres : « Vous n'avez rien à redouter de la neutralité
« d'Ava puisque vous avez déclaré que vous n'avez pas l'in-
« tention de détruire son indépendance. Vous trouverez dans
« cette neutralité la certitude de la sincérité de la France.
« Elle a maintes fois donné l'assurance de son désintéresse-
« ment politique dans la vallée de l'Irrawady qui en réalité
« tombe dans la sphère de l'action indo-anglaise. Les craintes
« exprimées par l'ambassadeur de la Reine, lors des négocia-
« tions à Paris ne sont pas fondées et les assurances amicales
« de M. J. Ferry données à Lord Lyons ne sauraient trouver
« de plus puissantes confirmations. L'Angleterre a surtout
« paru préoccupée des intentions de M. J. Ferry. Rien ne sau-
« rait mieux lui donner la mesure de leur sincérité abso-
« lue que l'autorité et l'intérêt que la France elle-même
« attache au désir de neutralité exprimé par la cour d'Ava.
« Du reste, le gouvernement de la République convaincu de
« l'importance morale et commerciale de la Basse-Birmanie
« par rapport à la Haute-Birmanie comprend les droits légi-
« times que l'Angleterre doit exercer sur la surveillance de
« cette neutralité, dont le principe doit être confié à la loyauté
« de ses déclarations. N'a-t-elle pas dit que les circonstances
« seules pourraient la contraindre à annexer le royaume
« d'Ava ? »

Si on avait procédé ainsi, combien différente serait notre
situation dans l'Indo-Chine ! Nous pourrions dire à l'Angleterre :
« Respectueux quant même du principe de la théorie des
« sphères d'action que Lord Lyons a toujours pris pour la base
« de son argumentation, en faveur de la démonstration des
« droits incontestables du gouvernement de Rangoon, qui n'a
« jamais voulu renoncer à l'idée d'une tutelle morale et po-

« litique basée sur l'ethnographie et la géographie. Respec-
« tueux des intérêts économiques de l'Angleterre dans la
« vallée de l'Irrawady, le gouvernement de la République
« reconnait qu'il est de son devoir de favoriser la politique
« britannique dans l'Indo-Chine, de l'appuyer de toute son
« autorité. Mais il est fermement résolu à ne pas entrer
« dans une voie qui pourrait être funeste à l'autorité et aux
« légitimes intérêts de la France dans la presqu'île. En d'au-
« tres termes, la France ne permettra pas le déplacement du
« centre de gravité de l'équilibre politique Franco-Anglais,
« qu'elle place entre la Salouen et le Mékong ; elle veut bien
« protéger par son silence, sa discrétion et son bon vouloir
« l'élargissement et la consolidation logique, morale et ration-
« nelle de la sphère Indo-Anglaise, mais elle ne veut pas
« servir de marchepied à l'ambition des chambres de com-
« merce, derrière lesquelles po rait être tenté de s'abriter
« le gouvernement de Calcutta, comme le gouvernement bri-
« tannique, en 1783, s'est abrité derrière les résistances de
« la Compagnie, lors de la délimitation des possessions Fran-
« çaises dans l'Inde. »

On voulait à tout prix effrayer le Chief Commissioner.
On espérait noyer le conflit dans l'action. Celui qui a présenté le consul de France comme un agent dangereux, avait
un but : « Expulser la colonie française et forcer la main à
M. Bernard », car, quoiqu'il arrive, l'Angleterre ne pourrait
abandonner la Trading Burmah C°, et pour échapper à
l'action du gouvernement de Mandalay contre les agents de
cette société il n'y avait qu'un moyen : « *la guerre* » et
voici pourquoi le consul de France était alors la personni-
fication du *péril français*.

Et ce qui prouve que la Société des forêts voulait la
guerre quand même, c'est la lettre et l'esprit de la dépêche
du secrétaire d'État au vice-roi (25 juillet 1885, p. 163). Il
est hors de doute que ce n'est qu'à la suite de la pression
exercée à Londres par les agents des forêts Bombay-Burmah que le secrétaire d'État, croyant tout perdu a télégraphié au vice-roi des Indes :

« J'apprends que les concessions anglaises des forêts sont.

« menacées, et que l'agent français voudrait substituer aux
« capitaux anglais des capitaux français, ce qui causerait un
« très grand préjudice. Qu'y a-t-il lieu de faire? »

Et vingt-quatre heures plus tard, sans doute, sous l'empire d'une nouvelle pression exercée, dit-on, par une personnalité influente fortement intéressée, le secrétaire d'Etat (21
août 1885) semble dire au vice-roi des Indes: « Veillez et
sauvez la Compagnie. »

A Londres les esprits s'échauffent; *il faut à tout prix
sauver la Compagnie, et ne pas perdre cette chance d'en
finir avec Thebaw.* Aussi le télégramme du secrétaire d'Etat
au vice-roi, 25 août 1885, donne-t-il le degré de la pression
exercée sur un gouvernement qui n'était pas fâché de se
laisser conduire et de paraître céder à un devoir de premier
ordre, en présence d'intérêts britanniques menacés. « La Com-
« pagnie apprend par des télégrammes de Rangoon, dit le
« secrétaire d'Etat au vice-roi, que Thebaw persiste à ré-
« clamer 10 lacks. Elle craint la résiliation immédiate
« des contrats et redoute l'action de M. Haas qui voudrait
« substituer des capitaux français. Il serait à désirer qu'on
« suivît les conseils de M. Bernard, qui voudrait s'adresser
« immédiatement au gouvernement d'Ava avec fermeté, sans
« menace, de façon à empêcher le roi de hâter la résilia-
« tion des contrats et de donner les concessions aux Fran-
« çais. »

Il est certain que l'agent de la Bombay-Burmah à Mandalay, M. Andereino, l'ennemi de la colonie française, a,
dans cette circonstance, comme dans toutes les autres, servi
les intérêts Britanniques. Quelle belle occasion d'écraser
enfin M. Haas et d'en finir avec Thebaw au profit de la
Compagnie. On verra bien si les membres influents de la
Bombay-Burmah à Londres ne sauront pas triompher des
scrupules de M. Bernard etc. Et c'est dans cet ordre d'idées
que cet espion déguisé a télégraphié à Rangoon, à Calcutta,
à Londres, à l'effet d'assouvir sa vengeance, et de servir les
intérêts de sa Compagnie. Il jouait au consul général avant
l'arrivée de l'agent français. Il voyait, en M. Bonvillain,
ingénieur du roi Thebaw un Français d'abord et un con-

·current ensuite, car il n'y a pas de concessions que M. An-
·dereino n'ait demandées, chemin de fer, mines de rubis etc.,
·tout a été l'objet de sa convoitise.

L'histoire est muette sur la question de savoir si le gou-
·vernement de Rangoon a joué un double jeu, c'est-à-dire
·s'il n'a pas chargé M. Andereino de faire un tableau sombre
de la situation, de prêter au consul de France des actes de
·nature à alarmer l'opinion publique et à donner des pré-
·textes d'intervention à Lord Salisbury qui voulait bien man-
·ger le fruit mûr, mais qui voulait qu'on le cueillît pour lui.

Si nous en croyons le livre bleu de 1885, si nous tenons
·compte du caractère élevé de M. Bernard, nous ne sommes
·pas autorisés à admettre cette hypothèse; mais si nous prenons en considération les dispositions particulières de Lord
·Salisbury, ses préoccupations électorales, ses préférences, ses
·tendances annexionistes, nous sommes conduits, au moins
·au doute. Dans ce cas M. Andereino n'aurait été que l'agent
·docile du cabinet de Londres.

Qu'elle était l'opinion du gouvernement de Rangoon sur
·le conflit Anglo-Birman relatif aux prétentions de la Bombay-
·Burmah Trading Cᵒ. M. Bernard va nous le dire lui-même:

Télégramme du vice-roi au secrétaire d'Etat. 24 août 1885.

« Les contrats de la société des forêts ne sont pas rési-
« siliés, mais le gouvernement d'Ava est décidé à demander
« une indemnité de 10 lacks. Le roi est dans le plus grand
« embarras financier. Je tiens d'une source autorisée que le
« consul de France s'est offert dans le cas où les contrats
« seraient résiliés. Le conflit entre la Compagnie des forêts
« et le gouvernement d'Ava relatif aux droits d'exportation
« ne me paraît pas très clair, il se pourrait que M. Haas
« fût demandé en qualité d'arbitre. Si Thebaw veut passer
« outre, autorisez-moi à lui dire: *Le gouvernement anglais*
« *ne peut pas se prêter à un pareil procédé; nous espé-*
« *rons que la Compagnie n'a pas fraudé, et que sa*
« *bonne foi ne sera pas mis en doute. Il sera facile de*
« *résoudre amicalement les difficultés surgies entre la*
« *Compagnie des forêts et le gouvernement d'Ava. Dans*

« *tous les cas nous pouvons proposer un arbitrage pour*
« *trancher la difficulté.* »

En résumé cette affaire n'est pas claire. « *Les plaintes
du gouvernement Birman pourraient bien être fondées* »
voilà le sentiment de M. Bernard. Ses appréhensions
nous permettent de sonder sa pensée. Le Chief Commissioner est mal impressionné. Les premières tentatives dans
la découverte de la vérité ne l'ont pas édifié, sans quoi il
n'eut pas trouvé la question obscure. Les directeurs de la
Compagnie à Rangoon n'ont, apparamment pas, dès la première heure, dissipé les doutes qui ont envahi l'honnête gouverneur, qui n'eut pas manqué de demander raison d'une
telle calomnie. M. Bernard est très modéré, et il croit à un
arrangement amical ; s'il avait eu une foi aveugle, il eut vu
là une injure indirecte à l'honneur Britannique et se serait
empressé de demander une réparation ou une vengeance.
Quand on veut bien se rappeler les griefs du gouvernement
de Rangoon contre la cour d'Ava, on est étonné que le Chief
Commissionner parle d'arbitrage et dise qu'il n'est pas convaincu (*not perfectly clear*). Il y a donc doute dans
son esprit ; ou craindrait-il de constater la véracité des
accusations portées contre la Compagnie des forêts ? Il
a prévu qu'il ne sortirait rien de ce conflit, voici pourquoi il veut traiter amicalement. Mais à Londres on n'y
regarde pas de si près. On a maintenant des points d'appui plus ou moins solides. Il ne s'agit plus de tergiverser,
de perdre le fruit d'une campagne onéreuse, et de fermer
une porte ouverte à l'annexion devenue du jour au lendemain une nécessité électorale. Aussi est-on résolu maintenant
à ne plus perdre un instant. La question est déplacée ; le
conflit des forêts, on n'en parle plus, ou à peine ; *c'est de
nouveau le consul de France qui est en jeu ; c'est lui qui
est l'auteur de tout le mal ; c'est lui qui mine l'influence
britannique dans la péninsule ; c'est lui qui va substituer
à l'autorité Indo-Anglaise l'autorité française ; c'est lui
qui a officieusement ou officiellement entraîné le roi Thebaw dans une voie qui aboutira à la ruine de l'influence*

*et des intérêts britanniques dans l'Indo-Chine; bref, c'est
lui le « péril Français ».*

« Le marquis de Salisbury ne peut et ne veut plus tolérer
« cette pression diplomatique déguisée et anti-anglaise au
« profit d'une puissance étrangère sous le couvert d'un traité
« de commerce, car elle permettrait à d'autres nations de
« contrôler les actes et les revenus du gouvernement d'Ava.
« C'est du reste le but que depuis longtemps poursuit la
« France dans ses négociations avec les ambassadeurs Bir-
« mans qui se sont succédés à Paris.

« Lord Rodolphe Churchill, après en avoir conféré, avec
« Lord Salisbury, prie l'ambassadeur de la Reine de se hâter
« de déposer une note entre les mains du ministre des
« affaires étrangères à Paris, à l'effet de faire remarquer au
« cabinet français, que le gouvernement britannique ne
« permettra pas au roi Thebaw d'exécuter les projets com-
« merciaux dont il s'occupe en ce moment; car s'il voulait y
« donner suite, l'Angleterre serait forcée de prendre des me-
« sures promptes et efficaces à l'effet d'assurer les droits de
« l'Inde dans la presqu'île Indo-Chinoise et de protéger les
« intérêts des sujets anglais. » (Page 176, 28 août 1885, India
Office. M. Horace Walpole à Sir J. Pauncefote).

Le gouvernement français est prévenu. Il devait s'atten-
dre à l'annexion et soutenir, lui aussi, ses droits dans l'Indo-
Chine. Quels sont donc les projets gigantesques du roi
Thebaw, ses alliances financières et commerciales avec le
gouvernement de la République dont on fait tant de bruit?
Le quai d'Orsay a fait justice de ces allégations ridicules, il a prouvé à l'ambassadeur de la Reine à Paris et à
Lord Salisbury que tout cela ne saurait être fondé, car
M. Haas partage à Ava le sort de M. Sainte-Barbe. En
outre la France est fermement résolue à ne rien tenter
et à ne rien encourager à Mandalay qui pourrait avoir
un caractère politique, ou la placer, vis-à-vis de l'Angleterre
dans une situation difficile. Mais le cabinet de Londres voulait déplacer la question, se borner à des accusations générales, et faire d'un simple conflit commercial une grosse
question internationale , d'où sortirait l'étincelle desti-

née à mettre le feu aux poudres. Il fallait bien à Londres déplacer le centre de gravité de la question soulevée par la presse, car on était résolu à profiter de l'état des esprits en France pour conclure. Et la conclusion pour Lord Salisbury était l'annexion. Aussi est-on édifié quand on a suivi les phases de cette affaire. D'abord la presse anglaise s'enferme dans un silence profond, en attendant que les agents de la Compagnie très influents à Londres aient eu le temps d'éclairer Lord Salisbury, qui ne demande qu'à agir contre Thebaw, pour offrir à ses électeurs les clefs de Mandalay, *la veille du scrutin*. Dès que le cabinet de Londres a été bien informé et bien éclairé sur l'intérêt qu'on pourrait tirer de ce conflit heureux en agissant promptement, la presse britannique a déversé son fiel sur Thebaw et le consul de France. Il est hors de doute qu'elle a été bien payée, car elle a fait consciencieusement les choses. Rien, rien n'a n'a été épargné à l'agent Français à Mandalay, dont elle connaissait cependant la pénible et triste situation. Il se trouvait en ce moment à Rangoon presque mourant de la fièvre, et chose étrange — il était l'hôte de M. Bernard.

Il n'y avait pas de temps à perdre: les élections étaient proches. Le gouvernement de Paris était prévenu des intentions du cabinet de Londres ; il fallait préparer l'opinion publique, et pour cela on n'avait que quelques semaines. Aussi ont-elles été bien employées. Dès les premiers coups de la presse de Rangoon portés contre Thebaw, devenu alors subitement le Néron moderne aux yeux de l'Angleterre, le colonel Carrey a été chargé d'étudier à Mandalay même l'état général de la ville au point de vue de l'attaque et de la défense. Le colonel Carrey, dont tout le monde se plait à louer le tact, l'urbanité et le talent stratégique, n'a pas eu beaucoup de peine à convaincre les gouvernements de Rangoon et de Calcutta de l'impossibilité de la résistance. Il lui a été facile de démontrer que l'Angleterre pourrait imiter Garnier en 1874, et répéter le fameux *veni, vidi, vici*.

Il est certain qu'après la lettre de M. Horace Wolpole, (28 août 1885), les préparatifs militaires commencèrent à Calcutta et à Rangonn. Ils étaient faciles, car le gouvernement réquisitionna tous les bateaux de la Compagnie Irrawady-Flotilla, les arma à la hâte, et à l'aide de quelques plaques de tôle mit les troupes d'embarquement à l'abri des balles.

Quand on compare cette campagne contre Mandalay à tout ce qui s'est passé chez nous à l'est, avant et après la mort du capitaine Rivière, on est obligé de reconnaître la supériorité de la politique anglaise qui, avec des sacrifices inférieurs a atteint un but plus considérable que le nôtre. Nous reviendrons sur ce sujet. Continuons notre marche à travers cette période, et suivons les événements pas à pas.

Andereino, fidèle aux instructions secrètes des agents de la Compagnie, qui vont maintenant fournir à Lord Salisbury à Londres la plus belle plate-forme électorale, ne négligera rien pour effrayer et assombrir le tableau de la situation. Aussi ne sommes-nous nullement surpris de lire le télégramme du vice-roi au secrétaire d'Etat. (29 août 1885) :

« L'agent de la Compagnie affirme que le roi insiste. Il
« Il veut le paiement immédiat des 10 lacks et nous menace
« conformément aux coutumes birmanes de la prison et d'une
« confiscation générale, à moins de lui donner des garanties. »

Malgré l'arrogance, la suffisance et l'orgueil aveugle des conseillers du roi Thebaw, il est permis d'affirmer que les choses n'en étaient point là. Et s'il y a eu en effet un courant d'opinions belliqueux au palais, il a été atténué par la crainte, à la suite de la campagne de la presse anglaise qui engageait vivement le gouvernement de Calcutta à tirer enfin l'épée pour venger l'honneur britannique.

A Londres on n'oublie pas qu'il est politique d'entretenir le gouvernement de la République dans la pensée d'une action fatale qui pourrait être imposée au gouvernement de la Reine, et malgré elle; et pour cela il n'y a rien de plus rationnel que de faire, par anticipation, peser la responsabilité de ce qui pourrait arriver, sur le consul de France. Aussi ne l'accuserait-on jamais assez, car il ne faudrait pas que le gouvernement de la Reine fût surpris. Il importe que son représentant à Paris puisse dire à un moment donné: « Veuil-
« lez ne pas oublier que nous nous sommes plaints assez
« longtemps; nous n'avons cessé de vous signaler amicale-

« ment les dangers que *l'action secrète de M. Haas*
« a fait courir à notre *légitime influence* et à nos intérêts
« commerciaux. Vous n'avez pas paru convaincu, nous le
« regrettons sincèrement. Mais le gouvernement de la Répu-
« blique reconnaîtra que la politique et les intérêts de l'An-
« gleterre ne nous ont pas permis d'attendre qu'il fût pos-
« sible au cabinet Français de se convaincre des dangers dont
« son agent a menacé notre autorité et nos intérêts. »

Aussi L. Salisbury prie-t-il l'ambassadeur de la Reine à
Paris (Foreign Office, 14 septembre 1885), *d'appeler l'atten-
tion du cabinet de Paris sur les actes du consul de
France à Mandalay relativement aux affaires de la
Haute-Birmanie, (the conduct of the french consul).*

Lord Salisbury toujours préoccupé du résultat du scrutin
et de plus en plus inquiet du triomphe de son parti voit
avec crainte approcher le jour fatal. Voici pourquoi il veut
toujours tenir le cabinet de Paris en éveil et continuer sa
politique d'accusation contre le consul de France au fur et
à mesure que les préparatifs militaires de la campagne contre
Mandalay se poursuivent clandestinement dans l'Inde.

Aussi s'adresse-t-il de nouveau, le 9 septembre 1885, à
l'ambassadeur de la Reine à Paris représenté par Sir J. Wolshom : « Il reproche au gouvernement Français de n'avoir
« pas démenti les accusations portées contre son agent à
« Mandalay, et dit que le gouvernement de la Reine a reçu
« depuis de nouveaux rapports émanants de sources authen-
« tiques, et qui prouvent clairement que le consul de France
« à Ava poursuit une politique qui a pour but de jeter
« le roi dans une voie funeste à ses propres intérêts et à
« ceux de la Birmanie.

« Les relations de la cour d'Ava avec l'empire des Indes
« empêchent le gouvernement de sa Majesté de rester indiffé-
« rent aux efforts de la France qui voudrait substituer son
« influence à la nôtre.

« Il est impossible de permettre au roi Thebaw de con-
« fier à une personne autre qu'un sujet Britannique, le con-
« trôle d'une partie des revenus du royaume d'Ava exercé

« par le chef de l'Etat, conformément aux usages asiati-
« ques.

« On ne peut permettre à ce monarque de conclure un
« traité commercial qui pourrait se traduire par cette consé-
« quence.

« Nous espérons que le gouvernement Français se rendra
« aux considérations qui nous guident dans cette circonstance.
« Nous voulons prévenir le désordre qui pourrait se pro-
« duire.

« En admettant qu'il n'y ait pas d'autres motifs qui nous
« portent à tenir ce langage au gouvernement de Paris nous
« devrions-nous baser sur cette circonstance, que dans ces
« dernières années le cabinet Français nous a fait en
« maintes occasions des communications relatives aux am-
« bassades Birmanes qui se sont succédées à Paris. Nous
« avons donc lieu d'espérer que le gouvernement de la Répu-
« blique s'efforcera d'éviter les difficultés dont il a été
« question plus haut et que nous redoutons avec raison.

« Veuillez en conséquence saisir la première occasion à
« l'effet d'entretenir M. de Freycinet dans ce sens, et lui
« laisser une copie de cette dépêche.

Signé : Salisbury. »

Pour ne pas paraître agressif aux yeux du gouvernement
français ; pour passer au yeux du quai d'Orsay pour une
nation clémente et réfléchie, qui se préoccupe même de l'intérêt de ce pauvre Thebaw contre lequel on forgeait en secret le fer à Calcutta, on cache soigneusement les plans de
guerre, et on s'efforce de jouer à Paris le rôle de victime.
Lord Salisbury réédite l'éternel grief : « Comment l'Angleterre
« pourrait-elle rester indifférente à la substitution de toute
« autre influence extérieure qui tournerait fatalement contre
« celle que le gouvernement de l'Inde a seul le droit d'exer-
« cer dans la Haute-Birmanie. »

Le cabinet anglais est bien renseigné sur le fond des choses ;
il sait quelle est la véritable situation morale du consul de
France, et il le reconnaîtra plus tard ; mais pour le moment
les élections avancent, et l'action militaire se prépare en vue
d'un bon scrutin. Tout est favorable à Londres, à Paris, à

Calcutta même. Il faut donc tenir toujours le quai d'Orsay en haleine pour éviter une surprise. L'annexion de la Haute-Birmanie était depuis longtemps une question d'opportunité; par hasard elle est devenue une arme puissante entre les mains de Lord Salisbury. A Londres on ne menace pas de jeter à l'eau comme à Paris ceux qui ouvrent au commerce des débouchés nouveaux et permettent à l'industrie de tourner ses regards vers les riches provinces méridionales de la Chine. A Londres on est toujours un grand homme quand on élargit le cercle des possessions Britanniques. Salisbury le savait, il s'est empressé de se faire Birman. A Paris il eut eu le même sort que le Tonkinois; et Ferry à Londres eut été le maître des élections précisément parce qu'il était le Tonkinois. Faut-il le dire? Lord Salisbury a terni l'éclat de sa gloire en employant des moyens que ne justifie pas le succès. Clive, n'avait-il pas placé le succès au-dessus de la moralité des actes? Il était donc bien permis à Lord Salisbury de déguiser la vérité pour ne pas perdre une seconde, car il fallait tout combiner de façon à pouvoir profiter des élections en France et de l'esprit anti-colonial.

Maintenant à ceux qui nous croient intéressés à défendre une thèse patriotique, ou à coordonner les faits dans un esprit de parti ou un intérêt quelconque nous dirons:

Le chef du cabinet anglais savait mieux que personne que pendant qu'il prenait à parti le consul de France, pendant qu'il en avait fait l'unique cause de danger, cet agent se débattait à Mandalay contre la fièvre et l'arrogance des ministres. Lord Salisbury savait aussi que M. Haas avait bu jusqu'à la lie le calice des humiliations; cela ne l'empêcha pas de prétendre que le représentant de la France est *le péril français*. Bien plus il fait répéter à Paris l'éternel thème des craintes et des griefs de l'Angleterre, précisément au moment le moins favorable. Car pendant que Sir J. Wolshom était chargé de dire au ministre des affaires étrangères à Paris: « Le gouvernement de la Reine tient « d'une source autorisée que le consul de France poursuit « une politique funeste aux intérêts de Thebaw lui-même, « et à ceux de son pays etc. etc.. . . . .

. . . .

Pendant que l'Angleterre faisait ce dernier effort déguisé, le consul de France était à Rangoon dans un état de santé déplorable, condamné par les médecins. M. Bernard gouverneur de la Basse-Birmanie lui avait offert l'hospitalité qu'il n'avait pas cru devoir refuser, tant était grande son indépendance et son mépris pour les accusations de la presse.

M. Bernard est un esprit trop sage et trop élevé pour ne pas avoir dit: « S'il entre en effet dans les secrets de notre « politique Birmane de voir dans le consul de France le « *péril français*, il est juste de dire qu'il est une victime « des nécessités politiques qui nous ont condamnés à changer « notre ligne de conduite en Birmanie; qu'il a été en-dehors « de tout ce qui a pu être tenté autour des ambassadeurs « à Paris et à Mandalay; qu'il est resté étranger à toutes les « tentatives industrielles par conviction d'abord et par force « ensuite. Car si la situation de Sainte-Barbe était pénible et « humiliante, celle du représentant de la France était au « moins aussi cruelle à tous les points de vue. Du reste la « cour de Mandalay n'est pas prête à traiter avec n'importe « quelle puissance européenne. »

Il est impossible que M. Bernard ait transigé avec sa conscience. Il a certainement rendu ce témoignage à la vérité; mais ce n'est pas dans les livres bleus, malgré leurs grandes lignes libérales et indépendantes, qu'il faut chercher les traces de l'accomplissement de ce devoir. Nous en appelons à la bonne foi de Lord Salisbury lui-même, maintenant que le fait est accompli. Aussi disons-nous avec confiance et orgueil : Il ne suffit pas d'accuser il faut prouver, et toutes les preuves de l'ambassadeur de la Reine à Paris se sont bornées à de simples paroles, car l'Angleterre n'ignorait pas que le quai d'Orsay n'était pas d'humeur à discuter; et l'eut-il été, l'opinion de la chambre eut fait échec à tout ce qui pouvait être de nature à contrarier les intérêts britanniques en Birmanie.

Il est utile de remarquer que c'est le 28 août que l'India Office de Londres, sous la direction de Lord Salisbury, a chargé *l'ambassadeur de la Reine à Paris* de tenir au.

gouvernement français un langage habile, qui ne pouvait laisser au quai d'Orsay la moindre illusion sur les projets d'annexion du gouvernement de Londres, dont le chef avait à ce moment le plus grand intérêt à voiler les causes. Nous mettons en lumière la date du 28 août, parce que le 24 du même mois le vice-roi avait télégraphié au secrétaire d'Etat à Londres relativement au conflit des forêts. « Le conflit entre le gouvernement d'Ava et la Compagnie « des forêts relatif au droit de sortie, *n'est pas bien clair,* « *(not perfectly clear).* »

Malgré ce doute exprimé par la seule personne autorisée à se prononcer a priori en faveur ou contre la société anglaise, le gouvernement de Lord Salisbury n'hésite pas à faire par l'intermédiaire de l'ambassadeur de la Reine de telles observations qu'il est facile de deviner le but que l'India-Office de Londres est maintenant chargé d'atteindre avant les élections. Et en effet, pourquoi à Paris l'ambassadeur de la Reine n'a-t-il pas été chargé de dire au ministre des affaires étrangères: *Le gouvernement de la Reine serait heureux d'obtenir du gouvernement de la République l'assurance amicale que le consul de France n'a reçu aucune instruction relative aux concessions de forêts, mines, chemin de fer, etc., qu'il n'a rien tenté contre l'Angleterre au point de vue politique et commercial.* Cela eut été rationnel. Mais au lieu de s'occuper du fait en litige, Lord Salisbury a préféré déplacer la question, et faire d'une affaire commerciale une question internationale. S'il n'avait pas agi ainsi il n'eut pas pu dire au gouvernement de la République par l'organe de Sir J. Pauncefote : *Je suis très anxieux de voir la France menacer clandestinement les intérêts politiques de l'Angleterre dans la presqu'île indo-chinoise.*

Le cabinet Français, sur ce terrain mystérieux et imaginaire, était forcément placé dans une situation difficile. Il avait beau dire à l'ambassadeur de la Reine, nous avons télégraphié au consul de France: « *De prétendues conces-* « *sions ont conduit les cabinets de Paris et de Londres à un* « *échange de vues relatives aux affaires de la Birmanie. Cette*

« situation vous impose la plus grande réserve. » Et le consul
« de France a télégraphié : « Je proteste contre toutes les
« allégations relatives aux prétendues concessions. » Le
gouvernement de Paris avait beau déchirer le voile qui
était censé couvrir les prétendus avantages arrachés à
Thebaw par son agent à Mandalay au profit de la
France et de ses nationaux ; il avait beau démontrer avec
une franchise presque naïve, combien étaient puériles les
espérances de quelques Français trompés par les promesses
falasieuses des ambassadeurs, et confirmer les assurances de
M. J. Ferry ; il avait beau rappeler l'ambassadeur de la Reine
à la réalité. Tout cela devait échouer et a échoué fatalement
devant la résolution subite du cabinet Salisbury, qui a préféré masquer ses intentions et ses intérêts électoraux et faire
peser sur le consul de France toute la responsabilité d'une
action précipitée.

Les réserves de M. J. Ferry relatives à l'indépendance
des princes Laotiens qui habitent les deux rives du Mékong
hantaient toujours l'esprit du gouvernement britannique.
N'avait-il pas dit à Lord Lyons : « La Haute-Birmanie, oui.
« Le gouvernement de la République veut bien reconnaitre
« qu'il ne conviendrait pas de conclure avec Thebaw un
« traité politique quelconque, ou de soutenir directement ou
« indirectement ce monarque contre l'action Indo-Anglaise
« que Calcutta prétend être en droit d'exercer sur Ava. Mais
« les princes Laotiens n'ont jamais été en réalité les vassaux
« d'Ava. La France et la Birmanie sont sur le point de de-
« venir voisines. »

Ces paroles ont tellement effrayé le gouvernement de la
Reine qu'il n'est pas étonnant de voir dans les dernières
accusations préméditées de Lord Salisbury apparaître cette
inquiétude. (9 septembre 1885).

Aussi ne veut-on pas laisser échapper au Foreign Office
à Londres cette dernière occasion de protester contre les
réserves de M. J. Ferry, pour bien affirmer l'intention de
l'Angleterre.

Sir John Wolsham chargé de l'ambassade d'Angleterre à
Paris veut absolument savoir que les *conseils du consul de*

*France sont aussi funestes au roi Thebaw lui-même
qu'aux intérêts britanniques.* M. de Freycinet a beau lui
répondre que les rapports de son agent lui permettent de
dénier ce fait; qu'en tout cas. il y a eu exagération. Mais
l'ambassadeur ne se rend pas. Il lit les instructions de Lord
Salisbury, en donne copie, et déclare qu'il serait heureux
d'apprendre la confirmation des assurances de M. de Freycinet, mais qu'il a malheureusement. « *la preuve de l'action
de l'agent français* »; qu'elle résulte d'une correspondance de
bonne source qui se trouve en ce moment entre les mains
du gouvernement de sa Majesté.

M. de Freycinet remercie avec courtoisie le gouvernement
de la Reine qui a exprimé ses désirs d'une manière si amicale, mais il lui repugne de demander la preuve des accusations
positives portées contre son agent qu'il savait placé dans
cette quasi-excommunication dont les ministres Birmans ont
toujours honoré les représentants du gouvernement britannique. Il faut en savoir gré à M. de Freycinet de ne pas
avoir abandonné son agent dès la première heure. Il est
probable qu'il a dit: « Je suis autorisé à croire que vos
« renseignements sont erronnés; cependant si vous pouvez.
« me prouver le contraire, je me hâterai de sévir contre
« notre agent à qui nous avons recommandé la discrétion
« la plus absolue. » Les livres bleus n'en parlent pas.

En résumé rien n'a été prouvé parce qu'il n'y avait rien
de fondé dans ces accusations conventionnelles dont nous
avons apprécié les motifs et l'esprit. M. de Freycinet a promis d'examiner sans délai les griefs de l'Angleterre qui s'est
bornée aux accusations dont elle connaissait la valeur, mais
qu'elle avait intérêt à exploiter. Aussi le marquis de Salisbury s'empresse-t-il de féliciter Sir John Wolshom (25 septembre 1885): « J'approuve ce que vous avez dit à M. de
Freycinet. » Trois jours plus tard il apprend à Sir J. Wolsham que le gouvernement Français a démenti tout ce qui
a été dit relativement au contrôle qu'on lui prête sur de
prétendues concessions de Banque et de chemin de fer, (liv.
bleu, N° 120): « M. de Freycinet m'a prié de rassurer Votre
« Excellence et d'affirmer, qu'il n'y a pas un mot de vrai

« dans toute cette histoire des concessions. Notre ambassa-
« deur à Londres a été chargé de donner les mêmes assu-
« rances au gouvernement de la Reine. » (Liv. bleu, N° 126).

On ne pouvait être plus précis. Le gouvernement anglais
ne redoutait que la protection officieuse du cabinet de
Paris. Il savait que les tentatives isolées des spéculateurs et
les projets de l'ambassadeur relatifs à la création d'une banque royale à Mandalay n'auraient aucune chance de succès
auprès de Thebaw, où la vénalité des ministres rendait toute
opération financière impossible. Seul le patronage du gouvernement de la République pouvait engager Thebaw à traiter avec des Français. C'est pour dissiper les moindres doutes à cet égard que M. de Freycinet a déclaré que le cabinet
Français dément formellement la prétendue action dans les
affaires du gouvernement d'Ava.

Mais à Londres on n'a pas tenu plus compte des déclarations de M. de Freycinet que de celles de M. Waddington,
parce qu'on ne pouvait plus reculer. On eut préféré alors
moins de franchise de la part du gouvernement de la République, car on avait dit dans la presse et dans les cercles
politiques: « C'est la France, par les intrigues de son agent
« à Mandalay dont l'action sur Thebaw ruine toute notre
« influence et nos intérêts dans la Haute-Birmanie, c'est la
« France qui nous force à préparer la voie à l'annexion récla-
« mée par les chambres de commerce et l'opinion publique. »

Les voilà donc ces fameuses preuves de l'ingérence du
consul de France dans les affaires du palais. Mais il fallait
accuser quand même; cela répondait aux désirs du cabinet
de Londres, qui peu de jours après voulait se réserver le
droit de dire: « Nous n'avons cessé de répéter qu'il ne nous
est plus possible de reculer les bornes de la patience. » Oui
on avait dit cela depuis quelques mois, et on l'avait surtout
répété à M. de Freycinet qui a opposé un démenti formel
à la prétendue action du consul de France. On espérait ainsi
préparer l'occupation de Mandalay, tout en dissimulant les
motifs politiques de l'action. Il fallait profiter des embarras
du Cabinet de Paris et des divisions parlementaires.

Le 28 septembre le marquis de Salisbury était rassuré

sur les prétendus agissements de l'agent français, sur le soi-disant patronage que le gouvernement de la République aurait accordé à certains capitalistes français. Il eut été alors facile de retarder l'annexion et de régler judiciairement le différend entre la cour d'Ava et la compagnie des forêts, mais on eut perdu le bénéfice de toute cette campagne électorale menée en apparence contre le consul de France et le gouvernement de la République. Il ne faut pas oublier que le marquis de Salisbury avait résolu de faire servir la question Birmane à ses intérêts électoraux; et pour tirer parti de cette politique il n'était plus possible de reculer, car tout avait été combiné pour coordonner les choses au point de faire coïncider l'occupation de Mandalay avec les élections.

Le dernier paragraphe de la dépêche du marquis de Salisbury (28 septembre 1885) N° 121, liv. bleu, p. 210, nous prouve que l'Angleterre craignait surtout le retour à la politique de M. J. Ferry relativement à l'indépendance des peuples situés sur les deux rives du Mékong. Elle voulait paraître avoir des griefs sérieux contre la France pour légitimer l'annexion, car elle n'a jamais cru un instant au prétendu péril français; et l'eut-elle admis avant le 28 septembre, les déclarations si nettes et si précises de M. Waddington à Londres eussent été de nature à dissiper la moindre inquiétude.

Ce paragraphe exprime la joie: *Il n'y a donc et il n'y aura donc aucune divergence d'opinion entre les deux cabinets de Londres et de Paris relativement à la question birmane, qui intéresse si peu la France et qui répond aux plus grands besoins du gouvernement de l'Inde.*

Il est permis d'affirmer qu'à ce moment le cabinet de Paris, s'il n'avait pas été si fatigué par le courant anti-colonial de la Chambre mal renseignée, eut pu profiter des inquiétudes latentes de Lord Salisbury qui voulait. à tout prix, s'emparer de la Haute-Birmanie, sans toutefois blesser et mécontenter le gouvernement de la République.

Si le 28 septembre M. de Freycinet avait pu s'appuyer sur la Chambre il lui eut été facile de profiter des circonstances à l'effet de consolider le mur mitoyen que M. J. Ferry avait tracé en déclarant l'indépendance de la vallée du Haut-Mékong.

Malgré tout ce débordement de passions contre M. J. Ferry, M. de Freycinet eut pu dire à l'ambassadeur de la Reine : « Votre Excellence ne saurait douter de nos affirmations re-« latives à l'action fantastique de M. Haas et à tous ces « prétendus avantages au profit de quelques capitalistes « Français, sous le contrôle et le patronage du gouvernement « de la République ; nous avons pour devoir de profiter de « cette circonstance pour affirmer notre droit dans la sphère « d'action Indo-Française sur les deux rives du Mékong. »

L'esprit de la partie finale de la dépêche du 28 septembre nous autorise à dire que ce langage eut été pris en considération, tant était grand le besoin d'agir contre Ava et le désir de le faire, sans encourir l'inconvénient des observations du cabinet de Paris, qu'on avait intérêt à ménager. Mais il ne nous appartient pas de rechercher à quelles considérations le cabinet de M. de Freycinet a été forcé d'obéir dans les circonstances où l'avaient placé l'esprit de la chambre. Quoi qu'il en soit, rien ne saurait être sacrifié à ce silence qui n'implique nullement l'abandon de nos droits à l'est de l'Indo-Chine.

Les réserves de M. J. Ferry ne sauraient être considérées comme lettres mortes. L'application de la force à l'ouest et l'exécution du programme indo-anglais ne sauraient en rien affaiblir nos droits à l'est et reculer les limites de notre sphère d'action au-delà de la rive gauche du Mékong.

La lettre de M. Godley à Sir Pauncefote (India-Office, 5 octobre 1885, N° 123, p. 211), est dirigée directement contre les prétendus agissements du consul de France. L'India-Office estime qu'il est préférable de se débarrasser de l'agent français à Mandalay avant l'action militaire : aussi ne se contente-t-on pas des assurances de M. de Freycinet. On veut mettre courtoisement et indirectement en demeure le cabinet français de sacrifier son agent, et pour atteindre ce but on prescrit de nouvelles accusations qu'on eut été bien en peine de justifier.

On sait pourquoi l'India-Office de Londres, édifié le

5 octobre 1885 sur la situation pénible du consul de France vis-à-vis de la cour d'Ava ne se soit pas contenté des affirmations et des assurances de M. de Freycinet.

La lettre du 24 septembre 1885 de Sir Wolsham au marquis de Salisbury; la note du journal *La République française*, 25 sept. 1885, nous autorisent à dire que le cabinet Anglais était rassuré sur ces fameuses concessions, au profit de quelques Français, et les prétendues succès du consul de France auprès de Thebaw, qui n'avait réservé à M. Haas que les humiliations dont ont été abreuvé tous les résidents anglais. Si tant est qu'en réalité Lord Salisbury a cru un instant à ce fantôme, pourquoi alors, le 5 octobre, le cabinet de Londres s'acharne-t-il contre le consul de France. Il veut que cet agent soit le conseiller de Thebaw, il veut *que les capitalistes Français soient protégés au palais par leur consul dont l'influence sur le roi est une garantie de succès.*

Pourquoi tant de précautions, pour ne pas dire tant de subterfuges? Il eut été plus simple d'aller droit au but et de demander la tête de l'agent français pour donner satisfaction à la presse et aux marchands de Rangoon.

Quand l'Angleterre a lu, avant le premier ministre, grâce aux agents secrets de M. Andreino, les conseils que le consul de France donnait à cette époque au gouvernement de Thebaw, elle eut dû avoir quelques scrupules à accuser M. Haas, dont elle connaissait seule les intentions et les efforts. Car jamais Thebaw n'a eu connaissance des efforts du consul de France. Mais c'est précisément parce que cet agent donnait des conseils sages et utiles qu'on l'a accusé; et si sa voix était parvenu jusqu'au roi, l'Angleterre pouvait perdre les causes d'intervention immédiate. Le marquis de Salisbury avait intérêt à intervenir militairement à jour fixe et non à transiger et à attendre. Voilà le secret de tout cet acharnement contre le résident Français qui n'a jamais eu accès au palais.

N° 126 (liv. bleu, p. 221).

Extrait de la *République Française* du 25 septembre 1885:

« L'agence Havas nous communique la note suivante:

« Une dépêche publiée par les journaux anglais parle
« d'une convention qui aurait été conclue entre la France
« et la Birmanie, et aux termes de laquelle la France se se-
« rait fait attribuer le contrôle des douanes et l'établissement
« d'une banque à Mandalay. Ces informations sont purement
« imaginaires. »

Le 24 septembre (page 220) et le 12 octobre 1885 c'est
M. de Freycinet lui-même, qui dans sa conversation avec
l'ambassadeur de la Reine, aborde la question de la Birmanie.

« Il dément de la façon la plus formelle les prétendus
« contrats; il dit qu'en son nom M. Waddington a déjà affirmé
« le mal-fondé de toutes les inquiétudes de l'Angleterre. Le
« chemin de fer, la compagnie de navigation, la banque etc.,
« garantis par les revenus du roi. Tout cela n'a été
« l'objet d'aucune attention officielle, et ces prétendues con-
« cessions ne reposent sur rien. Quant à M. Haas, s'il y
« avait quelque fondement dans les succès qu'on lui prête,
« il aurait agi sans instruction, et sous sa responsabilité per-
« sonnelle. Quoiqu'il en soit, toutes les difficultés relatives
« à sa prétendue influence au palais ont disparu. Cet agent
« a demandé un congé de santé qui lui a été accordé.

« M. de Freycinet annonce alors l'arrivée récente de l'en-
« voyé Birman; cet envoyé vient procéder à l'échange des
« ratifications du traité de Janvier dernier; son séjour à
« Paris sera fort limité.

« Puisse l'envoyé du roi Thebaw (dit Lord Lyons à M.
« de Freycinet) ne rien faire qui pourrait être de nature à
« encourager certaines personnes, à demander des concessions
« inutiles, parce qu'elles ne sauraient jamais être exploitées;
« tandis qu'elles lui créeraient de sérieux embarras ainsi qu'à
« son souverain. »

Le 13 octobre Lord Lyons écrit au marquis de Salisbury:

« J'ai l'honneur de faire parvenir à Votre Excellence un
« petit article qui a paru ce matin dans le journal des débats.

« Il a rapport aux articles de la presse anglaise qui de-
« mande l'annexion de la Haute-Birmanie à l'empire des Indes.

« Il établit qu'un échange de vues très courtois a eu lieu entre·
« les cabinets de Londres et de Paris, au sujet des allégations·
« relatives aux vues ambitieuses de la France à Mandalay. .

« Cet article conclut ainsi: La France doit se borner à
« conserver l'influence naturelle que lui donne en Birmanie
« sa situation dans l'Extrême-Orient, et elle ne peut se lancer·
« dans une politique qui pourrait être de nature à inquiéter·
« les intérêts britanniques et entraîner une augmentation des·
« difficultés qu'elle rencontre dans l'établissement de son au-
« torité en Annam et au Tonkin.

Signé: L. Lyons. »

Le 17 octobre 1885 le marquis de Salisbury félicite Lord
Lyons et approuve le langage qu'il a tenu à M. de Freycinet,.
le 12 octobre dernier.

Que pouvait-on après cela? M. de Freycinet s'est empressé d'aller au-devant des inquiétudes du gouvernement
de la Reine. Il a voulu prouver à Lord Lyons jusqu'où
allait la sincérité de son gouvernement. Il a fait justice de
toute cette prétendue complicité, et a mis à nu l'impossibilité ·
de la réalisation des tentatives isolées de quelques capitalistes.
Il a télégraphié à son agent à Mandalay: « Il y a eu un·
« échange de vue entre les cabinets de Londres et de Paris
« relativement aux affaires de la Birmanie et des prétendues·
« concessions. Cette situation vous impose la plus grande·
« discrétion. »

M. de Freycinet a été à juste titre préoccupé des observations de l'Angleterre, qui a fait beaucoup de bruit pour·
préparer l'opinion publique à une prompte action contre·
Mandalay.

Le consul de France, en voyant s'écrouler le trône de
Thebaw, a télégraphié à son gouvernement: « *Sauvez fron-*
tières sur le Mékong. »

Il est naturel que M. de Freycinet ait dit à Lord Lyons,
malgré les rapports navrants de son agent dont il connaissait l'isolement: « Si les allégations relatives à l'ac-
« tion de M. Haas avaient quelque fondement, le consul de
« France aurait agi sans instructions, et sous sa propre res-
« ponsabilité. » En d'autres termes: Le consul de France,

s'il avait obtenu réellement ces concessions au profit de ses nationaux, ne saurait en rien engager la responsabilité de son Gouvernement dont il n'a reçu aucune instruction. puisque toutes les communications du département se bornent à cette dépêche: « *Cette situation vous impose la plus grande discrétion.* » Malgré les embarras parlementaires, M. de Freycinet a sans doute répété les paroles de M. J. Ferry qui constituent la base de nos droits sur le Mékong et les jalons du mur mitoyen entre la France et l'Angleterre: *Les Français et les Birmans seront bientôt voisins. La Birmanie n'a jamais exercé sur les deux rives du Mékong une autorité politique réelle.* (M. J. Ferry à Lord Lyons).

Thebaw était déjà perdu le 12 octobre, et M. de Freycinet en prouvant la bonne foi de son gouvernement et la non-existence des prétendus contrats, sous le patronage occulte de la France ne s'est pas fait illusion sur la situation du royaume d'Ava. C'est probablement la chute de ce trône si clairement entrevue, à travers les efforts du cabinet de Londres, qui lui a fait dire indirectement à Lord Lyons: « Soyez sans inquiétude, l'envoyé Birman ne sera plus ici dans un mois. »

M. de Freycinet a indirectement fait comprendre à Lord Lyons qu'il n'était pas dupe de toutes les récriminations et de toutes les craintes simulées du gouvernement de la Reine, car la lettre du ministre des affaires étrangères à Mandalay lui avait appris que le roi Thebaw avait envoyé le Thangyet-Woon à Paris non seulement pour soumettre le traité de commerce et d'amitié à la sanction de la chambre et du sénat, mais pour séjourner en France en qualité d'ambassadeur plénipotentiaire, *(by order of his majesty the king Wundauk-dow, Thangyet-Woon, Mingyé-Mintla, Maha-Sithu, Gyow, has been appointed ambassador plenipotentiary and permanently accredited to the court of France*

. . . .

are being despatched at Paris to take up their residence permanently at the court of France). Le mot *permanently* (25 juin 1885, page 214) se trouve aussi dans la lettre dont était porteur l'envoyé Birman, et à l'appui de laquelle il a été accrédité à Paris.

Si M. de Freycinet n'avait pas voulu laisser deviner à Lord Lyons qu'il a lu dans le jeu de l'Angleterre, il faudrait admettre qu'il a voulu reculer les limites de la courtoisie jusqu'à promettre à l'ambassadeur de la Reine le prochain départ de l'envoyé de Thebaw, qu'il eut pu provoquer, en interprétant le traité dans un sens hostile, de nature à entraîner le rappel du représentant de la cour d'Ava.

Cette hypothèse n'est pas admissible, malgré les efforts de l'ambassade anglaise à Paris. Le départ du consul de France à Mandalay a eu lieu au moment de l'acharnement de la presse anglaise et des efforts de Lord Lyons. M. de Freycinet ne pouvait pas, après avoir défendu son agent contre les attaques de l'ambassade Britannique, le jeter en pâture à l'âpreté de l'Angleterre, au moment où il avait rendu les plus grands services à l'humanité, en évitant les tristes conséquences d'une résistance aveugle à Mandalay, et en empêchant le massacre de MM. Rey et Calacredy retenus dans les forêts de la « *Bombay Burmah.* »

L'histoire du consul de France à Mandalay n'a qu'un intérêt relatif. L'Angleterre avait besoin d'une base d'opérations. Et quand il s'agit d'accuser, elle subordonne tout aux grands intérêts de la nation. Nous n'eussions pas parlé de ces incidents, si le Cabinet de Londres (liv. bleu. 1884. 1885) et la presse britannique n'avaient pas attaché tant d'importance simulée aux prétendus actes de M. Haas.

Mais en définitive, y avait-il quelque chose de fondé dans cette agitation? Oui, pour le public égaré en France par la presse anglaise; non, pour le gouvernement anglais.

Le Chief Commissioner de Rangoon savait par ses espions et par M. Andreino combien étaient droites et honnêtes les intentions du consul de France, qui espérait prolonger l'existence de l'indépendance de la Haute-Birmanie, en éclairant le premier ministre sur les dangers imminents dont était menacée la cour de Thebaw; mais on ne fera croire à per-

sonne que le gouvernement de Calcutta a admis un instant
la possibilité des succès de M. Haas. L'aveuglement de la
cour, l'extravagante ignorance du parti de la Reine, avaient
contribué à mettre en quarantaine cet audacieux consul
qui a osé conseiller au roi de combler de bienfaits les
Anglais et d'oublier pour le moment le traité de Yandabo. Le gouvernement de Calcutta n'a jamais cru un instant au « péril français » dont M. Haas était censé être l'âme,
mais il entrait dans sa politique de paraître alarmé et convaincu.

Les livres bleus disent, qu'en désespoir de cause, le consul
de France, toujours préoccupé de l'idée d'éviter un conflit
avec l'Angleterre, incapable de se faire écouter par le premier ministre, s'est adressé au grand chef de la religion
Boudhiste. Ce dernier, précepteur du roi, eut pu sauver la
situation, car seul il pouvait dire la vérité à son monarque,
mais il était trop Birman et trop orgueilleux pour admettre
que le roi, maître de la terre et de l'eau, put jamais être en
danger. Il ressort de tout cela que l'agent français n'était pas
redoutable aux yeux du vice-roi des Indes.

C'est le 12 octobre 1885 que M. de Freycinet a fait sa
déclaration solennelle: « Le gouvernement de la République
« affirme qu'il n'y a rien de sérieux dans toutes ces préten-
« dues concessions, et que le consul de France n'a reçu au-
« cune instruction contraire aux intérêts anglais. »

Et c'est aussi le 12 octobre que le vice-roi des Indes
transmet à Lord Rodolphe Churchill, secrétaire de l'Etat
(Inde), une série de documents relatifs aux affaires de la
Birmanie supérieure et aux prétendues conventions entre le
gouvernement Birman et les agents Français à Mandalay.

Nous cherchons en vain dans les livres bleus quelque
chose de rassurant pour les esprits surexcités à Calcutta et
et à Rangoon, un démenti formel, une déclaration officielle
ou la publication des paroles de M. Freycinet. Il eut été si
facile de calmer l'agitation et de rassurer les chambres de

commerce. [1]) Mais le gouvernement de Londres n'avait pas
intérêt à éteindre l'incendie qu'il avait permis d'allumer; les
élections étaient proches, voici pourquoi la déclaration de

[1]) N° 125, p. 215.
E. S. Symes, Esq. C. S., secrétaire du Chief Commissioner, Birmanie
anglaise à H. M. Durand, Esq. C. S. J., secrétaire du gouvernement de
l'Inde, affaires étrangères.

Rangoon, 24 septembre 1885.

Birmanie anglaise au secrétaire du département des affaires étrangères.
« La chambre de commerce de Rangoon s'est fait représenter aujour-
« d'hui auprès du Chief Commissioner par une députation très-influente,
« qui a remis une lettre relative aux concessions demandées ou accordées.

« Si le roi Thebaw a accordé ou accorde ces concessions à des com-
« pagnies françaises il en sera fait de l'influence anglaise. Les intérêts
« commerciaux passeront tous entre des mains françaises. Le royaume
« d'Ava deviendra une province française, une dépendance du Tonkin
« (french dependency).

« Il faut agir promptement si on veut sauver l'influence et le commerce
« anglais de la Haute-Birmanie, qui est tout entier entre les mains des
« maisons de Rangoon.

« Le Chief Commissioner a répondu que le gouvernement de l'Inde
« est renseigné relativement aux projets de concessions des Français. Il a
« fait remarquer que l'Angleterre est maîtresse de l'Irrawady, qu'elle seule
« peut construire un chemin de fer dans la Haute-Birmanie. Il a reconnu
« que ces concessions, si elles étaient accordées, ruineraient le commerce
« que l'Angleterre fait avec la Haute-Birmanie et les provinces de l'ouest
« de la Chine.

« Il a promis à la chambre de commerce de Rangoon de défendre
« énergiquement cette cause auprès du vice-roi.

« Le 28 juillet dernier M. Burgess a déjà exprimé au nom du Chief
« Commissioner les dangers que présentent de telles concessions. Sa lettre
« avait pour but de faire des observations au gouvernement d'Ava, à l'effet
« de le détourner de l'idée de fortifier une autre nation en lui accordant
« des avantages qui ruineraient le commerce britannique avec la Haute-
« Birmanie et les provinces de l'ouest de la Chine.

« Il semblerait que le contrat relatif à la Banque a été signé à Rome,
« au mois d'avril dernier; mais on ne sait pas jusqu'à quel point le gou-
« vernement d'Ava a sanctionné ces concessions.

« Il est possible que dans les affaires de la Bombay-Burmah le gou-
« vernement n'accepte pas nos justes remontrances et se mette en oppo-
« sition de vues avec le gouvernement de l'Inde.

« S'il y a lieu d'exercer une coercition sur le gouvernement de Man-
« dalay par la force, le roi Thebaw perdra son trône, tant est grande la
« désorganisation de son pays.

« Cette éventualité nous obligera:

« Ou d'annexer la Birmanie supérieure, ou une grande partie du ro-
« yaume d'Ava, ou de remplacer Thebaw par un des princes exilés favo-
« rable à notre influence, dans le cas où il accepterait en entier le traité
« de Simla. »

N° 125. Députation de la chambre de commerce de Rangoon, relative
aux affaires de la Haute-Birmanie. Cette députation s'est présentée à
l'hôtel du gouvernement de Rangoon, le 24 septembre 1885.

C'est M. Thomson qui prend la parole. Son discours se résume dans

M. de Freycinet n'a pas été publiée. Voici pourquoi toutes
les accusations portées contre lui après le 12 octobre n'ont

l'éternel thème: « La France n'a pas d'intérêt en Birmanie, comment pour-
« rait-elle prétendre exercer l'influence qu'elle convoite. Si ces concessions
« sont accordées, c'est la ruine absolue du commerce et de l'autorité bri-
« tannique. Le gouvernement de l'Inde ne saurait hésiter à agir promp-
« tement, si on veut sauver les importants marchés réservés à ses pro-
« duits.

« Le dernier courrier d'Europe ne nous permet plus de douter de la
« véracité des concessions. Nous avons sous les yeux les statuts.

« La Compagnie tient le trafic de l'Irrawady depuis 20 ans, elle a dé-
« pensé des sommes considérables pour la construction de ses bateaux. Si
« les Français avaient le monopole de la navigation, ou le droit de visiter
« les steamers anglais, la compagnie britannique, qui a dépensé plus de
« 15 millions de francs, serait ruinée.

« M. Ravett démontre que la Banque française à Mandalay telle qu'elle
« est proposée, deviendra une question politique et sera le tombeau de
« l'influence anglaise. Il estime que l'heure d'une action énergique et
« immédiate a sonné pour le gouvernement de l'Inde, et qu'il y a lieu de
« faire savoir officiellement à toutes les puissances étrangères que l'An-
« gleterre ne reconnaît pas au roi Thebaw le droit de faire un traité de
« commerce.

« M. Hennedy se joint à M. Ravett et appuie sa motion relative à
« l'action immédiate du gouvernement de l'Inde.

« Le Chief Commissioner a répondu : Je vous remercie, Messieurs,
« d'avoir pensé à m'exprimer vos vues relativement aux circonstances qui
« pourraient ruiner le commerce anglais dans la Haute-Birmanie et dans
« l'ouest de la Chine (il est sans doute question du Yunan et du Quangsi).

« La question des compagnies françaises est connue du gouvernement
« de Calcutta, autant qu'on peut la connaître. Jusqu'aujourd'hui le gouver-
« nement de l'Inde a été seul à exercer son influence sur la politique
« commerciale des Etats adjacents d'Ava. La Birmanie anglaise tient la
« clef de l'Irrawady, qui permet d'aller à Ava et jusqu'aux frontières
« de la Chine occidentale. Le chemin de fer n'est possible qu'à la con-
« dition de traverser le territoire anglais. Le gouvernement de l'Inde
« peut donc exercer son influence sur tous les projets de voie ferrée dans
« la Birmanie supérieure et sur son commerce extérieur. Il n'a jamais eu
« l'intention de défendre aux nations alliées de trafiquer avec la Haute-
« Birmanie, et je crois que vous partagez ce sentiment.

« L'Angleterre pratique la liberté du commerce sur tous les points du
« globe. Certes le commerce extérieur de la Haute-Birmanie est entre ses
« mains ; et il serait sérieusement menacé, si ces concessions étaient accor-
« dées aux Français, qui n'ont aucun intérêt à Mandalay où ils pourraient
« entraver la liberté du trafic.

« Il ne m'appartient pas de tracer la ligne de conduite; mais je suis
« convaincu que le gouvernement désire protéger le commerce anglais
« contre toutes les restrictions, quelles qu'elles soient. Vous venez d'ex-
« primer vos vues, Messieurs, soyez persuadés que le gouvernement agira
« comme il convient et en temps voulu dans l'intérêt de vos affaires
« à Ava, et surtout dans l'intérêt de l'Angleterre qui espère relier
« Rangoon à Moulmain aux provinces occidentales de la Chine. »

pas été démenties par une note officielle ; voici pourquoi on n'a pas communiqué aux chambres de commerce de Calcutta et de Rangoon le texte de la protestation du 12 octobre, qui prouvait jusqu'où M. de Freycinet a poussé le désir d'éviter tout ce qui pouvait être de nature à altérer les relations avec le cabinet de Londres.

L'histoire ne permettra pas de dire que c'est à la pression des chambres de commerce de Calcutta, de Rangoon et du continent que Lord Salisbury a cédé en approuvant l'action militaire de Lord Dufferin contre Mandalay. Elle admettra moins encore que le gouvernement de Calcutta ait été mis en demeure de faire la guerre au roi Thebaw pour sauver la Bombay-Burmah Cie des intrigues du consul de France, auquel on avait intérêt à prêter une situation assez prépondérante pour faire passer les contrats au profit de ses nationaux.

Le 25 septembre 1885, Sir Jones Esq., administrateur de la Bombay-Burmah Trading Corporation, écrit au secrétaire du Chief Commissioner de la Basse-Birmanie : « Nous approuvons les télégrammes du *Times* et du *Standard*. Le correspondant Français de ces journaux est autorisé à démentir de la façon la plus formelle les traités que les Français auraient faits avec le gouvernement Birman. »

En résumé, à quelque point de vue qu'on se place, on est conduit à reconnaître que l'Angleterre a obéi dans toute cette campagne à des préoccupations politiques qui ont déterminé Lord Salisbury à précipiter les événements, car il avait intérêt à influencer les électeurs par tous les moyens en son pouvoir. Si les élections en Angleterre n'avaient pas revêtu le caractère d'une lutte de parti, on eut réglé à l'amiable le conflit entre le gouvernement d'Ava et la société des forêts. Mais Lord Salisbury attachait une grande importance à l'occupation de la Haute-Birmanie, parce qu'il voulait escompter cet événement qui était devenu, grâce au silence du cabinet anglais, la question du jour au profit de son parti. Ce que Lord Ripon, le vice-roi de M. Gladstone n'avait pas pu ou voulu faire, il le fera lui, au grand avantage de toutes les industries du continent lésées depuis longtemps par l'incurie et la mauvaise foi du gouvernement d'Ava. Voilà la pensée-mère de tous les actes de la *période de l'accusation* qui se termine le 17 octobre 1885, et qui correspond bien à l'agitation et aux préoccupations électorales en Angleterre, depuis la dissolution de la chambre des communes par M. Gladstone jusqu'à la veille du fameux scrutin.

Nous avons dit plus haut combien Lord Salisbury a été favorisé par les menées anti-coloniales et les agitations parlementaires en France.

Il est permis d'ajouter que Lord Salisbury était un homme heureux, tout a contribué à lui permettre de masquer ses intentions. La folie et l'extravagance du parti de la Reine. dirigé par le Tintah-Minghy, ministre du palais, ont servi de prétexte à cette prétendue obligation de renverser Thebaw pour donner satisfaction aux intérêts d'une compagnie privée. Si on n'avait pas voulu renverser le trône d'Ava, on eut eu mille moyens de faire rendre justice à une compagnie marchande, en admettant qu'elle fut réellement lésée.

Sir G. Jonnes, administrateur de la Bombay-Burmah Trading Corporation, dans sa lettre du 24 septembre au Chief Commissioner, se plaint des procédés du gouvernement Birman : « Ils ont commencé (les Birmans) à arrêter nos « radeaux, le 20 septembre, deux jours avant la demande de « la première amende. Chaque jour augmente le préjudice « matériel qu'ils peuvent nous causer et modifie l'aspect de « la situation en ce qui nous concerne.

« Ils avaient le temps de répondre à votre lettre du 29 « août; vous trouverez dans les attaques que nous venons de « subir un motif d'écrire ou de télégraphier de nouveau. « Nous nous confions à votre sollicitude. »

La lettre de Sir G. Jonnes nous permet de croire que l'administrateur de la compagnie des forêts était dans le secret des intentions du gouvernement dont il favorisait du reste l'exécution.

En effet, Sir G. Jonnes fait une distinction entre la situation générale et les intérêts particuliers de sa Compagnie. Il savait donc ce qu'on avait projeté à Calcutta et à Londres.

Et il lui eut été difficile de l'ignorer puisque c'est à l'aide des dépêches de M. Audreino qu'il a entretenu l'agitation à Rangoon, *(the aspect of affairs so for as we are concerned).*

Quatrième période. *L'action.* (16 octobre 1885 au 1er janvier 1886).

Cette période part des jours où le vice-roi des Indes a pris une résolution qui dans l'esprit du gouvernement de Calcutta ne pouvait avoir qu'une conséquence: *L'annexion de la Haute-Birmanie.* On était on ne peut mieux renseigné à Calcutta. L'armée de Thebaw n'existait que dans la confiance dont le roi entourait le Tintah-Minghy, son conseiller intime. Ce favori du palais, Birman ignorant et vaniteux, croyait réellement au prestige légendaire de son maître, dont il a précipité la chute.

N'oublions pas que le 28 août M. Bernard avait mis le gouvernement de Mandalay en demeure de suspendre toute mesure vexatoire contre la compagnie des forêts sous peine de conséquences graves.

Le 16 octobre le vice-roi télégraphia au secrétaire d'Etat: « Bernard a reçu la réponse de Mandalay. Le gouvernement « Birman repousse définitivement l'arbitrage. Je propose avec « l'assentiment unanime de mes collègues d'envoyer l'ultima- « tum suivant:

« 1° Le gouvernement d'Ava recevra l'envoyé du gouver- « nement de l'Inde, conformément aux usages usités dans « les autres cours. Il n'enlèvera pas ses chaussures.

« 2° C'est le gouvernement seul qui réglera le différend « de la Bombay-Burmah Corporation, sans en référer, en « quoi que ce soit, au gouvernement d'Ava.

« 3° Ce qui s'est passé et ce qui se passe, force l'Angle- « terre à placer à Mandalay un agent à poste fixe avec une « garde d'honneur et un steamer destiné à protéger la rési- « dence.

« 4° Au point de vue politique l'Angleterre contrôlera

« toutes les relations extérieures d'Ava. Elle traitera le roi
« de Birmanie comme l'émir de l'Afghanistan.

« 5° Le gouvernement facilitera le commerce anglais avec
« la Chine. (via Bahmo). »

Le 22 octobre (N° 131), Lord Lyons rend compte au
marquis de Salisbury de son entrevue avec l'ambassadeur
Birman :

« Il a reçu la visite de l'ambassadeur Birman conformé-
« ment aux usages, le 18 octobre dernier, et lui a exprimé
« le regret de faire sa connaissance à un moment si pénible
« et si critique.

« L'ambassadeur lui a présenté lui-même une lettre, il
« l'a acceptée, par mesure de courtoisie, comme il a reçu sa
« visite.

« Il a dit à l'envoyé Birman qu'il n'a pas qualité pour
« discuter les questions pendantes entre les deux gouverne-
« ments de Calcutta et d'Ava, parce qu'elles ne peuvent être
« traitées que directement entre ces deux gouvernements.

« Il est forcé à se borner à espérer une solution prompte
« et satisfaisante, grâce à la prudence et à la sagesse du roi.

« Il a l'honneur de faire parvenir au marquis de Salis-
« bury une copie de la lettre de l'envoyé Birman. »

C'est le 18 octobre que Lord Lyons a reçu la visite de
l'ambassadeur, c'est-à-dire un jour après la sanction de l'ultimatum par le cabinet Salisbury. Et c'est vingt-quatre heures
après cet événement qui lui était connu la veille par le télégraphe, qu'il a dit à l'ambassadeur Birman :

« Je suis désolé de ne pouvoir servir de médiateur entre
« vous et le gouvernement de la Reine, car il n'y a que
« Calcutta qui puisse directement correspondre avec Ava ; et
« ces questions doivent être traitées directement. »

Si ces questions doivent *être traitées directement entre
Calcutta et Ava* ; bref, si Londres n'intervient pas dans la
politique Indo-Birmane, pourquoi alors le vice-roi télégraphie-
t-il, le 10 novembre 1885, au secrétaire d'Etat à Londres :

« Le gouvernement Birman élude les réponses à trois
« demandes de l'ultimatum. Je propose, sauf votre appro-

« bation, d'ordonner au général Prendergast d'avancer immé-
« diatement sur Mandalay. »

Et pourquoi le secrétaire d'Etat télégraphie-t-il au vice-
roi, le 11 novembre 1885, pour le prier de faire avancer
immédiatement le général Prendergast sur Mandalay. Et pourquoi le texte de l'ultimatum a-t-il été rédigé à Londres ?
(6 novembre 1885, N° 135).

Et pourquoi le vice-roi télégraphie-t-il au secrétaire d'Etat
(13 novembre 1885) le texte de la proclamation du général
Prendergast, rédigée en conseil, en ajoutant : « Si vous avez
« quelques observations à faire, veuillez nous les faire con-
« naitre aussitôt, car il y a un grand intérêt à publier im-
« médiatement la proclamation. Prendergast attend vos nou-
« veaux ordres avant d'agir. »

Et pourquoi le secrétaire d'Etat répond-il immédiatement
au vice-roi, le 14 novembre 1885 : « Nous approuvons en-
« tièrement les termes de la proclamation du général Pren-
« dergast. »

La vérité est que tout a été traité à Londres. Calcutta
a exécuté la pensée de Lord Salisbury. Lord Lyons savait
qu'il entrait dans les vues du Foreign Office de faire coïncider
l'occupation de Mandalay avec les élections générales en Angleterre. L'ambassadeur de la Reine a été condamné à déguiser la vérité dans l'intérêt de son pays. La diplomatie a
de ces exigences. Lord Lyons savait que rien ne pouvait
être entrepris au point de vue militaire, contre Ava, sans l'approbation du cabinet de Londres. Il connaissait évidemment
les points principaux de l'ultimatum soumis à la sanction de
Lord Salisbury, mais il ne lui appartenait pas, après avoir
tant de fois défendu les droits de l'Angleterre sur Ava auprès
des différents cabinets français, d'éviter l'effusion du sang
dans la Haute-Birmanie, parce qu'il fallait à Lord Salisbury
une solution radicale de nature à impressionner les électeurs
favorables au programme de M. Gladstone. Voici pourquoi
l'ambassadeur de la Reine a décliné toute autorité et a voulu
faire croire à l'envoyé Birman, que le gouvernement
de Calcutta seul avait qualité de discuter , et de régler ce
différend qu'il savait être tout entier entre les mains du

cabinet de Londres, dont le chef avait la veille approuvé le plan du vice-roi de l'Inde et sanctionné le projet d'ultimatum rédigé par Lord Dufferin en conseil.

La mission de Lord Lyons a été aussi difficile que pénible. Tantôt c'est le cabinet de Londres, tantôt c'est le gouvernement de l'Inde qui dirige le mouvement selon les circonstances et les besoins du moment. L'ambassadeur a fait preuve de beaucoup de courtoisie, de beaucoup de circonspection et d'un grand sens politique. Et dans la partie pénible imposée au patriotisme du diplomate il a su déguiser la vérité avec une grande dignité.

Lord Lyons a su comprendre que les grands intérêts de la patrie sont si sacrés et si élevés qu'ils permettent au diplomate de transiger avec sa conscience. Quand ces intérêts parlent tout se tait dans l'âme des grands caractères. Aussi Lord Lyons n'a-t-il voulu voir dans toutes les phases de sa délicate mission que l'Angleterre fortifiée en Asie. C'est ce sentiment qui lui a donné la force d'accuser le consul de France à Mandalay; de laisser les esprits dans l'ignorance des sentiments de MM. J. Ferry et de Freycinet; et de dire à l'ambassadeur Birman: « Ce n'est pas le gouvernement de la Reine qui sera responsable de l'effusion du sang, car il n'est pas juge du différend ». On ne saurait échapper plus habilement à une responsabilité.

Si Clive a bien fait d'imiter la signature de l'amiral Watson pour s'emparer du Maharadjah de Mourchadabad, Lord Lyons a bien agi en trompant l'ambassadeur Birman par un habile et patriotique mensonge.

Il faut que notre diplomatie sache deviner en tout l'honneur et l'intérêt de la patrie, et ne pas examiner les choses nécessaires à travers le prisme des impressions personnelles. C'est à cette force que l'Angleterre doit sa grandeur. L'impressionnabilité individuelle est la plus déplorable des choses; elle se traduit par des jugements personnels, qui coûtent cher à la patrie: car quand il s'agit d'elle, on n'a pas le droit de soumettre ce que commande son honneur et ses intérêts à l'appréciation préalable de ses sentiments propres. Si Clive avait agi ainsi, l'Angleterre ne posséderait pas l'Inde.

Si Renaud de Saint Germain à Chandernagor n'était pas descendu des hauteurs de la Patrie dans la profondeur de son individualité et de sa conscience, il eut empêché Clive et Watson de s'emparer de Calcutta après la tragédie du Blachol. Il eut évité le combat de Plassy, cette autre bataille d'Actium, où a disparu notre autorité dans l'Inde.

La franchise du quai d'Orsay, l'intérêt de l'humanité outragée, les nécessités économiques n'exigeaient point une diplomatie si savante. Il n'est permis de transiger avec sa conscience que quand il s'agit du salut ou de la fortune de la Patrie. Nous admirons Dupleix et nous approuvons Clive. Il y a des audaces nécessaires. Clive l'a compris. Puissions-nous l'imiter au besoin.

Lord Lyons a éludé les propositions de l'ambassadeur Birman, parce qu'il savait que Lord Salisbury eut été bien fâché de terminer à Paris le conflit qui favorisait ses intérêts électoraux. Ce n'est pas l'arbitrage, voire même le protectorat qu'il visait, il voulait impressionner les masses la veille du scrutin; car l'arbitrage avait été proposé par le gouvernement de Rangoon avant les élections législatives en France. A Londres on a voulu connaître d'abord l'esprit de nos élections. S'il était sorti du scrutin d'octobre 1885 une politique nouvelle, favorable à la consolidation et à l'extension des intérêts français dans l'Indo-Chine, on pouvait se contenter de régler le conflit Anglo-Birman par un arbitrage. Mais pourquoi procéder ainsi, quand on avait la certitude d'être favorisé, par les élections en France, dans la voie d'une politique d'annexion.

Lord Salisbury s'est dit: « *Si l'esprit anticolonial du programme des députés conservateurs et radicaux triomphe, nous aurions bien tort de nous contenter d'un à peu près qui n'aura pas grand écho en Angleterre, quand nous pouvons imposer un ultimatum que l'orgueil birman fera rejeter et qui nous ouvrira la porte de Mandalay.* »

S'il pouvait y avoir quelque doute à cet égard, la lettre de Lord Lyons à Lord Salisbury (23 octobre 1885) suffirait pour le dissiper:

« Il est évident que l'ambassadeur birman espere sous-
« traire les affaires de la Haute-Birmanie au contrôle du
« gouvernement de l'Inde. Cela engendrerait la confusion et
« de nombreuses difficultés. Telle a été la pensée de l'Am-
« bassadeur, j'en ai pour preuve le passage de la note qu'il
« m'a remise et dont j'ai envoyé copie à Votre Excellence,
« il est ainsi conçu :

« Aussi me suis-je empressé de télégraphier à Mandalay
« le conseil d'accepter immédiatement un arbitrage dont la
« décision pourrait pacifiquement régler le différend existant. »

« Je suis convaincu que l'Ambassadeur espérait me faire
« approuver l'idée de cet arbitrage. Je l'ai traité avec cour-
« toisie, mais je me suis fermement refusé à entrer en né-
« gociation avec lui. »

Lord Salisbury n'eut pas été satisfait d'apprendre que
Lord Lyons, en vue d'éviter la guerre, a accepté la proposition de l'ambassadeur Birman. Il savait qu'il ferait plaisir
aux électeurs des deux partis, en annonçant la chute de
Thebaw, si ardemment désirée par tous les centres industriels du continent. Ce n'est pas l'arbitrage qui lui eut donné
des voix ; les électeurs ne s'en seraient pas contenté. Il leur
fallait la tête de Thebaw pour pouvoir étendre avec confiance
leurs relations commerciales dans toute la vallée de l'Irrawady et jusqu'au cœur du Yunan. Lord Salisbury le com-
prenait bien ; aussi Lord Lyons a-t-il agi en conséquence.
(N° 139, liv. bleu, p. 230). A aucun prix on voulait faire
exercer une pression sur le roi. Les instructions de Lord
Salisbury sont précises à cet égard (N° 136). Si par hasard
Thebaw allait céder, tout le plan électoral du cabinet eut été
renversé ; aussi s'est-on empressé de dire : « *It not being
the desire of her majesty's Government to press with
undue hardness on the king.* »

Le 3 novembre (N° 135), Lord Lyons dit à Lord Salisbury jusqu'à quel point il est entré dans sa pensée et dans
celle du gouvernement de Calcutta : « L'envoyé Birman m'a
« fait passer sa carte par un secrétaire de sa légation, en
« me priant de le recevoir aujourd'hui à l'effet de me re-
« mettre une note importante. J'ai prié le secrétaire de faire

« remarquer à son Excellence qu'il me serait impossible de
« recevoir sa note et d'entrer en conférence avec Elle rela-
« tivement à son contenu, faute d'instructions spéciales. »

Lord Lyons ajoute qu'il a compris les intentions de l'envoyé de Thebaw qui s'est efforcé de régler le différend en
Europe et il termine en disant : « J'ai cru bien interpréter
votre pensée en faisant acte de courtoisie. »

Nous ne saurions regretter l'écroulement du trône des
Allompra, et moins encore ce monarque aussi faible qu'incapable; mais il ne nous est pas possible d'assister sans surprise à cet événement. L'histoire dira si le cabinet de Lord
Salisbury se lavera du reproche que sont en droit de lui
adresser ceux qui prétendent qu'il eut peut-être été possible
d'atteindre le but de l'ultimatum sans verser une goutte de
sang. Mais pour cela il faudrait admettre que Lord Salisbury
se serait contenté d'une réponse favorable à toutes les questions de l'ultimatum qui n'était qu'un leurre. Et tout nous
démontre au contraire que le cabinet de Londres voulait
l'annexion et l'annexion immédiate, et ce n'est pas en né-
gociant avec l'envoyé de Thebaw à Paris que Lord Salisbury
pouvait la veille des élections, comme un général romain,
faire son apparition aux urnes en traînant le roi derrière
son char de triomphe.

L'envoyé Birman cependant, malgré le refus de Lord
Lyons, ne s'est pas découragé, il a envoyé sa note à l'ambassadeur de la Reine. Elle nous prouve combien était grand
l'intérêt électoral de Lord Salisbury, que l'impossibilité d'é-
viter l'effusion du sang n'a pas arrêté.

Nous plaçons cette note sous les yeux du lecteur :

„ Paris, 5 novembre 1886.

„ Monsieur l'Ambassadeur,

„ Je suis profondément convaincu que la situation critique qui
„ existe actuellement entre l'Angleterre et la Birmanie n'est que le
„ résultat d'un malentendu, aussi je serais personnellement très-
„ heureux de mettre en action tous les moyens qui sont en mon
„ pouvoir pour arriver à une solution qui pourrait satisfaire nos
„ deux gouvernements.

„ C'est dans ce but que je me permets de rappeler à Votre

„ Excellence que j'ai eu l'honneur de lui remettre une note précé-
„ dente, qui exprimait les désirs de mon Gouvernement avant l'en-
„ voi de l'ultimatum du gouvernement de l'Inde, ultimatum qui, d'a-
„ près les renseignements connus, est à peu près conçu ainsi:

„ 1° L'envoyé, porteur de l'ultimatum, sera reçu à Mandalay
„ avec tout le respect et tous les honneurs qui lui sont dus.

„ 2° Le différend existant entre le gouvernement Birman et la
„ Bombay-Burmah Trading Compagny sera réglé par la voie d'ar-
„ bitrage

„ 3° La résidence anglaise sera établie dans la Haute-Birmanie.

„ En ce qui concerne le premier point, je puis assurer à Votre
„ Excellence que le représentant de sa Majesté la Reine d'Angleterre,
„ impératrice des Indes, sera reçu avec tous les honneurs et tout
„ le respect qui sont dus à l'envoyé d'une aussi grande puissance.

„ En ce qui concerne le second point, le gouvernement de mon
„ auguste souverain a déjà informé par dépêche M. Bernard, Chief
„ Commissioner à Rangoon, qu'il est prêt à accepter l'arbitrage
„ proposé.

„ Arrivant au troisième point, je prie votre Excellence de vou-
„ loir bien se souvenir que j'ai eu l'honneur de remettre entre ses
„ mains une note confidentielle, l'instruisant que j'avais reçu de mon
„ gouvernement, avant mon départ de Mandalay, des ordres à l'effet
„ de renouer les anciennes relations qui existaient entre les deux pays.

„ Je suis heureux, Monsieur l'Ambassadeur, de vous renouveler
„ cette assurance.

„ Mon auguste Souverain m'a souvent exprimé le désir d'entre-
„ tenir des relations directes par la voie diplomatique entre le ca-
„ binet de Saint-James et celui de Mandalay.

„ En-dehors des lettres royales qui m'accréditent devant toutes
„ les cours d'Europe, je puis demander à mon souverain par té-
„ légramme, si le gouvernement anglais me permet de le faire
„ parvenir, une autorisation spéciale pour négocier à Londres au
„ sujet du différend qui nous divise, et éviter ainsi l'effusion du
„ sang.

„ Dans l'espoir que Votre Excellence voudra bien user de sa
„ haute influence pour faire prendre en considération par le cabinet
„ de Saint-James les propositions ci-dessus énoncées.

„ Veuillez agréer etc.

„ Le ministre plénipotentiaire de sa Majesté le roi de Birmani

Signé: Tan-Geet-Woon. "

Cette lettre de l'envoyé Birman nous apprend qu'à la
la cour de Mandalay, malgré le parti du Tentha, ministre
du palais, hostile à tout idée de conciliation, autant par
ignorance que par haine, il y avait un esprit sage et éclairé
qui a compris l'importance et la nécessité politique de la
reprise des négociations avec l'Angleterre. Le Keen-Woon-
Menghy a été un homme politique et un patriote le jour où
il a pu entraîner le roi à tendre par son ambassadeur la
main à l'Angleterre. Mais il eut été bien plus utile à son
souverain, s'il avait fait abstraction de tout esprit Birman en
prêtant l'oreille aux conseils du consul de France qui lui a
prouvé, qu'après tous les griefs du gouvernement de Calcutta,
après le départ malheureux de Sainte Barbe, le cabinet de
Saint-James ne consentirait plus à entrer en négociations
directes avec le roi d'Ava par la voie diplomatique. Si le
Keen-Woon-Menghy avait été moins Birman il eût évité
la guerre, en donnant, conformément aux conseils du consul
de France, toutes les compensations et satisfactions possibles,
au moment de l'approbation du traité Franco-Birman par
les pouvoirs publics à Paris. Mais il était écrit que le sceptre
des Allompra tomberait des mains débiles de Thebaw avant
que son ambassadeur eût le temps de se reconnaître à Paris, puisque le seul ministre bien renseigné n'a pas voulu
comprendre ce que lui a dit le résident Français relativement
à la situation géographique et politique du royaume d'Ava
par rapport à l'empire des Indes.

Il est certain que l'Angleterre a voulu la guerre:

1° Parce qu'elle a redouté l'influence Française à l'est.

2° Parce qu'elle a compris que les réserves de Mr. J.
Ferry à l'endroit du Haut Laos situé entre la Birmanie proprement dite et le Tonkin pourraient un jour servir de base
à l'affirmation des droits moraux de la France sur la vallée
du Haut Mékong qui se trouve dans la sphère de son action.

3° Parce qu'elle a compris que Mr. J. Ferry a entrevu le
plan séculaire de l'Angleterre à l'endroit de la route commerciale à travers les pays Shans, et la conquête des provinces occidentales de la Chine.

4° Parce qu'elle a redouté l'exécution du plan Ferry qui avait pour but d'empêcher l'occupation de la vallée du Mékong, et de renfermer l'Angleterre dans la sphère de son action.

5° Parce qu'elle a trouvé l'occasion favorable de devancer la France qui se trouvait alors en prise avec de grandes difficultés parlementaires résultant de la surexcitation des esprits à l'endroit de la politique coloniale; et parce qu'elle était assurée de trouver le cabinet de Paris impuissant et paralysé par l'agitation parlementaire.

6° Parce qu'elle pouvait alors cacher son dessein politique dans les plis de la trame qu'elle avait habilement ourdie à l'aide de la Presse et des chambres de commerce de Rangoon et de Glascow.

7° Parce qu'elle a été servie par les circonstances dans les tentatives isolées et sans résultat possible du comte Mahé de la Bourdonnais et de quelques autres qui ne pouvaient avoir aucun patronage officiel, et qui, aux yeux du gouvernement anglais bien renseigné, ne pouvaient obtenir aucune concession des ministres du roi Thebaw.

8° Parce que les livres bleus nous apprennent que Mr. J. Ferry a dit maintes fois à Lord Lyons: *La France ne sera pas à Mandalay un obstacle à l'exercice de l'influence politique que la Grande Bretagne entend exercer dans la Haute-Birmanie.* Parce qu'il a donné toutes les assurances possibles à l'Angleterre alarmée par le traité de commerce et d'amitié conclu entre la France et la Birmanie. Parce qu'il a promis à Lord Lyons que la France ne s'opposerait pas à l'exercice des droits de sa voisine, dans la sphère d'action tracée par le voisinage des Indes et l'occupation de la Basse-Birmanie. Parce qu'il a évité les difficultés que la France pouvait créer à l'Angleterre relativement au passage des armes et à l'entrée du prince Men-gong dans les pays Shans qui eussent compromis la situation de l'Angleterre à Mandalay.

9° Parce que l'Angleterre convaincue par les promesses de Mr. J. Ferry n'a rien fait pour calmer Rangoon et Calcutta qu'elle pouvait rassurer d'un mot. Parce qu'elle s'est acharnée à prendre comme cible le consul de France et ses prétendus succès, malgré les paroles de Mr. de Freycinet et l'évidence de la fausseté des allégations intéressées.

Bref. Lord Salisbury a voulu la guerre. parce qu'il savait qu'au premier choc l'armée Birmane se débanderait. Il fallait aussi annoncer aux électeurs le jour du vote la captivité de Thebaw. Tout a été organisé pour atteindre ce double but militaire et politique. Lord Salisbury a voulu la guerre parce qu'il savait que les droits de l'Angleterre sur Kiang-Tung et Kiang-Hung sont fictifs, et surtout que les réserves diplomatiques de Mr. J. Ferry constituent une barrière entre l'empire Anglais et l'empire Français; parce que cette barrière morale pourrait être franchie, grâce au désarroi parlementaire à l'ignorance de la question en France et surtout à l'animosité contre le fondateur de l'empire Indo-Chinois Français. Le Tonkin renverse les espérances séculaires de l'Angleterre, car elle voit déjà le Yunan fermé à son commerce et livré à l'activité du trafic français.

Il est certain que l'ultimatum envoyé au roi Thebaw a été rédigé à Calcutta quand on a connu le résultat des élections en France. On pouvait alors marcher à coup sûr, le fondateur de l'empire Hindo-Chinois ne poursuivrait plus avec fermeté et loyauté sa politique de l'équilibre Anglo-Français dans l'Indo-Chine. On pouvait précipiter les choses pour éviter des complications ultérieures en Europe et dans l'Afghanistan.

Et voici pourquoi on a profité de la première occasion pour faire au roi Thebaw une guerre dont la moralité n'est pas douteuse. Il eut été plus politique et plus grand de s'armer des droits moraux et politiques qui autorisent le gouvernement Anglais à revendiquer la Haute-Birmanie. Lord Lyons avait raison quand il répétait sans cesse à Mr. J. Ferry:

« La Haute-Birmanie fait partie du centre de l'action « Indo-Anglaise. Elle est dominée par l'influence britannique. « L'Inde occupe vis-à-vis de ce pays une position géogra- « phique qui ne permet pas la contestation des droits de « l'Angleterre. »

Jusqu'ici Lord Salisbury est dans la logique de la politique de l'Inde. Il ne dit rien qui puisse être contesté. au point

de vue de ce que nous sommes convenus d'appeler les sphères d'action politique. Et pourquoi alors dévier de ce terrain légal, pourquoi entrer à Mandalay à la suite d'une petite discussion d'intérêt entre une compagnie commerciale et le roi Thebaw? Pourquoi faire un casus belli d'une affaire privée, alors qu'il eut été plus digne et plus noble de dire au roi de Birmanie: « Vous êtes un obstacle au déve-
« loppement de la civilisation et des intérêts commerciaux
« que nous avons mission de fortifier en tirant parti de
« toutes les ressources agricoles industrielles et commerciales
« de la Haute-Birmanie. Vous ne devez pas ignorer que votre
« passé sanglant nous inspire des inquiétudes pour l'avenir.
« Vous n'avez pas prouvé que vous êtes capable de gou-
« verner votre pays qui est dans l'anarchie et la misère.
« Choisissez entre l'acceptation d'un protectorat ou l'anne-
« xion imposée par la force. Il n'est plus de la dignité de l'An-
« gleterre de prolonger un état de choses qui est une entrave
« pour notre commerce et un outrage à l'humanité. »

Mais non, au lieu d'aller franchement à Mandalay on y est allé, déguisé, et on procède par surprise. On n'a pas laissé à Thebaw le temps de se reconnaître. On a combiné les choses de façon à rendre le rejet de l'ultimatum fatal; car il fallait que la prise de Mandalay put coïncider avec les élections. Et tout cela parce qu'on a prétendu que la France était devenue subitement un danger considérable; parce que les paroles de Mr. J. Ferry ont effrayé Lord Lyons; parce que l'Angleterre a vu s'écrouler ses ambitions séculaires; parce que la question de voisinage soulevée par Mr. J. Ferry ne permettait plus de penser au projet de chemin de fer tracé par Colquhoun, et fermait aux produits Anglais la route du Yunan; parce que la France dans la vallée du Haut Mékong était une voisine redoutable; parce qu'il était certain que bientôt les Français reconnaîtront la vérité et l'importance des réserves de M. J. Ferry et contes-teront les prétendus droits de la cour d'Ava sur Kiang-Tung et Kiang-Hung.

L'Angleterre a toujours agi ainsi dans l'application de sa politique coloniale, et son établissement aux Indes n'est basé que sur ces procédés. L'histoire dira ce qu'elle pense de son intervention dans les affaires de l'Egypte et jugera avec plus de liberté d'esprit qu'on saurait le faire aujourd'hui. En résumé la morale de toute cette campagne de Birmanie est bien simple, et l'Angleterre doit sourire de pitié en pensant à ses succès faciles basés sur le triomphe d'une cause qu'elle a déclarée bonne, et qui l'était en réalité.

Y a-t-il une occasion malheureuse, une faute de politique extérieure dont l'Angleterre n'ait cherché à tirer profit?

Nous ne regrettons pas Thebaw et son gouvernement, mais n'eut-il pas été plus grand, plus moral de s'attaquer au Thebaw incapable, au Thebaw débonnaire, esclave des extravagances de la Reine, et des rapacités de quelques-uns de ses ministres; mais non, on a préféré faire la guerre au Thebaw ruiné, au Thebaw sans défense, au Thebaw réclamant à la compagnie des forêts ce qu'il croit lui être dû. Et tout cela parce qu'on avait peur à Calcutta de perdre ce qu'on appelait une bonne occasion d'en finir enfin avec la France dans l'Indo-Chine. Ce n'est pas parce qu'on la redoutait à Mandalay. On savait par expérience que son représentant ne serait pas mieux traité que les résidents anglais qui n'ont connu à Ava que les humiliations et les déceptions. On savait à Calcutta, à Rangoon et à Londres que Thebaw ne ferait pas plus de cas de la France que des autres nations; qu'il n'accorderait ni faveurs ni concessions à un gouvernement qui n'a pas voulu s'engager à lui procurer des armes, et qui tenait toujours comme une épée de Damoclès le prince Meen-goon suspendu sur sa tête. On savait aussi que la situation du consul de France serait intenable à Mandalay et qu'il partagerait le sort de MM. Shaw et Sainte-Barbe. On savait qu'il ne pouvait et ne voulait rien tenter contre les intérêts anglais. On était fixé et rassuré sur tout ce prétendu accaparement français. On avait l'assurance du quai d'Orsay qui n'avait pas fui les explications et éludé les démentis officiels. On se trouvait en face d'un ministre qui ne se gênait pas de dire à l'Ambassadeur anglais: Le gouvernement Français dément toute espèce de patronage direct ou indirect; il n'a connaissance de rien, et considère que le gouvernement Anglais a été induit en erreur relativement aux prétendus succès de Mr. Haas (liv. bleu 18. Octobre 1885).

Bref, la lumière est faite sur tous les points et partout, à l'ambassade d'Angleterre à Paris, au foreign office à Londres, et dans l'opinion publique. Lord Salisbury annonce à ses électeurs qu'il a pleine et entière confiance dans la France qui, avec une grande loyauté s'est expliquée relativement aux affaires de Birmanie.

Et pourquoi alors l'Angleterre n'en finit-elle pas immédiatement avec Mandalay? Il y a longtemps que la question de la Bombay-Burmah est à l'ordre du jour. Il y a plus de deux mois qu'on ne parle que de cela. C'est qu'il faut attendre les élections en France. Et si de ce côté tout va bien on ne perdra pas une minute pour régler le différend entre une compagnie commerciale et le palais de Mandalay en détrônant Thebaw.

Les élections de 1885! voilà le point noir, car derrière les déclarations de Mr. de Freycinet Lord Lyons voit les réserves de Mr. J. Ferry; ces terribles réserves diplomatiques qui dans l'esprit de l'ambassadeur Anglais signifient ceci: *L'Angleterre n'a aucun droit sur les pays Shans du Haut-Laos où il importe de régler des questions de voisinage.*

Lord Lyons sait que, s'il a mis une courtoise et habile persévérance à amener Mr. J. Ferry au point de la question Birmane où elle apparut au ministre Français, avec tous les caractères moraux et la légalité de droits incontestables, le chef du cabinet de Paris n'a jamais varié dans l'affirmation énergique des droits réciproques de la France: heureuse d'être bientôt la voisine de l'Angleterre. Et c'est précisément cette terrible question de « voisinage » soulevée par M. J. Ferry que l'Angleterre redoutait par-dessus tout.

Nous savons ce que les passions politiques ont fait de l'urne d'Octobre 1885. L'Angleterre la guettait cette urne, et on ne l'avait pas plutôt ouverte qu'elle s'est empressée d'agir en Birmanie. Le 1ᵉʳ Janvier 1886 on célébra à Mandalay l'annexion du royaume d'Ava.

Selon les intérêts du moment l'Angleterre décline toute action dans les affaires de la Birmanie, et donne toute autorité et toute liberté au gouvernement de Calcutta.

Voici pourquoi le département des Indes à Londres pria l'ambassadeur de sa Majesté à Paris de dire à l'envoyé de Thebaw que sa demande ne peut pas être prise en considération, parce que la Birmanie relève spécialement du vice-roi des Indes, et que la métropole ne peut pas intervenir dans le contrôle direct exercé par le gouvernement du vice-roi sur les affaires de la cour d'Ava. (Liv. bleu, p. 229). India Office, 9 Novembre 1885).

Cependant le télégramme que le secrétaire d'Etat a envoyé au vice-roi de l'Inde prouve que le gouvernement de la métropole exerce une action directe sur les affaires de la Birmanie :

« *Nous approuvons votre ultimatum, et je crois fermement que son envoi doit coïncider avec le mouvement des troupes et des bateaux à Rangoon* . . . .

« . . . . »

La lettre de l'ambassadeur Birman, (3 Novembre 1885), nous permet de juger l'esprit de la politique du cabinet anglais, qui eut été bien fâché de terminer le conflit entre la compagnie des forêts et le Palais en acceptant l'arbitrage proposé à la cour de Mandalay. Il faut ne pas oublier que l'arbitrage a été proposé par le gouvernement de Rangoon, avant les élections d'Octobre en France qui devaient décider de l'action. On aurait toujours le temps de régler l'affaire, par voie d'arbitrage, si les élections le commandent; sinon on rédigera un ultimatum inacceptable qui permettra de précipiter les événements: et c'est ce qu'on a fait. Tranquille du côté de la France, agitée et troublée par les critiques passionées des prétendues aventures de Mr. J. Ferry, on a envoyé à Thebaw un ultimatum dont la forme n'avait rien de blessant mais dont l'esprit était une véritable déclaration de guerre, car on connaissait à Calcutta l'orgueil traditionnel et séculaire de cette cour étrange et barbare. On savait qu'on atteindrait le but désiré: l'annexion.

Il y a longtemps que l'Angleterre croit donner le change à l'Europe, mais dans aucune des dernières questions modernes elle a poussé aussi loin le cynisme que dans l'annexion de la Birmanie qui ne lui a jamais été disputée. Elle avait peur de révéler son arrière pensée qui n'est rien moins que l'annihilation de la France dans l'Indo-Chine pour conquérir le monopole tant désiré du commerce en Chine. Enhardie par ses victoires dans l'Inde au dix-huitième siècle, elle a suivi la même route, persuadée qu'elle serait servie par les mêmes circonstances, et que, pendant la stérile lutte des partis en France elle accomplirait lentement mais sûrement son œuvre.

Lord Salisbury a su profiter des pétitions des chambres de commerce de Londres et de Glascow au moment où il voyait la possibilité d'offrir aux électeurs de son parti les débris de la couronne de Thebaw. Aussi s'est-il bien gardé de négliger l'occasion de donner satisfaction aux grands électeurs de la métropole. Il lui eut été facile de dire aux délégués du haut commerce le 23 et le 29 Octobre: « Vos « craintes ne sont pas fondées; le prétendu contrat de Mahé « de la Bourdonnais est une tentative vaine, isolée, sans « intérêt et sans danger. Le gouvernement français dans la « personne de Mr. de Freycinet m'a rassuré le 24 Septembre « dernier relativement aux prétendues concessions. Je suis « en mesure d'affirmer que la France n'a jamais entretenu « ou tenté d'entretenir à Mandalay des intelligences hostiles « à notre influence et à nos intérêts, elle a simplement pris « rang au point de vue commercial a côté de l'Allemagne « et de l'Italie, mais il n'est jamais entré dans l'esprit de « sa politique Indo-Chinoise de profiter de l'état tendu de « nos relations avec la cour d'Ava pour tenter de se substituer « à nos droits et à notre autorité dans la vallée de l'Irrawady.»

Si Lord Salisbury avait tenu ce langage aux notabilités du commerce de Londres et de Glascow, il eut suivi la voix de sa conscience mais non celle de ses intérêts électoraux. Une telle déclaration dans la bouche du chef du gouvernement ne pouvait ne pas opérer une déviation des idées.

Ce que le haut commerce du continent demandait à Lord

Salisbury c'était moins les clefs de Mandalay que la certitude de pouvoir faire avec la Haute-Birmanie les provinces Shanes et le Yunan un commerce sûr et libre.

Lord Salisbury eut certainement calmé les esprits s'il avait publié le 29 Octobre les importantes déclarations de M. de Freycinet : (24 septembre). On eut difficilement mis en doute la sincérité de ce langage qui semblait presqu'une profession de foi, mais il perdait le bénéfice de l'action. Le jour du vote il a préféré se taire. Après tout, la couronne de Thebaw valait bien la vie de quelques soldats Anglais. Et à ce point de vue la chute certaine du roi télégraphiée à Londres, la veille des élections, ne pouvait ne pas être prise en sérieuse considération par les électeurs du continent qui ne manqueraient pas de dire que L. Salisbury a employé le seul et unique moyen possible pour sauver l'influence Britannique et assurer le commerce du lendemain dans l'Indo-Chine et le Yunan.

Nous voilà maintenant au début des hostilités. Que s'est-il passé à Londres, à Paris, en Birmanie et à Calcutta ?

A Londres, on était rassuré. Les choses marcheraient conformément aux besoins de la situation. On savait que la cour d'Ava était dominée par le parti de la reine hostile à toute transaction. Aussi, a-t-on résolu de ne pas gâter les choses, au point de vue de l'influence de la chute de Thebaw sur le scrutin. On ne veut pas faire exercer une pression illégale sur le roi (to press with undue hardness on the King N° 136 p. 22). Car s'il allait céder, on ne pourrait plus escompter sa déchéance. Il eut été impolitique de laisser entendre à l'ambassadeur Birman que le gouvernement de la Reine verrait avec plaisir qu'il arrachât à son souverain l'adhésion à l'ultimatum.

A Paris. Le 15 Novembre, Lord Lyons, conformément aux instructions de Lord Salisbury écrit à l'ambassadeur de Thebaw à Paris en réponse à la lettre que Than-Geet-Woon Douck-Min lui a adressée le 3 du même mois :

« Lord Salisbury remercie l'ambassadeur Birman de sa
« communication amicale. Il regrette qu'il ne lui soit pas
« possible d'intervenir dans les affaires d'Ava qui se trouve

« placé directement sous le contrôle du gouvernement de
« l'Inde. Cependant, si le roi est prêt à accéder aux désirs
« exprimés, il lui suffira de s'adresser au vice-roi des Indes,
« qui, pas plus que le gouvernement de sa majesté, voudrait
« exercer une pression sur la cour d'Ava, avec laquelle bien
« au contraire, il s'est toujours efforcé d'entretenir des rela-
« tions pacifiques et amicales. »

Ce document est un modèle du genre. Lord Lyons savait
que l'ultimatum n'était pas acceptable; et il ne désirait pas
le faire accepter. Toute sa préoccupation est dans cette pensée:
*L'Angleterre ne veut pas forcer la main à Thebaw dont
elle a toujours recherché l'amitié.* L'ironie politique de
cette lettre prouve combien Lord Lyons a mis d'habileté à
sauver les apparences.

Le même jour (15 Novembre) M. F. Haas, pour raison
de santé est remplacé par M. de Boutellier.

La presse Anglaise, qui depuis longtemps avait joué dans
tous les tons possibles l'éternel et ridicule thème des progrès
et des intrigues du consul de France à la cour de Thebaw enre-
gistra cette mesure avec joie et en tira des conséquences aussi
ridicules que malveillantes: « Mr. de Freycinet aurait été
« obligé de sacrifier Mr. Haas. Lord Lyons l'aurait mis en
« demeure de retirer son agent: et il se serait empressé de
« céder aux désirs du gouvernement de la Reine. Bref, il
« aurait obéi à un ordre du gouvernement de l'Angleterre. »

Peu importe, les déclarations de M. de Freycinet, relatives aux prétendues intrigues de son agent, font justice des
interprétations malveillantes de la Presse anglo-indienne qui
qui n'a perdu l'occasion de chanter la soi-disant victoire
que Lord Salisbury aurait remportée sur M. de Freycinet.

Le fait est sans importance et surtout sans conséquences,
car on ne peut tenir compte de ces appréciations qui
avaient manifestement pour but de concourir au succès électoral du cabinet Salisbury.

A Calcutta, et en Birmanie. Le 13 Novembre le vice-
roi télégraphie au secrétaire d'Etat à Londres un projet de
proclamation qu'il se proposait d'envoyer au général Prendergast.

Proclamation à tous les prêtres, propriétaires de terrains,. marchands, employés et tous autres residents :

« Les sujets anglais ont subi de nombreuses vexations « dans la Haute-Birmanie. Le vice-roi de l'Inde a fait des pro- « positions à l'effet d'arranger amicalement les difficultés « existantes. Le roi d'Ava les a repoussées. J'ai reçu « l'ordre de diriger mes forces sur Mandalay. C'est à grand « regret et à la suite de longues provocations que le gou- « vernement de l'Inde a pris cette détermination. Le règne « de sa Majesté Thebaw s'est fait remarquer par la violation « des traités, par des actes d'agression à la frontière anglaise, « par des outrages envers des sujets anglais, par l'entrave « faite au commerce anglais, et par une politique extérieure « systématiquement opposée aux intérêts anglais. Le gouver- « nement de Mandalay a lassé le gouvernement anglais en « condamnant une société commerciale anglaise à une amende « arbitraire et ruineuse, et en refusant péremptoirement la « proposition conciliatrice de soumettre le différend à une « enquête impartiale. Voici pourquoi le gouvernement de « l'Inde se croit obligé d'adresser un ultimatum à sa Majesté « Thebaw, à l'effet d'obtenir l'acceptation de certaines pro- « positions bien définies en vue de l'arrangement de cette « question, et à l'effet d'établir les relations futures entre « les deux gouvernements sur des bases satisfaisantes. Le roi « a répondu d'une façon évasive et a fait une proclamation « des plus hostiles. J'ai conduit les troupes sous mes ordres « sur le territoire Birman, à l'effet de poursuivre le but de « mon gouvernement. En outre, il est démontré que l'ordre « du pays exige la déchéance du roi Thebaw. Les paisibles « habitants de ce pays ne seront nullement inquiétés, ils « n'ont rien à redouter de nous aussi longtemps qu'ils ne « s'opposeront pas au passage des troupes. Leur religion, et « leurs us et coutumes seront respectés. »

Cela prouve qu'on a voulu précipiter les choses à Londres pour profiter des divisions parlementaires en France, de la cam- pagne anti-coloniale de la presse conservatrice. et surtout des chances d'influencer les élections en Angleterre. Bref, cette cam- pagne a été décidée après le résultat du vote en France. Le conflit de la Bombay-Burmah a été une circonstance heureuse dont Lord Salisbury a su profiter en véritable chef de parti, et en homme de gouvernement.

Le général Prendergast a mis vingt-huit jours à monter la rivière de Rangoon à Mandalay. Il avait à sa disposition 10,000 hommes dont 3000 Européens. Le gouvernement de l'Inde a fait un contrat avec la société Irrawady-Flotilla qui a mis à sa disposition douze bateaux. Ces petits steamers ont été armés à la hâte.

L'effectif des troupes était cent fois supérieur aux besoins du moment; mais le gouvernement anglais a fait acte de prudence. Il a su mettre à profit la pénible expérience des Français dans l'Indo-Chine, et s'est beaucoup plus préoccupé des conséquences de la déchéance de Thebaw que de l'occupation de Mandalay.

Le général Prendergast a ouvert quatre fois le feu sur l'ennemi du 15 au 19 novembre. Les pertes malheureusement toujours trop élevées sont insignifiantes relativement au nombre des soldats Birmans. Les Européens ont été à la hauteur de leur devoir, mais les troupes natives de Madras ont reculé au premier choc. Le fort de Minhla, le plus important a été fortement canonné. Les batteries de montagne n'ont pas eu de peine à éteindre le feu de l'ennemi. Après deux heures de résistance, la route de Mandalay était ouverte. Les Birmans se replièrent. Le général Prendergast n'a eu qu'à enclouer les vieux canons abandonnés. L'ennemi espérait se reformer plus haut et écraser les hérétiques à Ava.

¹) Le 24 novembre, deux Italiens, MM. Comotto et Molinari, ont été faits prisonniers. L'un était officier de marine, l'autre était un ingénieur instruit et capable. Ils étaient depuis longtemps à Mandalay. Thebaw, conformément à ses habitudes, payait très irrégulièrement les membres de la mission européenne. Comotta et Molinari, pressés par le besoin, ont accepté les propositions du palais. Ils ont établi des barrages inutiles sur la rivière et ont tenté de défendre le fort de Minhla.

Les résidents français ont été corrects. Le comte de Trévelec, officier de cavalerie et MM. Bonvilain et Blin, ingénieurs distingués, ont repoussé les propositions les plus avantageuses. Cette neutralité cadre mal avec le prétendu « péril français ». Pendant que la Presse britannique avait in-

La proclamation du roi n'avait produit aucun effet sur le peuple sceptique et indifférent. Le Boudhisme est beaucoup trop philosophique, trop tolérant, pour engendrer le fanatisme religieux. Thebaw avait beau lever l'étendard de la persécution, il n'a pas été suivi. Si les Birmans étaient capables de faire une croisade, Thebaw était peu indiqué pour lever la bannière de Gautama. Malgré leur mépris de l'étranger (Kala) les populations rurales qui n'avaient aucun intérêt au palais, n'ont pas songé un instant à défendre un roi impopulaire qui ne se mettait à la tête de ses troupes qu'en paroles.

La proclamation de Thebaw se résume en ces mots:

« Les Anglais, ces étrangers hérétiques et barbares, nous
« ont fait des demandes outrageantes à l'effet de détruire
« notre religion, de violer nos anciennes traditions et de
« dégrader notre race. Ils ont osé nous lancer un défi. Nous
« leur avons répondu comme il convient, et conformément
« aux usages des grandes nations. Si ces étrangers hérétiques
« osaient attaquer notre état, le roi, pour défendre notre
« religion se placerait lui-même à la tête de ses troupes pour
« anéantir ces barbares, conquérir et annexer leur territoire.

térêt à agiter le spectre des résidents français, de leurs succès au Palais, de leur complicité fictive, MM. de Trevelec, Bonvilain et Blin ont refusé de prêter leur concours direct ou indirect. Leur neutralité n'a pas peu contribué au succès de l'Angleterre. Et chose étrange, pendant que le consul d'Italie trahissait le palais, MM. Comotto, Molinari et le capitaine Barberis étaient au service du général birman. Nous ne critiquons pas leur conduite. Nous constatons un fait. L'Angleterre, en fixant les in-. demnités dues aux Européens à Mandalay, a oublié l'attitude correcte et la neutralité des résidents français. Et elle a préféré ne pas se souvenir de l'action de MM. Molinari, Comotto et Barberis. Était-ce nécessaire en présence du fait accompli et du succès?

Après la mort de Meen-doo-Meen, Thebaw son successeur, abandonna la mission européenne, dont les ministres en faveur firent peu de cas. L'idée du vieux roi cadrait peu avec l'orgueil de ces valets élevés à la plus haute dignité de l'Etat.

La cour de Mandalay continua néanmoins à payer les officiers et les ingénieurs sans leur demander le moindre service. A aucun prix on voulait paraître ignorant et on redoutait surtout l'influence que MM. Vossion et de Trévelec pourraient exercer sur l'armée. Si le vieux roi n'était pas mort, la Birmanie eut été en état de défendre et de conserver son indépendance.

« Il ne faut pas que le peuple soit alarmé et qu'il s'éloigne
« du territoire; il peut sans crainte continuer à vaguer à ses
« occupations; il sera protégé par les officiers royaux dans
« chaque ville et village contre les malfaiteurs. Sont libres
« ceux qui ne voudront pas servir pour défendre notre reli-
« gion, notre maître, nos intérêts et conquérir la béatitude
« éternelle dans les régions célestes. »

Ce document, signé de plusieurs ministres, a été déjà
répandu dans tout le pays à partir du 7 novembre. Il ressemble à peu de choses près à toutes les proclamations des
pirates et des pavillons noirs. On y trouve le trait caractéristique du Birman : l'insolence, l'outrecuidance et le mépris
de l'étranger. Contrairement à la diplomatie de la cour d'Annam toujours évasive et mielleuse, les rois d'Ava ont cons-
tamment fait preuve d'ignorance et d'audace. Si on ne connaissait pas le caractère Birman, on serait tenté de croire
que cette proclamation a été suggérée aux ministres par les
espions anglais, et écrite avec un stylet en or payé par les
fonds secrets du gouvernement de l'Inde. Il n'en est rien.
C'est bien le parti de la guerre au palais de Mandalay qui
a rédigé cette ridicule provocation. Tant était grande l'ignorance et l'orgueil des favoris du roi, aveugle et incapable de
juger la situation. Il est néanmoins curieux d'entendre Thebaw traiter les Anglais de barbares peu de temps après l'é-
gorgement de sa famille. Et ce sont ces mêmes hommes
encore tout couverts du sang des victimes lâchement assas-
sinées la veille, qui prétendaient exterminer ces barbares anglais arrivés, mais un peu tard, pour venger le sang de ces
innocents. L'histoire n'oubliera pas que le gouvernement de
Londres voulait faire sur des femmes, des vieillards et des
enfants l'expérience du caractère de Thebaw. « Il est dans le
« premier feu de la folie du pouvoir, il faut attendre, pa-
« tienter, il s'amendera peut-être. » Mais alors l'Angleterre
de 1883 et 1884 n'était pas l'Angleterre de 1885.

Si, en 1885, on avait des droits sur Thebaw, ces droits
existaient en 1883 et 1884. Quelle triste chose que la politique! Pourquoi ne pas dire: Eh bien! oui, nous n'avons
pas renversé Thebaw le lendemain de la nuit de cette san-

guinaire orgie, où il s'était vautré comme un âne affolé et ennivré du sang de sa race sur les cadavres de sa famille; eh bien! oui, la vieille Angleterre a laissé jouer le dernier acte de cette horrible tragédie. Elle a assisté à peu de distance au supplice de quelques jeunes princesses qui lui criaient au secours. Eh bien! oui, nous avons été faibles, parce que nous n'avions aucun intérêt à offrir hier au commerce britannique la couronne de Thebaw demandée plus tard si obstinément; parce que nous ne redoutions pas la France à l'est; parce que nous n'étions pas inquiets de la route du Yun-nan; parce que le cabinet de Paris eut fait des réserves; parce que nous étions occupés sur les frontières de l'Afghanistan: parce que nous ne voulions pas inquiéter les princes indépendants de l'Inde.

Cette politique d'hypocrisie n'est pas digne d'un grand peuple et moins encore de l'Angleterre. Néanmoins nous ne cessons de dire: « En renversant Thebaw vous avez accompli un devoir, vous avez cédé aux exigences politiques et géographiques de Rangoon et aux nécessités électorales de Lord Salisbury, mais vous eussiez été plus grands si vous aviez dit: « *Ce que nous n'avons pas voulu faire en 1884,* « nous le faisons aujourd'hui parce que nous sommes gou- « vernés par un intérêt national, et parce que nous voulons « paralyser la France dans l'Indo-Chine. »

Les télégrammes de Prendergast (27 novembre 1885, N° 153, 154, 157) rendent compte des petits combats livrés à Myingyan. Le général en chef de l'armée de Thebaw a défendu tous les points de la rivière où il pouvait ouvrir le feu sur l'ennemi, mais ses batteries ont été réduites promptement au silence.

Prendergast ajoute: « Une armée partie d'Ava marche sur nous. Elle arrivera aujourd'hui. »

Il n'est pas douteux que le parti de la guerre à la cour de Mandalay espérait pouvoir résister jusqu'au bout et défendre tous les points de la rivière. Il est certain aussi que la Reine avait donné l'ordre de protéger la ville sainte. L'armée partie de Mandalay et dont parle le général Prendergast avait été chargé de faire un dernier effort pour retarder l'arrivée de la flotte anglaise, à l'effet de permettre de prendre quelques dispositions en vue de la défense de la capitale. On fit quelques travaux en aval et en amont de Mandalay, et on mit en batterie tout ce que renfermaient encore les arsenaux royaux. Tout cela n'était pas bien redoutable n'eut pas fait grand mal à l'ennemi.

Le général Prendergast, s'il écrivait ses mémoires, nous dirait certainement qu'il n'a pas été indifférent à la pensée de pénétrer dans la dernière ville sacrée des Allompra, à travers un monceau de ruines. Il voyait les conséquences fatales de cette aveugle et fâcheuse résistance. Il pensait aux incendies que ne manqueraient pas d'allumer les fuyards, et aux conséquences fatales de la fuite du roi et de la reine : signal du massacre des européens et d'un pillage général. Il avançait sans doute avec sang-froid, résolument, mais avec tristesse vers le dénouement fatal. Ce trône s'écroulerait-il sans fracas? Cette reine qui avait permis tant d'atrocités, tomberait-elle en son pouvoir sans qu'une goutte de sang européen fut répandu à la dernière heure? Il n'osait pas l'espérer. Aussi qu'elle n'a pas été sa surprise quand le lendemain matin (28 novembre 1885, N° 154), il s'est trouvé en présence d'un parlementaire du roi Thebaw, porteur d'une lettre royale qui avait pour but de demander un armistice.

Le général Prendergast profita de cette heureuse circonstance. Et c'est sans doute, après avoir démontré l'impossibilité de la résistance qu'il promit de ne pas faire usage de la force si le roi voulait consentir à se rendre et à livrer Mandalay.

Le parlementaire transmit au palais les intentions du commandant en chef. Il faut qu'il ait vivement engagé le gouvernement de Mandalay à renoncer à la résistance, parce que le lendemain matin un envoyé spécial apporta la réponse : « Le roi accepte toutes les conditions du général Prendergast. » (N° 154. 30 novembre 1885). Il fallait qu'il fut bien convaincu de son impuissance, de la générosité de l'Angleterre, dont il espérait au moins la conservation de son trône, car l'armée birmane rendit les forts d'Ava, 28 canons et déposa les armes. (N° 154).

Prendergast remporta là une grande victoire diplomatique et entra le lendemain dans Mandalay, musique en tête, sans tirer un coup de fusil. Le Keen-Woon-Menghy, premier ministre d'Etat, alla au-devant du vainqueur de l'armée de son maître. Il rencontra les troupes anglaises à peu de distance du palais, descendit de son éléphant, et salua le général Prendergast.

Le ministre de ce roi qui se croyait le maître de la terre et de l'eau; ce Menghy (Seigneur) qui n'avait jamais vu ses semblables qu'à genoux, imita Mousafer Singue devant de Bussy dans l'Inde. Ce grand ministre inclina l'orgueil de sa race et de son sang devant Prendergast, un Kala. Et comme Mousafer Singue il descendit de son éléphant, et dans la poussière rendit grâce à l'étranger vainqueur du « roi des rois » endormi tous les jours par les traditionnelles adulations qui prouvent la faiblesse et l'incapacité du monarque.

La lâcheté de Thebaw devant son vainqueur n'eut d'égale que sa cruauté envers sa famille, et la crainte de perdre sa couronne. Son ineptie et son orgueil lui valurent le mépris de ses vainqueurs. Et si imitant Alexandre-le-Grand, le général Prendergast avait demandé à ce tyran privé de ses bourreaux comment il désire être traité, il n'eut pas répondu comme Porus enchaîné: « en roi », mais de peur de blesser son vainqueur qu'il avait insulté la veille par sa stupide proclamation, il eut dit: « Comme il plaira à la puissante Angleterre. »

Le consul de France avait appris qu'on s'était battu à Myingyan. Il avait vu partir les troupes qu'on espérait opposer à l'ennemi. Il savait que la dernière position militaire de la rivière était déjà occupée par une garnison anglaise (500 hommes, dit la dépêche du 30 novembre 1885). Il n'ignorait pas l'excitation de la Reine qui, s'il faut en croire le Keen-Woon-Menghy avait déclaré qu'elle donnerait l'ordre du massacre des européens à Mandalay dans le cas où l'ennemi souillerait la ville sainte. Les actes de barbarie de Sonpaya ne permettaient pas de douter de la véracité de cette menace. A Rangoon on savait que le dénouement pouvait être l'objet de pénibles événements. On n'ignorait pas que la Reine, à la tête

du parti de la guerre, ne se rendrait pas sans boire à pleins
bords le sang européen dans la coupe de son dépit et de
son désespoir. On savait qu'elle n'imiterait pas Cléopatre en
assistant à l'écroulement de ce trône étayé sur les ossements
de la famille royale. Le télégramme du Chief Commissioner
(9 novembre 1885) au ministère des affaires étrangères à Calcutta dit que les Européens sont dans une situation critique.
*The positions of Europeens residents at Mandalay is
risky.* Ce télégramme ajoute: « Nous les avons prévenus du
« danger et nous leur avons facilité le départ, mais ils n'ont
« pas voulu quitter Mandalay. »

En effet, le Chief Commissioner, M. Bernard, préoccupé
de la responsabilité de l'Angleterre, sur laquelle tomberait le
sang des victimes, a envoyé un bateau de la compagnie
Irrawady Flotilla, avec mission de transporter la colonie européenne à Rangoon. Les Français ont refusé d'abandonner
leurs maisons au pillage et de faire acte de faiblesse. Ils ont
déclaré bravement au consul de France, chargé par le ministre des affaires étrangères de les ramener à Rangoon,
qu'ils ne quitteraient pas la ville et défendraient leur vie
jusqu'à la dernière heure. On fortifia une maison pour résister au besoin et on attendit le dénouement avec sang-froid.

Trente-sept heures avant l'entrée des Anglais à Mandalay,
le consul de France, effrayé des conséquences fatales de la
résistance à l'organisation de laquelle il prêtait la plus scrupuleuse attention demanda une dernière audience au grand-
prêtre Boudhiste de Mandalay, ancien précepteur de Thebaw,
à l'effet de convaincre le roi et la reine de l'inutilité et des
dangers de la résistance. Il échoua; tant était grande l'influence du parti de la guerre. Sans se décourager il demanda une audience au Keen-Woon-Menghy. La réponse
arriva à minuit (25 novembre). Le Keen-Woon-Menghy envoya même sa voiture à bœufs pour accentuer son désir.

En arrivant au palais les ministres étaient réunis en conseil devant le roi. Le consul de France attendit longtemps
dans la salle des sous-secrétaires d'Etat, dont quelques-uns
semblaient heureux du prochain dénouement. Ils avaient

évidemment intérêt à attendre de leurs nouveaux maîtres le
prix de leur trahison.

C'était le dernier conseil des ministres présidé par Thebaw. Rien n'avait pu altérer l'orgueil de ce palais. Les anglais victorieux étaient à la porte de Mandalay, l'armée et
l'artillerie royale avaient prouvé leur impuissance, mais le
consul de France ne fut pas plus admis, qu'au temps de la
douce quiétude à voir ce « roi des rois ». Jamais l'impuissance
générale, l'outrecuidance et l'orgueil n'ont été plus manifestement représentés.

Au bout d'une heure les ministres parurent. L'agent
français fut introduit dans une des petites salles de travail. Le Keen-Woon-Menghy, le Thindah-Menghy et le Kian-
Myon assistaient à l'entretien; ce dernier servait d'interprète.
Après avoir prouvé l'impossibilité de la résistance et les dangers que cette tentative ferait courir à la vie de la famille
royale et des ministres; après avoir parlé de la responsabilité
des massacres, de l'obligation de venger le sang européen,
le consul de France remarqua qu'il parla à des hommes épou-
vantés et prêts à saisir l'occasion qui leur était offerte d'empêcher le sac de la ville. Cette perspective les affolait vi-
siblement. Il leur proposa de demander un armistice et ex-
pliqua sa pensée: Le roi et sa famille auraient au moins la
vie sauve et les ministres pourraient intervenir pour obtenir
de meilleures conditions et sauver peut-être du naufrage le
principe de la couronne. Puisque tout était infailliblement
perdu, pourquoi ne tenterait-on au moins de sauver l'indépendance du pays à l'aide d'un protectorat ou d'une cession
de territoire? Puisqu'il fallait abandonner Mandalay ne vau-
drait-il pas mieux obtenir le droit de se retirer dans les
pays Shans ?

Le consul de France parlait à des convertis. Il ne croyait
certes pas ce qu'il se croyait obligé de faire espérer à ces affolés.
Pourvu qu'il parvînt à éviter la résistance inutile et si dangereuse
pour les européens, c'était son but: car il fallait à tout prix empêcher la fuite de la famille royale et l'ordre du massacre qui en
serait résulté. Il fallait faire mettre en liberté deux sujets anglais,
un capitaine et un mécanicien. Leur mort fatale eut entraîné

de terribles représailles dont le contre-coup aurait coûté la vie à tous les Européens abandonnés dans les forêts.

L'agent français rédigea alors sur l'heure (en français) la lettre relative à la demande d'armistice. Elle fut immédiatement traduite et le ministre de l'intérieur fut chargé de la porter au général Prendergast qui avançait les désirs du gouvernement de sa Majesté. Il partit vers 3 heures du matin et rencontra la flotille ennemie le 26 au matin.

Il résulta de son entretien avec le général que la vie de la famille royale ne courrait aucun danger, qu'on ne ferait pas usage de la force, si le roi voulait bien rendre son armée, sa capitale, et confier sa personne à l'Angleterre. Voilà ce que le parlementaire a fait connaître à la cour. Au Palais on espérait toujours sauver quelques débris de ce trône. Le roi n'avait aucune idée des sentiments de son vainqueur. Habitué à jongler avec la vie des membres de sa propre famille, il croyait que l'ennemi ne lui ferait pas grâce. La cruauté et l'outrecuidance engendrent toujours la lâcheté. En apprenant que le général lui avait répondu de sa tête, Thebaw n'avait plus aucun scrupule à sacrifier son armée, son peuple et son honneur. Mandalay valait bien la sauvegarde de son existence. S'il y avait une fibre humaine dans l'âme de ce tyran « maître de la terre et de l'eau » il serait mort d'humiliation; à moins qu'il eut trouvé le courage de mourir sous les décombres de son palais.

Le but du consul de France était atteint. Il n'y aura pas la moindre résistance et la colonie européenne sera sauvée. Peu importe l'honneur de Thebaw; il n'avait pas à s'en préoccuper. Peu importe que ce fantôme de roi, ce « Néron moderne » disparaisse comme il a vécu. Il fallait que le fait s'accomplît tôt ou tard. Pourvu qu'en disparaissant de la scène du monde il n'y eut pas de sang versé.

Le 1er décembre 1885, le général Prendergast télégraphia d'Ava au secrétaire d'État: « Le bateau de guerre du roi « ayant à son bord le ministre de l'intérieur nous accosta « le 26. Il agitait le drapeau blanc du parlementaire. Il était « chargé de traiter et demanda un armistice. J'ai répondu « que, n'étant pas investi de tous les pouvoirs, il me serait

« impossible de souscrire à cette demande, mais que le roi
« aurait la vie sauve s'il était décidé à se mettre entre nos
« mains, à rendre son armée et sa capitale, et à désar-
« mer les Européens. Je lui ai dit que j'attendrai sa ré-
« ponse jusqu'au 27, 4 heures du soir. Le 27, à 6 heures
« du matin, nous avançâmes. L'envoyé, revenant de Man-
« dalay, nous rejoignit à Ava; il nous portait les ordres du
« roi. Thebaw souscrivait à tous mes désirs; « les Birmans
« ne tireront pas un coup de fusil ». J'ai passé la journée
« à chercher un passage à travers le chenal obstrué entre
« Ava et Sagain, et j'ai embarqué une quantité d'armes que
« les Birmans abandonnèrent, sans la moindre difficulté, quand
« ils connurent l'ordre royal. Je désarme Sagain et Thala-
« yidou, et demain j'avancerai sur Mandalay. »

Quand à Londres on apprit par le télégramme du général Prendergast que le roi se rendrait sans défendre Sagain,
Thalayidou et Mandalay, on ne savait pas que c'était le
consul de France, qu'on avait tant calomnié par intérêt, à
qui on devait ce succès facile et ce sang épargné. Si la
France, dans toute cette affaire Birmane, a joué un rôle, il
n'a pas été contraire un seul instant aux légitimes intérêts
de l'Angleterre, qui, au lieu de s'abandonner à son éternelle
habitude d'accuser quand même, devrait bien rendre hommage à la vérité.

On ne redoutait nullement la défense de la capitale. On
y était préparé, mais on n'espérait pas s'emparer de ce roi
qu'on appelait avec raison le *Néron moderne*, sans verser
une goutte de sang britannique.

C'est à l'agent français que Prendergast doit son succès,
et c'est précisément la colonie française qu'il a outragée en
exigeant, entre autres conditions, le désarmement des européens, c'est-à-dire des Français, et de quelques Italiens. On
ne pouvait pas faire une plus grande injure à la France que
de supposer que les armes de défense personnelle partiraient
tout seul contre les soldats anglais. Heureusement qu'à
Mandalay on n'a jamais connu ce soupçon blessant et
mal fondé. Chacun garda son fusil et le général Prendergast a été sans doute le premier, à s'en féliciter, car

La nuit qui a suivi le départ du roi, toutes les maisons des européens ont été attaquées par les dacoïts. Celle du docteur Barberis a subi un véritable siége, la fusillade a duré toute la nuit. Les Européens se sont défendus de leur mieux. Ils ont tenu les pillards à distance, grâce à la précision et à la sûreté de leur tir. C'est encore le consul de France qui, vers minuit, s'est rendu au palais, non sans danger, pour prier l'officier chargé de défendre la demeure royale, de détacher quelques hommes, à l'effet de protéger les points principaux, où étaient situées les maisons des Européens. Le général Prendergast, il est vrai, a bien songé à défendre le palais, mais il a oublié de faire garder tous les points de la ville, et de prévenir les tentatives des anciens soldats de Thebaw, qui étaient presque tous doublés d'un Dacoït. Si l'état-major anglais s'était préoccupé un peu plus des dangers que pourraient courir les Européens, et un peu moins de ceux dont étaient menacées les richesses du palais, la tranquillité n'eut pas été troublée. Nous ne prétendons pas attacher à ce fait plus d'importance qu'il comporte. Il est néanmoins permis de rappeler que c'est la colonie française outragée par des soupçons mal fondés qui a contribué à rétablir l'ordre à Mandalay occupé si facilement, à l'aide d'un habile subterfuge, inventé par le consul de France, à l'effet de désarmer le parti de la reine et de chercher dans la lâcheté de Thebaw le salut des Européens.

La famille royale demanda à quitter le palais avec tous les honneurs royaux. Le général Prendergast et le colonel Sladen commissaire civil s'y refusèrent. Les éléphants furent remplacés par de simples voitures à bœufs.

Cet effondrement de la plus colossale des vanités, cette agonie de la plus ridicule des autorités, cette humiliation du prétendu maître de la terre et de l'eau, toujours caché au peuple comme un mythe et qu'on voyait arraché de son palais sans résistance et traîné comme un simple ministre à travers les rues de la ville sainte est bien le plus juste retour des choses de ce monde à la justice et à la vérité.

Thebaw a quitté son palais comme il y est entré, lâchement. Il n'a pas eu le courage de Theodoros, qui n'a pas insulté ses ennemis, mais qui les a combattus jusqu'au bout. La proclamation de ce Thebaw qui veut se mettre à la tête de ses troupes et qui se fait prendre dans son palais en demandant grâce, au lieu de le faire sauter, comme une mine, est bien digne de ce Thebaw qui se complaît au milieu d'une mare de sang, alimentée tous les jours par de nouvelles victimes. Et cette Reine, qui entendait le craquement des os de pauvres et inoffensives jeunes filles livrées impitoyablement à la brutalité des bourreaux, méritait bien d'être traînée, dans une simple voiture à bœufs, comme la plus obscure de ses servantes, et de quitter ce palais qu'elle avait souillé de sa féroce crainte.

Ce trône s'est écroulé dans la honte et la lâcheté comme celui qui l'occupait. Jamais cour asiatique a été plus inepte et plus odieuse. Faiblesse, ignorance, cruauté, voilà Thebaw roi. Il serait vraiment peu convenable de s'occuper d'avantage de la fin misérable de ce despote inintelligent qui, pour éloigner une cause de danger politique, eut volontiers sacrifié tout son peuple et immolé le monde, pourvu que rien ne fut changé aux habitudes du palais et aux besoins de sa stupide vanité.

L'Angleterre a fait un peu tard ce qu'elle pouvait et devait faire après le massacre de la prison. Elle a enlevé presque clandestinement la famille royale parce qu'elle redoutait une manifestation. Thebaw avait en réalité abdiqué, il n'avait droit, que par courtoisie, à un départ royal; et on se demande s'il eut été convenable de faire paraître une dernière fois aux yeux du peuple, avec tous les honneurs dus à son rang, un prince qui avait mérité jusqu'à la dernière heure la réprobation de l'humanité et le mépris de son peuple.

Le 30 novembre 1885, le secrétaire d'État envoya les félicitations de la Reine et de son gouvernement à son Excellence Lord Dufferin, vice-roi des Indes, pour la façon circonspecte et brillante avec laquelle l'expédition a été organisée et conduite. Il prie le gouverneur général d'exprimer sa satisfaction au général Prendergast pour la rapidité avec laquelle il a atteint le but de l'opération militaire et le peu de monde qu'il a perdu.

Le gouvernement de Londres ignorait le 30 novembre 1885, le service que le consul de France a rendu au général Prendergast dans la nuit du 25 novembre 1885.

Loin de nous la pensée de jalouser les succès trop tardifs de l'Angleterre et de diminuer l'éclat de la gloire du vainqueur. Prendergast est un brave et excellent général qui n'a pas besoin de nos éloges. Ils ne pourraient que diminuer l'éclat de ses mérites et de son caractère. Néanmoins quand on pense à cette promenade militaire de Rangoon à Mandalay, qui a mérité l'admiration de la reine et de son gouvernement, on se demande ce qu'auraient mérité nos braves officiers et soldats au Tonkin s'ils avaient été Anglais. S'il suffit de lier les mains à un tyran, qui se rend à la dernière heure par lâcheté, et de rentrer à Rome, c'est-à-dire à Londres, en le traînant à la suite de son char de triomphe pour inspirer l'admiration ? que ne fera-t-on pas pour le général qui livrera de véritables batailles et enfoncera à coups de canons les portes des villes qui ne s'ouvrent pas assez vite ?

Il est rationnel qu'à Londres on s'attendait à une faible et courte résistance. Néanmoins la nouvelle de l'abdication volontaire du roi ne pouvait pas laisser le gouvernement indifférent. Voici pourquoi le général Prendergast inspire tant d'admiration. Ceux qui écriront l'histoire de la Birmanie avec l'impartialité d'un Malsone, diront que le général Prendergast peut être un grand homme de guerre, mais ils ne lui attribueront pas le mérite d'avoir renversé ce trône des Allompra, auquel s'étaient cramponnés la reine la plus barbare et quelques parasites aussi cruels qu'ignorants.

Quoiqu'il en soit, l'histoire nous dira: « Ce péril français « à Mandalay, s'il ne nous a pas privé de nos droits dans « la vallée de l'Irrawady, a eu au moins l'avantage de nous « permettre de livrer Thebaw sans verser une goutte de sang « britannique. »

Ce n'est pas fini. Le vice-roi de l'Inde, lui aussi, chante les louanges du général et télégraphie au secrétaire d'Etat,.

le 1ᵉʳ décembre: « Le courage, l'humanité, la promptitude
« et la décision avec lesquels le général Prendergast a con-
« duit toute cette affaire sont au-dessus de tout éloge. Il
« nous a été possible d'atteindre notre but sans inspirer au
« peuple de la Haute-Birmanie des sentiments hostiles à notre
« égard. Le général Prendergast mérite une distinction spé-
« ciale que la reine lui accordera. Le pays sera provisoire-
« ment administré par nos agents au nom de sa Majesté. »

La vérité est que le général a fait une promenade militaire. On a eu facilement raison du fort de la frontière, on
a tiré quelques coups de fusil. il y a eu quelques blessés.
On se serait défendu à Sagain et à Mandalay, mais le but
définitif était facile à atteindre. Au point de vue de l'humanité il est heureux que Mandalay n'ait pas été défendue;
mais l'eut-elle été que Prendergast n'eut pas eu de peine à
entrer au Palais. Il eut certainement rencontré sur son chemin les cadavres des Européens, mais au point de vue militaire son triomphe était facile.

Si Prendergast avait été français, il eut été félicité, peu-
être eut-on moins exagéré son mérite et sa victoire. Que
n'eut-on pas dit en Angleterre de Francis Garnier et de ses
compagnons d'armes après la prise de la citadelle d'Hanoï?
Quelle couronne civique eut été assez belle pour lui ?

Pauvre France, ma patrie, quand sauras-tu exalter tes
enfants qui meurent heureux, parce qu'ils ont été les apôtres
d'une idée ou les pionniers de la science. Garnier, en mourant, a tourné vers toi un dernier regard plein de confiance
Il t'a légué son âme. Quel contraste! Quelle ironie! D'un
côté Prendergast porté en triomphe par l'opinion publique
et le gouvernement, parce qu'il a avec une armée de 12,000
hommes bien commandée, bien armée et pourvue d'une
bonne artillerie, coulé quelques bateaux Birmans et démoli un
fort dont le tir n'était guère plus redoutable que celui d'Hanoï.
De l'autre côté, Francis Garnier, désavoué par l'amiral Dupré
effrayé lui-même et blâmé par le gouvernement de Paris, F. Garnier, indifférent au peuple et critiqué par ses collègues, parce
qu'il a eu l'audace d'aller, avec une poignée d'hommes, jusqu'au
cœur du Tonkin, de forcer la citadelle, qu'aucun consul an-

glais lui a ouverte, et de faire, en un jour, sans préparatifs
et sans espoir de secours, ce que Prendergast a fait en un
mois, avec l'encouragement de la certitude d'un secours sérieux, dans le cas où le Dieu de la guerre ne lui serait pas favorable. Garnier n'avait que son généreux patriotisme pour appui.
Le général Prendergast s'est appuyé, lui, sur la volonté de
son gouvernement et la force de son armée. Il n'avait jamais
pensé à Mandalay. Hanoï était l'unique pensée qui remplissait l'esprit de F. Garnier. Il allait là où l'entraînaient son
devoir et son âme ardente, brûlée par le désir de faire au
loin cette autre France Indo-Chinoise. Le général Prendergast allait bravement, comme tout officier anglais, là où on
lui a dit d'aller. Il se serait transporté aussi bien ailleurs avec le
même esprit et la même discipline. Garnier est allé à Hanoï
parce que Hanoï faisait partie de sa vie, parce que la route
de la Chine, par le fleuve rouge, remplissait son esprit d'une
telle conviction, d'une telle ardeur, d'un tel patriotisme,
qu'il n'y avait plus place pour aucun autre sentiment.

Le 3 décembre 1885, le général Prendergast télégraphia
au secrétaire d'État: « Le roi, la reine, la reine-mère, le
« Keen-Woon-Menghy, deux membres du conseil, trois Woons,
« seize princesses et filles d'honneur, quarante-trois suivants,
« en tout y compris le roi, soixante-huit personnes sont arri-
« vées hier sur le territoire anglais à Thayet-Myho. Le Keen-
« Woon a été autorisé à accompagner le roi à l'effet de for-
« tifier le ministère et d'affaiblir l'opposition. Mandalay est
« tranquille. Les patrouilles parcourent la ville. »

Le général Prendergast a agi sagement au point de vue
des intérêts anglais, en éloignant momentanément le premier
ministre qui eut pu servir de chef d'opposition, bien qu'il
n'en eut ni la volonté, ni le tempérament.

Il ne convient pas ici, de se livrer à des critiques stériles
et puériles; néanmoins il est permis de dire, sans déroger à
la dignité que comporte l'examen d'une page d'histoire, que
le général Prendergast eut pu éviter les nuits agitées qui ont
suivi le départ du roi, en occupant immédiatement les points
les plus importants de la ville. Les troupes chargées d'assurer l'ordre au palais et dans la ville étaient bien insuffi-

santes. Le consul de France, responsable de ses nationaux, écrivit aussitôt au général en insistant sur les dangers auxquels étaient exposés les Européens, dont il importait de protéger les maisons. La ville est très étendue et les Dacoïts avaient beau jeu.

Le 6 décembre le général Prendergast télégraphia au secrétaire d'Etat: « Sans les faubourgs où il y a des dacoïts « la ville est tranquille, les ministres ont opéré le désarme- « ment de Mandalay. Le peuple a repris ses travaux ; de- « puis l'arrivée de l'armée anglaise pas un meurtre. »

Ce que le général Prendergast appelle les faubourgs de Mandalay constitue toute la ville, en-dehors du palais qui est une ville dans une ville. S'il n'y a pas eu de meurtre à déplorer, l'histoire impartiale dira que c'est à l'agent français qui a fait envoyer le parlementaire qu'on le doit.

Le général Prendergast avait organisé de concert avec le colonel Sladen un ministère composé de deux Menghys, de quatre ministres de l'intérieur et de sept sous-secrétaires d'Etat. Le colonel Sladen présidait les conseils. Ce système a eu l'avantage d'assurer la tranquillité dans la première période de l'occupation. Mais le général Prendergast, le colonel Sladen et le vice-roi se sont trop hâtés le 9 décembre de répondre de la tranquillité du lendemain. S'ils avaient moins tenu compte de leurs succès et un peu plus des dispositions hostiles du peuple Birman, ils eussent été plus inquiets de l'ordre.

On ne tarda pas à s'apercevoir que le succès n'était pas aussi complet qu'on l'avait annoncé. Car le 15 décembre le général Prendergast reconnut que les limites de son autorité étaient tracées par l'action de ses canonnières qui n'allaient pas au-delà de 50 milles, et le vice-roi l'autorisa à avancer vers le Nord.

Le général anglais avait la latitude d'agir dans la limite de ses instructions, mais il n'avait pas carte blanche pour opérer comme il le jugerait utile. Nous sommes parfois injustes par ignorance en répétant cet éternel refrain de blâme mal justifié: « Les Anglais n'eussent pas fait cela », eh bien! non; les Anglais ne sont pas plus infaillibles que nous, et s'il fallait dans toutes les opérations militaires de la France peser les fautes de l'une et de l'autre nation, l'équilibre s'établirait s'il n'était pas rompu en notre faveur.

L'Angleterre en Birmanie a commis plus de fautes que la France au Tonkin, au point de vue militaire, car elle avait toutes les facilités pour opérer sur les points principaux. Cette campagne était l'œuvre du gouvernement de l'Inde qui, avec la connaissance du pays, pouvait éviter bien des mécomptes. On n'avait pas à lutter contre un parlement mal renseigné et divisé.

Toute autre a été notre situation au Tonkin. C'est la métropole seule qui a agi et nous savons à quelles difficultés inextricables était condamné le ministère Ferry.

La partie diplomatique de cette campagne n'a pas agité le parlement. La paix de Yandabo (1823) et l'annexion d'Ava (1886) ont fortifié le gouvernement. En France, l'achèvement fatal (en 1885) de l'œuvre indo-chinoise, édifiée malheureusement pièce par pièce depuis un siècle, a été accompagné d'une crise ministérielle. L'Angleterre a mis simplement à profit la campagne anti-coloniale de 1885 pour s'emparer d'Ava, annexé moralement depuis un siècle. On a admiré, avec raison, l'habileté et la rapidité de ce coup de main, dont l'honneur revient au général Prendergast et au colonel Sladen, esprits trop élevés pour oublier l'utilité et les conséquences de l'arrivée du parlementaire et l'intervention du consul de France. Si Lord Salisbury s'était trouvé dans la situation qui paralysait M. J. Ferry, si les braves soldats de Prendergast avaient été en face des Chinois, il est probable que l'Angleterre, sans reculer, eut été forcée d'ajourner l'exécution de son œuvre.

La persévérance de l'Angleterre est la source de sa force et de sa fortune. Mais cette qualité fondamentale, quand on l'analyse, prend ses racines plutôt dans les traditions d'un parti que dans l'esprit de l'éducation du peuple. La conquête de l'Asie est aujourd'hui une idée nationale en Angleterre, parce que le pouvoir n'a guère changé. Il a besoin de l'Asie pour mériter la confiance de l'industrie et du peuple qui vivent en partie de l'Extrême-Orient. Ce pouvoir passe bien d'une main à l'autre; mais c'est toujours au fond la même pensée et la même politique extérieure.

Si, au contraire, l'Angleterre se trouvait un jour en présence d'un autre parti, les choses seraient changées, et cette antique persévérance britannique qui a fait si longtemps la gloire et la fortune de ce pays, disparaîtrait devant d'autres besoins d'équilibre, d'autres appétits à satisfaire et d'autres difficultés à conjurer. On est plus facilement persévérant quand on est maître d'une situation; on peut attendre et choisir son heure. Jusqu'aujourd'hui l'Angleterre a été maîtresse de la situation générale, de ses intérêts intérieurs et extérieurs; voici pourquoi elle a pu remettre d'années en années l'exécution de ses projets coloniaux, qui étaient presque un monopole de caste ou de famille, tant le camp des libéraux et des conservateurs était circonscrit. Ces deux drapeaux étaient jusqu'aujourd'hui entre les mains de deux groupes. Il y avait bien deux Angleterre mais deux Angleterre dans un même corps. Et s'il y en avait trois! S'il y avait un parti irréductible! « Irlande » ou « Socialisme », peu importe. On connaîtrait alors les angoisses de la vraie division. Plus d'une solution coloniale serait sacrifiée à la conjuration des partis. On a peut-être au-delà de la Manche trop abusé de sa bonne fortune. Quoi qu'il en soit, on a été trop passionné, trop égoïste et trop personnel. On s'en apercevra dans les hautes sphères quand on ne pourra plus profiter de cette quiétude gouvernementale, de cette union des esprits sur le terrain anti-français des Cooper, des Barber, des Demétrius Boulger, des Norman, des Colquhoun, des Hallet, etc., qui a permis, depuis un siècle, d'augmenter l'empire colonial. Quels seront alors les rôles de la France et de l'Angleterre? Seront-ils renversés? Faut-il le désirer? Le gouvernement de la République sera alors du côté de la quiétude, du côté où on pourra, sans crise ministérielle, faire respecter les droits et les traités, et remplir les devoirs de l'humanité en Asie et en Afrique, sans être outragé par la presse britannique. Nous saurons nous souvenir que l'aristocratie des sentiments appartient à la France. La race *dégénérée, corrompue et sanguinaire*, dont parle le capitaine Norman, saura rendre le bien pour le mal. L'histoire ne dira pas que la France a tiré vengeance des procédés de notre trop heureuse voisine.

Le 16 décembre 1885 le colonel Sladen adresse un rapport à M. Durand, secrétaire du gouvernement de l'Inde, relativement aux événements militaires des 25 et 26 novembre.

Le colonel reconnaît que les généraux birmans avaient fait de grands préparatifs militaires dans la cité, en vue de la défense de la capitale et de la fuite de la famille royale. Le parti de la guerre à Mandalay, représenté par le Tintah-Menghy et la reine, avait compris qu'il serait nécessaire de chercher le salut dans la fuite. La résistance de Mandalay ne devait servir qu'à arrêter la marche de l'ennemi et à permettre au roi de gagner les pays Shans Cis-Salouens, où on organiserait des moyens de défense. L'attaque et l'incendie de la capitale étaient nécessaires pour dissimuler la fuite de la famille royale. On ne s'attendait pas alors à des propositions qui laisseraient la porte ouverte aux espérances politiques de la cour. On préférait la perspective du protectorat anglais aux risques et aux dangers de la résistance, que le parti de la paix, représenté par le Keen-Woon-Menghy, ne manquait pas de mettre en lumière.

Le colonel Sladen ajoute que *le siége et l'occupation de la capitale eussent coûté beaucoup de sang et fait de la ville sacrée un monceau de ruines.*

Il rend compte de l'incident du parlementaire, et déclare qu'il a exercé une heureuse influence sur le dénouement.

« Mon télégramme du 25 novembre, dit le colonel Sladen, rend compte de la prise de Myin-gyam et du mouvement de la flotte, qui s'est trouvée en face des forts d'Ava et de Sagain, le 26 novembre.

« Les Birmans, stupéfaits de la rapidité du mouvement de la flotille, espéraient néanmoins nous infliger une sévère leçon à Myin-gyam, où ils avaient concentré 6000 hommes, l'élite de leur armée, sous les ordres du général qui leur inspirait le plus de confiance.

« Il est reconnu aujourd'hui que si l'armée avait éprouvé un petit échec à Myin-gyam, les Birmans eussent tenté un

« grand effort à Ava et à Sagain ; ils se seraient retranchés
« à Mandalay et nous auraient condamnés à prendre la ville
« d'assaut.

« Les Birmans avaient réuni de grandes quantités
« d'armes et de munitions, et ils étaient résolus à défen-
« dre la ville royale. Le palais ne serait tombé en notre
« pouvoir qu'après une lutte acharnée, un grand carnage,
« l'incendie des faubourgs et d'une grande partie de la
« capitale.

« La victoire facile de Mying-gyam a ébranlé la confiance
« des ministres et décidé du sort de la campagne. »

Ce qui a décidé du dénouement facile de la campagne,
c'est l'arrivée du parlementaire, car le parti de la guerre
conformément aux traditions du pays, avait confiance dans
la résistance au-delà de Mandalay. N'avait-on pas autrefois
guerroyé pendant des années? Et en 1823, n'avait-on pas
résisté pendant deux ans à l'Angleterre? Que pouvait-on
redouter ? une perte de territoire, un second traité de Yandabo, ou le protectorat? Les Anglais n'oseraient jamais renverser le trône des Allompra.

La reine ne savait des événements militaires que ce qu'on
voulait bien lui dire, et les ministres n'eussent pas risqué
leur tête en lui avouant la vérité. Si, à ce moment, le consul de France n'avait pas démontré au premier ministre, le
Keen-Woon-Menghy, l'intérêt politique du parlementaire et
les avantages d'un armistice; si ce dernier représentant du
parti de la paix n'avait pas compris ce qu'il retirerait d'une
négociation indirecte avec le général Prendergast, Mandalay
eut été le théâtre de cruelles atrocités, et la capitale des
Allompra eut été détruite et jonchée de cadavres, parmi lesquels on eut certainement trouvé les Européens et les chefs
du parti de la paix. Nous n'en voulons pour preuve que
l'aveu du colonel Sladen lui-même, quand il dit: « C'est au
« prix de beaucoup de sang versé, qu'il nous eut fallu pé-
« nétrer dans Mandalay, couvert de ruines et de cendres. »

Le colonel eut pu ajouter : « Si l'agent français n'avait
« pas proposé l'envoi des parlementaires, on eut assisté une

« dernière fois, à une de ces scènes sanglantes si fréquentes
« dans l'histoire de la Birmanie. »

N'avait-on pas, en 1824, mis le feu à Proome, pour empêcher l'armée anglaise de s'emparer de cette ville.

En exposant les avantages et la nécessité de l'envoi d'un
parlementaire, le consul de France n'éprouvait aucune résistance. Le Tintah-Menghy, chef du parti de la guerre, qui
conseillait la fuite et la résistance, et le Keen-Woon-Menghy,
chef du parti de la paix, qui démontrait les conséquences
de la lutte, ont accueilli avec joie les arguments du consul de France. Le premier souscrivit à une proposition qui
pouvait peut-être permettre d'espérer la solution du protectorat contenue dans l'ultimatum. Le second félicita l'agent
français. Si on pouvait gagner du temps la fuite du roi
s'assurerait plus facilement. Et puisqu'il fallait toujours se
résigner à déposer les armes après la prise de Mandalay, il
y avait peut-être avantage à envoyer le parlementaire à l'aide
duquel on pourrait ouvrir les négociations et obtenir une
paix honorable.

« Les parlementaires, dit le colonel Sladen, ont pu ap-
« précier les forces de la flotte anglaise et les canons de
« gros calibre dont était armé « le cygne blanc ».

Le major général Prendergast, accompagné du colonel
Sladen, capitaine Altworth et M. Nicolas interprète, ont reçu
les envoyés Birmans qui ont présenté au commandant en
chef une lettre ainsi conçue :

Date: quatrième jour de la lune décroissante de Tasoung-
mou, 1247. (28 novembre 1885).

Son Excellence le premier Ministre au commandant en
chef des bateaux de guerre anglais.

« Le traité de Simla n'a pas été ratifié. Néanmoins le
« gouvernement Birman n'a jamais douté de l'amitié du gou-
« vernement anglais, et il lui était impossible de croire que
« ce dernier lui déclarerait un jour la guerre.

« Le gouvernement d'Ava a toujours eu souci de la pros-
« périté et du bonheur du peuple anglais; il a protégé la
« Compagnie de l'Irrawady-Flotilla et le commerce des bois
« de teck, et en général les intérêts britanniques.

« L'ultimatum du gouvernement anglais a une importance
« politique considérable. Notre souverain regrette vivement
« qu'on ne lui ait pas laissé le temps de réfléchir, de peser
« les conséquences de sa résolution, et de prendre une dé-
« termination en rapport avec la situation.

« Le gouvernement anglais comprendra, que faute de
« temps pour délibérer, nous n'avons pas pu accéder plei-
« nement à toutes les demandes de l'ultimatum. L'esprit et
« la forme de notre réponse prouvent que le gouvernement
« d'Ava désire sérieusement vivre en bons termes avec le gou-
« vernement anglais et conserver toute son amitié.

« Ava n'a pas répondu par une fin de non recevoir aux
« demandes formulées par le gouvernement anglais. Nous
« avons lieu d'être surpris que ce dernier se soit empressé
« de nous déclarer la guerre dans cette circonstance. C'est
« l'honneur de notre race seul qui nous a condamnés à nous
« défendre.

« Nous nous confions en ce moment à cet esprit de jus-
« tice et d'impartialité que l'Angleterre a la réputation d'exer-
« cer en toutes circonstances. Le gouvernement de sa Ma-
« jesté espère qu'il ne lui fera pas défaut.

« Sa gracieuse Majesté la reine a déclaré que l'Angleterre
« ne fera pas la guerre à la Haute-Birmanie, à moins qu'elle
« y soit forcée par les circonstances. Ce n'est pas le cas.
« Les nations Européennes ne diront pas que la déclaration
« de sa Majesté manquait de sincérité.

« Nous acceptons en entier l'ultimatum que faute de
« temps nous n'avons pu suffisamment apprécier. L'esprit
« et le cœur de sa Majesté le roi sont très bien disposés.
« Notre souverain veut agir avec droiture et justice. Il se
« confie à l'Angleterre. Il ne faut pas qu'il soit dit qu'elle
« a agi avec injustice et contrairement aux règles du droit
« international. Le gouvernement anglais a envahi notre
« territoire et nous a attaqués. Nous étions contraints de
« nous défendre. Nous lui demandons de cesser les hosti-
« lités, de faire avec Ava un traité d'amitié utile aux deux
« grandes nations. »

Voilà bien la note la plus caractéristique du caractère

asiatique. En arrivant de Rangoon, très souffrant, l'agent
français, consulté sur la gravité de l'ultimatum, s'empressa
de démontrer l'impossibilité et l'inutilité de la résistance.
L'ultimatum contenait un protectorat déguisé. Mais ne va-
lait-il pas mieux accepter cette situation, puisque l'Angleterre
était prête à envahir le territoire avec des forces considérables ? Et c'est ce même ultimatum, rejeté quelques jours
auparavant par le parti de la guerre, qui est devenu maintenant la planche de salut du Tentah-Menghy. Que l'idée
du protectorat ait été admise par le Keen-Woon-Menghy,
cela s'explique; mais que les conditions britanniques rejetées
la veille aient été acceptées le lendemain par le Tentah-
Menghy, cela surprend de prime abord.

L'histoire de nos relations avec la Chine et l'Indo-Chine
nous a appris que le parti de la guerre qui a conduit les
opérations n'a pas eu de scrupule à se déjuger. La gamme
des variations du Tsang-li-Yamen pendant le dernier conflit
franco-chinois, prouve que la Chine et l'Indo-Chine se ressemblent. S'humilier, après avoir menacé, coûte peu aux
ministres du Céleste Empire et des rois de l'Indo-Chine.

Le consul de France, en rédigeant sur l'heure la lettre
ci-dessus, adressée par le Keen-Woon-Menghy au commandant en chef et dont la minute se trouve entre les mains
de l'Angleterre, s'était dit :

De deux choses l'une :

Ou le général Prendergast, après un échange de télégrammes avec Calcutta prendra en considération la demande
d'armistice; ou bien il refusera d'en référer au vice-roi, sous
prétexte que sa démarche dérogerait à l'esprit de ses instructions. Dans le premier cas, point de siége mais des
pourparlers en vue de la paix, et en dernier ressort l'abdication du roi, ou la concession d'un étroit protectorat et
l'administration du trésor royal. Bref, la sécurité de la vie
et des biens des Européens, l'incendie, le pillage, les massacres et la fuite du roi évités, et la possibilité de régler à
Paris la question du mur mitoyen dans la vallée du Haut-
Mékong.

Dans le second cas, c'est-à-dire dans l'hypothèse d'un

refus absolu, point de siége, point de représailles, point
d'incendie, point de tentative de fuite, mais la certitude d'une
capitulation conditionnelle, car les forces britanniques seraient
appréciées par les parlementaires. Ces messagers de paix
seraient mis à même de se convaincre de l'inutilité de la
résistance et du danger que courrait la famille royale, si elle
s'avisait de fuir. Le roi assurerait sa vie menacée, même au
prix de son trône. Bref, tout concourrait à une capitulation
certaine.

L'agent français avait donc la certitude de pouvoir accomplir dans l'un et l'autre cas son devoir de protecteur
naturel. Il pourrait éviter le massacre et l'incendie. Et n'é-
tait-il donc pas conduit à craindre le renouvellement de ces
scènes sanglantes dans lesquelles ont péri autrefois les Européens. L'histoire de la Birmanie n'était pas faite pour le
rassurer; car dans des circonstances moins pénibles le sang
des Européens avait coulé à flots. Au point de vue politique, il ne pouvait pas se faire illusion. Il lui serait impossible de retarder le dénouement, après le débordement
des passions excitées par les succès de la France au Tonkin.
Le gouvernement de Calcutta ne reculerait pas devant l'annexion.

Le consul de France avait tout prévu. On pouvait
s'attendre à un éclat de la colère. à l'heure de l'humiliation. La reine était capable de toutes les vengeances.
Pour éviter les conseils du désespoir qui eussent poussé la
famille royale sur un autre chemin de Varennes, il a fait
miroiter aux yeux du Keen-Woon-Menghy la possibilité de
sauver la situation, grâce à l'intervention des grandes puissances, que l'armistice seul pouvait rendre possible.

« *Les Birmans*, dit le major Brown. [1]) *ont demandé du
« temps pour pouvoir consulter la France, l'Allemagne
« et la Russie.* » En vérité, l'agent français ne pouvait pas
croire à la possibilité d'une intervention des puissances.
Mais, était-il téméraire ou insensé, d'espérer que le cabinet
de Paris pût profiter de l'armistice pour échanger ses vues

[1]) The Coming of the Great Queen, p. 166, par Ch. Brown.

avec le cabinet de Londres, relativement aux conséquences politiques de la chute de Thebaw, et des réserves faites par M. J. Ferry.

Le 3 novembre 1885, le gouvernement de Londres télégraphia au Chef Commissionner à Rangoon:

« Occuper Mandalay, détrôner le roi: voilà l'objectif im« médiat de l'expédition. Il est on ne peut plus désirable « d'atteindre ce but sans faire usage de la force. Le résultat « désiré, s'il pouvait être atteint sans verser le sang est pré« férable aux glorieuses victoires. Abstenez-vous de faire « usage de la force, si vous n'y êtes pas contraint. Mais ne « négligez rien pour assurer le succès de l'expédition. »

Le gouvernement de Londres ne savait pas que l'agent français, dont Lord Lyons avait implicitement demandé le déplacement, faciliterait au général Prendergast l'exécution des généreux désirs de Lord Salisbury. Il ne savait pas qu'à Ava, malgré la prudence et les capacités du général, le sang anglais eut coulé, si l'incident des parlementaires n'avait pas permis au Keen-Woon-Menghy de désarmer et de livrer son maître sans la moindre résistance.

L'Angleterre a fait bon marché de la gloire qui exige toujours des sacrifices. Si on avait été condamné à briser les derniers obstacles à Ava, à conquérir une capitale en flammes, et à couper la route de la famille royale en fuite, l'épée du général Prendergast eut ensanglanté le fourreau, et la couronne de Thebaw eut été payée bien cher.

Le major Ch. Brown confirme ce que nous avançons, et ce qui est dans la pensée du rapport du colonel Sladen:

« Nous n'étions pas loin des forts d'Ava où nous devions « rencontrer une sérieuse résistance. La crise indubitable« ment était imminente. » [1])

Page 167, le major parle des ordres donnés. *On se préparait à attaquer les forts d'Ava; toutes les dispositions étaient prises.*

L'auteur anglais [2]) raconte tout ce qui s'est passé lors de l'arrivée de la flotte en face d'Ava. « *Les Birmans avaient*

---

[1]) The comming of the great Queen, p. 161.
[2]) Ibid. p. 169.

« *coulé des bateaux pour entraver le mouvement de notre*
« *flotte, et on les voyait remuer la terre pour se créer*
« *des abris.* »

La résistance était donc inévitable. MM. Brown et Sladen
sont d'accord sur ce point. « Le moindre contretemps, dit
« le colonel Sladen en parlant d'Ava, eut engagé la bataille.
« *The slightest contretemps would have produced imme-*
« *diat battle.* »

Il est donc permis de répéter que l'arrivée du parlementaire a évité le stérile mais sanglant effort, dont parlent le
colonel Sladen et le major Brown. La réddition des forts
d'Ava et de l'armée de Mandalay est due à l'initiative du
consul de France.

Le roi eut-il donné l'ordre de déposer les armes à Ava?
Eut-il renoncé à la défense de Mandalay et à l'espoir de
sauver son trône, en organisant la résistance dans les pays
Shans, s'il n'avait pas espéré trouver dans cet acte de
faiblesse des droits à la considération de l'Angleterre, et conserver au moins la couronne sous le protectorat de ses
vainqueurs? ¹)

¹) The intelligence departement this day reported that information had
« reached them that the enemy were posted in great strength at Pagan,
« where it was probable a decisive action would be faught. This seemed
« not improbable, and our spirits went up at the prospect of some work.»
Major Brown. « The coming of the great Queen », p. 151.

À Pagan il y eut un engagement sans importance, l'armée birmane
abandonna ses positions et monta vers le nord pour défendre les forts
d'Ava et permettre à la famille royale d'agir selon les circonstances.

« On this evening the fleet anchored off Yandabo, the place where
« the Treaty of Peace was signed which brought the first Burmese war
« to a close in 1826. Vogs in the mornings now caused us considerable
« delay, it being impossible to get under weigt before eigt o'clock.

« We were only a good day's steam from the Ava forts and lives,
« which it was said would be resolutely defended, there could be no
« doubt that affairs were approching a crises.

« At Ming-yam the intelligence departement ascertained that the army
« assembled there had fallen back on the positions, which was quite wit-
« hin the bounds of possibility, as, owing to the bend in the river here,
« the land journey from point to point is little more than half the dis-
« tance of the river route. So, all expectant a head for hours without
« encountering any more formidable obstacle to our advance than come
« floating barges filled with stones which had evidently refused to sink.

« About four o'clock however a King's state barge reassembling somew-
« hat a Grecian war boat, of the olden time waas seen approaching; a
« white flag on a pole at her stern fluttered in the breeze. This looked

Le peuple Birman n'aime pas l'étranger, et en toutes circonstances, il a prolongé la lutte. Quand en 1825 Ava

« like no fight, but no one much believed it meant anything more than
« attempt to gain time.

  « Thee Katleen went forward to meet this primitive man of war, and
« taking her somewhat unceremoniously in tow, tugged her up along side
« the head quarter boat. A halt of some duration now took place. We
« had guessed the game rightly on board the Thurreah. It was simply
« to ask for an armistice, untill all things were prepared to receive us
« at the capital. The barge contained two great Mandalay functionaries:
« Myoung-Atwin-Woon, the minister of the Interior. Oo-Shoay-ak Watima-
« Soot-Woondouk. These Gentlemen were invited on board the general's
« steamer and ponderously produced a royal letter which, translated by
« colonel Sladen ran thus. » Major Brown, p. 164

  « On this night (c'était la nuit décisive qui a suivi le jour de l'échange
« des lettres entre les parlementaires et le général Prendergass) the fleet
« anchored at a place seven miles below Ava, and once more orders were
« issued for the fight on the morrow . . . .

« . . . .
« so there might yet be a change for some work for us, and not uninte-
« resting work either, as the bridge was the enemy's one live of retreat.

« . . . .
  « Some instructions had been laid down for the assault on the Ava
« fort, which was to be stormed by a party of a gallant regiment. » Major Brown, p. 167.

  « But now our advance was very slow and tedious, and our signalers
« could get no information out of the leading steamers. As Ava became
« more and more distinct, we could see numbers of Burmese troops mou-
« ning the fort, and the earthen entranchements known as the Ava Lines
« at the back of which were tick woods. White flags were everywhere to
« be seen. Above Ava we described a live of apparently half-sunken
« vessels rigt accross the river, evidently intented to bar our advance.
« The view as we approached was certainly very lovely. . . . . . .
  « Our Ship had now passed by the spot where i had been directed to
« land, my man and we were almost abreast of Ava fort. Here there were
« a pause in the procedings. The armed ships were in our front, and
« were sulkilly basking for orders. To judge by their attitude, the Bur-
« mese soldiers along the entranchments seemed like ourselves *waiting*
« *for orders.* »
  « At length the signal came. « On the ships opening fire the troops
« will land at once. » As this signal was passed along there was bustle
« and excitement on board the various vessels of the fleet. Our skipper
« fixed a spot on the bank close under the fort, and he said: « Now, on
« the first shot, I'll run you in there. » Some waited in hopefull antici-
« pation for the « boom » of the first canon. As i could see that all the
« fighting would be storming a succession of forts and earthworks in dense
« woods surrounded by water, i had determined not to land the ponies,
« but fight on foot, and we were all ready to jump on shore the moment
« the ran along side. The « boom » of the first gun never came. What
« dit come was a message, which ran thus: « Land und take over the
« arms which will be surrundered to you. » So he ran her in, and in a
« moment or two the volunteeers and mounted infantry were swarming
« up throught the long grass of the high bank. The fort was found to
« be empty, and some of the men pulled down the two red flags which
« had been hoisted only about half an hour before the Burmans, and sub-

pour la première fois s'est trouvé en face d'un ennemi vainqueur européen, le roi a repoussé toute idée de cession de territoire. En 1885, il n'a fallu rien moins que les arguments du consul de France pour atteindre le but du cabinet

« stituted the « Union Jack ». Gradually troops joined us from other
« landing places, and we tound up in quater column. The work of taking
« over the enemy's arms was now being proceeded with under the perso-
« nal supervision of the political officier, who was radiant wight delight.
« A blodless victory was a diplomatie victory for him. General White's
« brigade higher up the river, was engaged in the some work at Sagain
« and Thabyadan.

« In fact we actually obtained possessions of almost all the serviceable
« artillery, and three fourths of the muskets of the King's army assembled
« to defend his capital. For argument's sake, let us see what would have
« hoppened in another case. I mean in the case of our attacking fire of
« the guns would have made the forts too hot for the defenders, as their
« guns were practically uselees; and all the fighting would have been
« confined to a running action through thick woods, amongst pagoda walls
« and ruined buildings. Not a soul amongst us knew the ground. The
« enemy, on the other hand knew every inch of it, and, according to ther
« universal custom, would have kept their backs, so long as the continued
« to fight turned to their lives of retreat, and, after a resistance. short or
« long, in proportion to their losses, they would inevitably have balted
« through the morasses thick busch, and long grass to the eastward, and
« taken their arms with them

« After a hard day's fight. we might have secured a couple of hundred
« stand of arms, those of men killed and wounded in action, but no more.
« I am quite sure that since that day i have been asked the same ques-
« tion two hundred times. It has been put to me at Rangoon, it has been
« put to me in India, and it has been put to me in England. « Why, they
« ask » did you allow the whole Burmese army to escape with their arms
« at Ava ? Your action in doing so has caused all this bother with da-
« coïts. « My answer has always been the same. » We did nothing of the
« sort, we took all the arms we could possibly lay hands on. and a few
« stragglers made of with their arms. » But this answer never satisfied
« any one, because, i fear my statement was not quite credited. But as
« i have allready explained, it is altogether contrary to the facts of the
« case, and utterly without fondation On this night we again re-embarked
« not in the best of humours. This was poor sort of soldering. » (Major
Brown, page 169).

« The battlements of Thabyadan frown on as we passed; the surly
« canon protruding from the deserted ramparts; while from the flagstoff
« which yesterday bore the banner of the Alompras, the flag of England
« fluttered in the breeze.

« We were entering on enemy's capital scarcely an occurence in every
« day life. It had over 150,000 inhabitants, foreign to us in race. lan-
« guage, and religion and yet there no visible signs of resistance. What
« could all this mean? Was it really that these people, weary of the ex-
« tortion and corruption of their own rules, and sighing for the freedom
« and universal prosperity of their more fortunate brothers of the south
« were now assembled to welcome to their capital with open arms, the
« soldiers of the *great white Queen* ? » (Major Brown, p. 173.)

de Londres: *S'emparer de la personne de Thebaw sans verser le sang.*

Le Keen-Woon-Menghy a déployé une grande activité: il lui fallait à tout prix éviter de donner le signal de la résistance, qui eut forcé le général Prendergast à réprimer cet acte d'hostilité.

Le 26 novembre, le colonel Sladen transmit aux deux parlementaires la réponse du général Prendergast à la lettre royale relative à la suspension des armes:

« Le général Prendergast n'est pas autorisé à arrêter le
« mouvement en avant. Il agit conformément aux instructions
« précises du gouvernement de l'Inde auxquelles il n'est pas
« en son pouvoir de déroger. Pas d'armistice possible pour
« le moment. Cependant si le roi désarme toutes ses troupes,
« s'il se rend, s'il répond de la vie et des biens des Euro-
« péens à Mandalay, *) le général Prendergast répond de la
« vie du roi et fera respecter sa famille. Il se contentera
« d'occuper Mandalay militairement sans le moindre acte
« d'hostilité, et déclare que le litige en question sera réglé
« par le gouvernement anglais comme il croira devoir le
« faire.

« Le général Prendergast attendra la réponse du roi jus-
« qu'à 4 heures du matin. A partir de cette heure il agira
« conformément à ses instructions. »

S. S. Doowoon,   Signé: E. B. Sladen,
26 novembre 1885.   colonel, chief civil officer Burma.

Cette lettre était dure. Hier on a refusé de souscrire aux conditions de l'ultimatum, et aujourd'hui on capitulerait sans combattre. La guerre de 1823 n'avait-elle pas duré deux ans? Oui, il conviendrait de brûler Mandalay et de se retirer dans les pays Shans. Mais puisque le trésor royal est épuisé; puisque l'ennemi est à la porte de la capitale, puisque son artillerie est écrasante, puisque la résistance pourrait exaspérer l'armée anglaise, et exposer la famille royale à une mort certaine ne conviendrait-il pas de céder? L'heure était

---

*) Il eut été prudent et sage de nommer les Européens exposés dans
les forêts aux représailles des Birmans. Le roi, pour sauver sa tête eut pris
toutes les précautions nécessaires et les massacres eussent été évités.

arrivée. Il fallait choisir entre la mort certaine et le protectorat, car il entrerait dans l'esprit du gouvernement de l'Inde de placer Ava sous le protectorat de l'Angleterre. L'ultimatum n'était-il pas explicite sur ce point ?

L'affolement du palais, après l'arrivée des parlementaires, la lâcheté de Thebaw, le manque d'argent, le doute qu'inspirait la fidélité des courtisans de la veille, n'ont pas tardé à vaincre les dernières résistances. Pour sauver sa vie et celle de sa famille le roi se hâta de se soumettre et d'ordonner la réddition des forts d'Ava et de Sagain.

Mal servis, mal pointés les canons birmans eussent été réduits promptement au silence, malgré leur force numérique, si l'ordre royal n'était pas arrivé à l'heure indiquée. Mais il n'est pas de victoire facile sans victimes. Nous avons suffisamment insisté sur les conséquences d'une résistance à Ava pour n'avoir pas à revenir sur cette circonstance de la campagne.

La flotte avança et rencontra un bateau du roi chargé de troupes et de munitions, destinées à la défense d'Ava. Il fut pris.

Est-il encore permis de douter des intentions du palais? Les troupes d'Ava se replieraient sur Mandalay où chaque maison constituerait une défense. On mettrait le feu à la ville en se retirant, pour protéger la fuite de la famille royale.

Au milieu du désordre et de l'effarement le roi craignait surtout le poignard des prétendus fidèles, qui n'attendaient que le moment psychologique pour égorger, piller et ramener un autre prince. Thebaw était ignorant, mais il savait avec quelle facilité on a toujours profité des révolutions et des guerres pour assassiner un grand nombre de ses prédécesseurs. Cela n'a pas peu contribué à la précipitation avec laquelle il a accédé aux conditions du général Prendergast.

La réponse duroi était ainsi conçue : « Le roi accepte « pleinement toutes les conditions du commandant en chef. « Veuillez le lui faire savoir le plus promptement possible. « Quand les bateaux anglais avanceront, vous les laisserez « passer et sous aucun prétexte vous ne contrarierez leur « marche en avant. Publiez cela partout. »

Le général Prendergast ne se contenta pas de ce succès. Il ne pouvait avancer prudemment, sans désarmer les forts d'Ava et de Sagain. Les envoyés birmans télégraphièrent aussitôt. Le roi céda. « Les troupes royales remettront l'artillerie et les fusils au commandant en chef de l'armée anglaise. »

« La rivière était obstruée, dit le colonel Sladen, les en-
« voyés birmans nous aidèrent à trouver un chenal à travers
« les obstacles. [1]) Les forts et les redoutes d'Ava et de Sa-
« gain se rendirent, je me suis empressé de les désarmer;
« j'ai réuni toutes les armes déposées. Le 27 au matin, la
« flotte était en face de Mandalay. »

« Après avoir conféré avec le général Prendergast, j'ai
« écrit au premier ministre de Thebaw pour lui annoncer
« notre arrivée et lui dire que s'il n'était pas à bord à midi
« avec le roi les troupes débarqueraient. »

Thebaw ne mérite ni considération, ni ménagement. Il a été aussi lâche que cruel. Ses mains sont tachées du sang de sa famille. Il a été le bourreau des jeunes princesses qui ont été martyrisées et ignoblement profanées dans son palais. Il ne mérite ni pitié, ni estime, mais il était encore roi, et devant un trône encore debout, toutes ces considérations personnelles tombent quand il s'agit d'un acte politique de la plus haute importance, Thebaw s'était rendu par procuration. Il avait, à distance, rampé aux pieds du général Prendergast, quand il a été convaincu de la fatalité de la chute et de la possibilité d'un protectorat; mais il n'avait pas abdiqué officiellement et solennellement. Il n'avait pas effectivement déposé son sceptre aux pieds de la reine d'Angleterre. Voici pourquoi nous sommes surpris du ton un peu cavalier du général Prendergast: « *Je vous attends* (lettre au
« premier ministre) *demain à midi avec le roi à mon bord,*
« *sinon je débarque les troupes.* » N'eut-il pas été plus grand de traiter en roi ce « Néron moderne » ? N'eut-il pas été plus correct d'aller au palais avec une escorte ?

---

[1]) Ces obstacles, en cas de résistance, eussent entravé la marche en avant et entraîné des pertes sérieuses, malgré les succès certains de l'artillerie britannique.

Cette façon de traiter un roi qui promet de se rendre· est peut-être un peu trop cavalière, n'en déplaise au général Prendergast et au colonel Sladen, qui ont eu la pénible mission de dire à Thebaw : *L'heure est venue de monter à l'échafaud de la déchéance.* Renoncer à la vie ou à la couronne, peu importe, le moment est toujours un peu tragique. Le colonel Sladen était l'exécuteur des hautes œuvres· de la justice britannique et il a beaucoup souffert ; c'est lui-même qui le dit dans son rapport.

Le premier ministre répond qu'il sera à bord à 3 heures. Cela n'empêche pas le débarquement des troupes, les dispositions militaires étaient prises pour faire face à toute éventualité. En route pour le palais, le colonel Sladen, suivi de son escorte et d'une brigade qui avait demandé à marcher en avant, apprend que le Keen-Woon-Menghy s'avance vers la rivière à travers la voie centrale. Le colonel Sladen lui envoie une estafette. Le premier ministre retourne, pousse son éléphant et rencontre le colonel à la porte sud de la ville. La population était dans la rue plus curieuse qu'inquiète. On eut dit qu'elle assistait à une fête quelconque. Tant est grande en réalité l'indifférence des races Indo-Chinoises.

« J'entrai librement en ville à 3 heures, dit le colonel « Sladen, dans son rapport. Partout la même foule et par-« tout la même et placide indifférence.

« Le gouvernement avait incontestablement capitulé, mais· « nous étions en présence d'une situation incertaine. Qu'elle « est la surprise que nous réservera le palais ? Faudra-t-il « le prendre d'assaut, ou a-t-il été abandonné ? Rencontre-« rons-nous Thebaw ? Tentera-t-on une dernière résistance ?

« Nous savions qu'à 9 heures du matin Thebaw était « encore au Palais, mais nous n'ignorions pas que la fuite « était organisée. Cinquante éléphants et des amis dévoués· « attendaient le roi à Scheimmage sur la rivière, à douze « milles de Mandalay, d'où on devait le conduire à Mont-« saboo.

« Je rencontrai le Keen-Woon-Menghy à la porte est. Je· « craignais trouver le palais désert. *A tout prix,* me dit le·

« premier ministre, *empêchez les troupes de pénétrer dans*
« *le palais*; voulez-vous y entrer seul avec moi? Le Keen-
« Woon-Menghy faisait allusion à la fuite du roi si les trou-
« pes pénétraient dans le palais. »

Le colonel nous prouve indirectement dans son rapport
que le Keen-Woon-Menghy a trompé le roi en le berçant
d'espoir pour l'empêcher de fuir. Le colonel Sladen n'avait
plus à se déchausser en allant apprendre à Thebaw son arrêt
de mort politique. ¹)

¹) Il n'a jamais hésité à se soumettre à l'obligation de cette coutume
arbitraire quand il représentait le gouvernement de la Reine à Ava. Il ne
se doutait pas alors qu'il aurait un jour la glorieuse et pénible mission
d'entrer la tête haute dans le palais des Allompra et de dire à ce maître
*de la terre et de l'eau: « Votre puissance était un rêve, réveillez-vous,
vous êtes prisonnier de l'Angleterre. »* Sladen, dans ses mémoires, nous
dira ses impressions. Se déchausser et se prosterner aujourd'hui devant
un homme quasi divin, devant lequel rampe tout un peuple en prière, et
voir le lendemain s'écrouler ce trône étrange sous le regard de l'Angleterre! Quel monde de réflexions! C'est donc à l'audace de l'orgueil, à
l'exagération du prestige, à la cruauté, à la vanité, au dédain et au mépris
de l'extérieur que se mesure la puissance des souverains de l'extrême Orient?
L'Europe a pu longtemps paraître croire à toutes ces fantasmagories, à
toutes ces sorcelleries des cours asiatiques, qui ont pétri des races bien
douées dans le mépris et la haine des étrangers. Il ne s'en suit pas qu'il
soit sage et politique de continuer cette tradition de respect ridicule qui
ne profite qu'à l'outrecuidance des Grands de l'Asie. Le trône des Allompra s'est écroulé comme une tour sans fondations. Et cependant, quelle
n'a été sa terrifiante mais courte histoire! Le trône du céleste Empire
n'est guère plus solide. Question de proportions et d'efforts bien calculés.
Il n'est peut-être pas éloigné le jour de la croisade occidentale, entreprise
dans l'intérêt des races boudhistes de l'Asie, moins éloignées de l'Europe
d'esprit et de cœur que les grands et les lettrés le prétendent. Au point
de vue humanitaire cette action s'impose à ces races plus jeunes, issues
des autres qui sont restées stationnaires, malgré l'avance considérable
qu'elles avaient sur l'occident. Au point de vue économique le mouvement vers l'Est n'est plus qu'une question d'opportunité, tant est puissante la loi éternelle qui dit que les biens de la terre n'appartiennent pas
à tel ou tel groupe privilégié; que la géographie disparait là où l'humanité commence; et qu'il se fait un équilibre des latitudes dans l'intérêt
des races; que tout ce qui contribue au bonheur de l'homme appartient
à l'homme, à quelque latitude qu'il se trouve, et que tout cela doit entrer
dans la circulation et l'échange général Le Japon l'a compris. L'Inde
bénéficie de l'application de cette loi et le Thibet et la Chine en ressen-
tiront un jour les bienfaits. La vie des peuples n'est pas un fait isolé,
une série de phénomènes qui se suivent sans esprit de corrélation. Elle
est ce qu'est l'individualité dans l'État, une communauté nécessaire, un
système qui se traduit par un frottement continu et une influence réciproque, tantôt pacifique, tantôt hostile. Elle est le grand livre de la vie
avec ses doit et avoir, ses comptes d'emprunt et de prêt, bref, une colossale affaire d'échange qui embrasse tous les côtés de l'activité humaine.
Cette loi régit le monde matériel et le monde moral. La vie est une

Voilà ce roi des rois arraché subitement à son rêve fantastique d'autorité et de puissance forcé de s'incliner devant un officier anglais, lui qui n'avait vu ramper que des esclaves autour de son trône.

appropriation d'éléments externes et internes. Recevoir ces éléments extérieurs et les assimiler, constitue les fondements de la vie et de l'équilibre organique. Si l'élément externe fait défaut, l'élément interne ne suffit plus, et la mort s'ensuit. L'évolution de la vie par l'élément interne ne commence qu'après la mort. L'individualité ne peut se soustraire à cette loi sans encourir la mort physique ou morale. Le peuple chinois a poussé le donquichottisme du principe de la nationalité jusqu'à la condamnation de l'élément externe, et de toute influence extérieure. Et pourquoi non, s'il s'en trouve bien; si le frottement avec les autres nations ne lui présente aucun avantage. La vérité est qu'il en souffre le plus. Oui, la Chine serait dans le vrai, s'il était démontré qu'un peuple ne vit que par et pour lui-même, et s'il n'était créé que pour lui. Mais chaque peuple existe à la fois pour lui-même et les autres, qui ont tous un droit sur lui: un droit de contact et de frottement. La loi de la division du travail s'impose aussi aux peuples. Chaque pays ne produit pas tout ce qui est utile et nécessaire. Chaque peuple ne connaît pas tout ce qui contribue au bien-être individuel et général. Cette imperfection des individualités doit être corrigée par un échange et une assistance réciproques. La perfection n'apparait dans l'ensemble que dans la communauté des individualités.

Les peuples sont inégaux au point de vue géographique, au point de vue physiologique et au point de vue moral. Ils sont créés avec des inégalités, mais tout cela est nivelé dans la forme qui résulte de l'échange des choses et des pensées ; c'est cette forme qui se rend maître de l'exiguité de la nature et applique dans l'histoire du monde le principe de la justice souveraine.

Le soleil qui fait pousser le riz, le jute et l'indigo ne brille pas seulement pour l'Indien, les peuples du Nord ont droit à cet excédent de calorique que la nature distribue avec trop de prodigalité en Asie. Mais réciproquement les bienfaits de la civilisation des peuples septentrionaux et occidentaux, ceux de la science, de l'activité industrielle, du goût des arts, les ressources minéralogiques et agricoles des pays tempérés appartiennent aussi, en partie, aux populations asiatiques et africaines. Le droit des gens peut enseigner que tout ce que possède et produit un peuple lui appartient en propre et à lui seul. C'est à la fois aussi vrai et aussi faux que s'il s'agit d'une individualité. Il n'y a pas de propriété absolue c'est-à-dire complètement indépendante de la communauté. L'histoire s'est chargée d'inculquer cette vérité aux peuples. Si une race se sent incapable de tirer tout le profit de la terre qu'elle possède, il faut qu'elle cède la place à une autre. « La terre, disait le savant professeur de l'université de Giesen, Rodolphe Jhering, appartient aux mains qui sont capables de l'exploiter.» Au point de vue de l'histoire du monde la race Anglo-Saxonne a eu le droit de se substituer aux peaux rouges de l'Amérique. Les principes immuables qui légitiment cette intervention en apparence barbare, justifient les efforts des Européens qui à l'aide de la force ont ouvert le céleste Empire au commerce. Tout ce qui sera tenté dans cette voie est légitime. Le commerce ou l'échange des choses matérielles et des fruits de l'esprit n'est pas simplement une question d'intérêt ou de bonne volonté des peuples, mais constitue au contraire un droit

Les leçons de la mauvaise fortune sont parfois écrasantes, mais elles seules font croire à la morale et à la vérité qu'on n'outrage jamais impunément. Il eut été si facile d'empêcher

et un devoir. S'opposer à l'accomplissement de ce devoir c'est se révolter contre les institutions de la nature, contre les lois de l'histoire. Un peuple qui s'isole ne pèche pas seulement envers lui-même car il se prive volontairement des moyens de s'élever et de s'instruire; mais il commet un méfait envers les autres peuples. Bref, l'isolement volontaire est le péché mortel des nations, car la communauté est la loi suprême de l'histoire. Un peuple qui ne peut pas supporter le contact d'une civilisation qui n'est pas la sienne, qui ne peut tolérer l'éducation par l'application des grandes lois historiques est un peuple qui a brûlé lui-même la charte de son existence future, et détruit le principe de son évolution. Sa fin fatale profitera au monde.

C'est ainsi qu'au point de vue matériel et moral tous les peuples vivent et meurent. Un peuple se développe comme l'individualité, en absorbant des éléments externes. La langue, l'art, les mœurs, la civilisation, que sont-ils, si ce n'est le produit d'innombrables influences extérieures, d'innombrables empreintes faites au-dehors, bref, l'application de la loi qui régit l'organisation physique et morale de l'individu.

Les peuples font une grande affaire d'échange, dont personne ne peut faire la balance de l'exportation et de l'importation. Personne ne peut mesurer les influences et les impressions réciproques. La navigation a été une des principales causes de l'application d'une des plus immuables et plus fortes lois de l'histoire. La grande loi des échanges et influences internationaux renferme tout : langues, mœurs, religions, idées, foi, superstition, arts, sciences.

Puisque c'est du cœur même des doctrines et des sentiments de nationalité qu'est né l'universalité avec toutes ses conséquences morales et économiques, n'est-il pas permis de penser que les rares nations qui ne veulent vivre que de leur propre vie et ne pas se soumettre à l'assimilation des éléments externes indispensables à leur conservation et à leur évolution, sont destinées à disparaître ou à se soumettre à la grande loi qu'on pourrait appeler la physiologie de l'humanité et la loi de la gravitation du monde moral. La Chine, qui jusqu'aujourd'hui n'a obéi à cette loi, que contrainte et forcée, pourra-t-elle continuer à la combattre? Elle en reconnaîtra bientôt l'absolue nécessité physiologico-morale. S'il est vrai que la constitution la plus robuste ne résiste pas au séjour prolongé dans une chambre dont on n'ouvrirait jamais les fenêtres, la Chine, sous peine de mourir d'anémie, est obligée d'entrer largement dans la voie économique qui fait vivre et prospérer les autres nations, sous peine de succomber sous l'effort combiné ou isolé des races, qui ont le droit de la faire entrer dans la communauté des intérêts. Le céleste empire vit d'expiration de ses produits, il contrarie la loi nécessaire universelle et immuable de l'universalité, parce qu'il n'aspire l'élément extérieur que contraint et forcé.

En d'autres termes, la terre appartient à l'homme, et ses produits du Nord, du Sud, de l'Est et de l'Ouest doivent être consommés au même titre comme l'air par toutes les races. Les questions de latitude et de frontière légitimes et légales dans l'exiguité de leur droit, ne peuvent rien contre la grande loi universelle de l'universalité Il est permis aux Américains de St. Francisco de dire aux Chinois de Canton: « Vous payerez tout l'air que vous respirez chez nous ». Il est permis aux Chinois de dire l'écroulement de ce trône si on avait pu prouver à Thebaw qu'il est miné par la main de ses propres ministres, dont les uns avaient intérêt à favoriser la chute de la dynastie, en

aux non-chinois, c'est-à-dire aux « barbares » : « Nous frapperons d'un droit d'entrée les produits que vous désirez nous vendre. » Ces côtés artificiels de la question basés sur le droit de défense et de préservation économique sont fragiles, personnels et essentiellement mobiles, ils n'entament pas même l'écorce du grand principe de l'universalité, qu'on ne peut pas violer en fermant un pays civilisé hermétiquement aux produits extérieurs, sous peine d'amener une croisade économique, qui se traduit par l'emploi de la force. En un mot, ce que produit la terre et l'homme, produits matériels ou moraux, appartient à l'humanité. La distribution n'est pas d'essence immuable, universelle et éternelle, elle n'est que le produit de l'interprétation, de l'entente des peuples. La protection et le libre change sont des institutions humaines et essentiellement mobiles, tandis que la loi de l'universalité est éternelle et immuable La Chine et le Thibet ont le droit de nous battre sur le terrain industriel, mais ils n'ont pas le droit de fermer la porte aux produits des autres nations ; si non ils seront ouverts à coup de canons. C'est ce qui a failli arriver en août 1888, dans le Sikim. Les Anglais ou les Russes sont prédestinés à cela par leur situation géographique et politique. Mais quand la porte est ouverte il se produit parfois un phénomène économique rationnel : Les produits externes sont fabriqués, grâce à des avantages de main-d'œuvre et de matière première, dans des conditions plus avantageuses. Il viendra un jour où l'Inde, grâce à ses avantages ethnographiques et agricoles, fabriquera du coton et du jute à meilleur marché que l'Angleterre. C'est une évolution rationnelle fatale et morale qui confirme plutôt qu'elle l'affaiblit la grande loi de l'universalité.

En 1884 et 1885, la France, provoquée et lésée par la Chine, avait une mission que les circonstances, dans lesquelles elle s'est trouvée, ne lui ont pas permis de remplir au grand détriment de toutes les nations maritimes et industrielles. Si le parlement de 1885 avait voulu saisir cette occasion providentielle de réparer les fautes de Louis XIV, en envoyant en Chine, dès la première heure, une armée en rapport avec l'effort probable, au lieu d'expédier « la Corrèze » avec 700 hommes, la France eut été la libératrice de la Chine, et l'Angleterre, la Russie, l'Allemagne et toutes les nations marchandes en général lui devraient aujourd'hui l'extension de leur commerce. Quant à elle, ouvrière toujours humble et modeste de toutes les grandes choses qui intéressent l'universalité des nations, elle eut signé à Pékin un traité de paix et d'amitié de nature à changer non les Chinois mais la Chine de fond en comble, au point de vue politique et économique.

La France victorieuse à Pékin eut tenu dans ses mains les destinées du céleste Empire en tirant profit de la situation politique et sociale de l'empire, de l'embarras des vice-rois, de la pauvreté du trésor public, de l'excitation des partis ; bref, de tous les facteurs de nature à favoriser toutes nos ambitions. Malheureusement le parlement ne l'a pas voulu ou ne l'a pas osé. Il ne tenait cependant qu'à lui de réduire d'un mot le marquis de Zeng de se faire l'arbitre de tous les vice-rois, de régler et de diriger toutes les passions latentes dans le sens de ses intérêts, de ceux de l'Europe et de la Chine elle-même.

La France pouvait appeler les nations les plus intéressées, l'Angleterre et la Russie, à se joindre à elle pour profiter sans effort d'une situation accentuant les fautes, et dont les autres avaient mis le roi en charte privée pour pouvoir mieux l'exploiter.

La France alors était divisée. La politique extra-européenne avait créé au parlement le camp des coloniaux et des anti-coloniaux. Ces derniers se préoccupaient peu de

dans laquelle elle eut eu quand même la présidence d'honneur. Il eut été politique et sage d'appeler les co-intéressés au partage des avantages pour leur imposer l'obligation de l'union future des efforts nécessités par la sauvegarde des résultats atteints. Ce syndicat européen, sous la présidence de la France, eut été un modus vivendi capable de satisfaire les intérêts opposés de la Russie et de l'Angleterre.

Mais à quoi bon récriminer. Il eut suffi d'un peu de sang-froid, d'un peu de patriotisme dans l'âme des directeurs de la compagnie pour empêcher l'Angleterre de s'emparer des Indes. Car si les directeurs avaient eu l'esprit moins vénal, Madame de Pampadour n'eut pas abusé de la faiblesse de Louis XV, et Dupleix serait resté aux Indes. L'ami des principaux princes du Carnatic eut légué à la France un empire à nul autre pareil. Pourquoi alors nous plaindre de l'hésitation, de l'inquiétude mal fondée du parlement, qui eut dû s'opposer au départ de la « Corrèze » et écraser la Chine de Paris même, sous le coup d'un vote foudroyant. Il semblerait que nous ne devons jamais profiter de rien, et que nous sommes condamnés à la quintessence de nos droits. L'exécution du traité de Tien-tsin nous fait d'avantage regretter le terrain perdu. Le peuple chinois sera un jour le premier à le déplorer. Les autres nations intéressées, si elles pouvaient faire cet aveu, diraient qu'elles le regrettent déjà, car ils le savent que le gouvernement de la République n'a jamais pratiqué une politique d'egoïsme et d'ingratitude. Qui exclut les autres s'exclut soi-même. Au point de vue économique c'est indiscutable, les exclusions systématiques et absolues, amènent toujours des chocs en retour et des représailles fatales.

En vérité, l'occasion n'était-elle pas exceptionnellement favorable pour frapper un grand coup, réduire le Zang-li-Yameu, sans qu'il puisse se reconnaître, déjouer les intentions des vice-rois; et faire sous la protection et la surveillance de toutes les nations intéressées une édification nouvelle de cet autel où repose la plus formidable, la plus vague et la plus creuse autorité du monde, dans la personne du fils du ciel. L'intérêt economique de l'Angleterre et l'intérêt politique de la Russie nous eussent garanti une coopération certaine. Quant à la France, quelle ne serait pas sa gloire, son mérite et son avantage économique! Avoir brisé entre les mains d'un parti, plus égoïste que patriote, les armes de la résistance à outrance contre l'infiltration des idées, des principes et des méthodes extérieures; avoir fait en Chine ce que les Anglais ont fait dans l'Inde, révolutionné le pays, au point de vue économique, trouvé une meilleure application des ressources agricoles et centuplé les revenus en évitant les inondations et en créant des industries, comme les Ecossais à Calcutta. On aura beau traiter d'utopie notre pensée, il n'est pas moins vrai que dans dix ans il ne se trouvera pas un député, ayant assisté moralement au départ de la « Corrèze » avec ses 700 hommes, qui ne dise: « Ah! si nous avions eu le temps de penser alors si haut et si loin, il nous eut été facile de faire avec les cabinets Duclerc et Ferry une rapide et éclatante manifestation en Chine, et résoudre bien des problèmes dont nous cherchions en vain la solution dans l'agitation politique. »

l'intérêt que pourrait avoir l'indépendance de la Haute-Birmanie au point de vue de l'équilibre politique dans l'Indo-
Chine. Les partisans de la fondation d'un empire colonial
acceptaient volontiers l'évolution du gouvernement de l'Inde
à condition que la question du mur mitoyen ne fut pas
sacrifiée. L'ajournement de la chute des Allompra eut été
désirable. L'annexion subite ne pouvait que compromettre
nos intérêts dans la vallée du Haut-Mékong.

Le colonel Sladen raconte tout ce qui s'est passé au palais jusqu'au départ de la famille royale: l'effroi de Thebaw;
sa piteuse et lâche attitude; son effarement pendant la nuit;
sa peur de la mort et des mauvais traitements. Quand le
colonel lui parla de la possibilité d'une évasion il a répondu :
« Fuir! mais où voulez-vous que j'aille? Je désire rester,
« maintenant que vous êtes ici. Je sais que vous m'éviterez
« tout mauvais traitement. Je vous suivrai partout. M'ac-
« compagnerez-vous quand on m'emmènera d'ici ? «

Le colonel Sladen avait pris des garanties contre l'é-
vasion. Les ministres en ont répondu sur leur tête.
Voilà donc ce roi des rois livré à la garde de ses ministres,
qui tous les jours rampaient à ses pieds! Il ne s'en trouvera
pas un seul capable de risquer sa vie pour tenter une fuite
possible. Y a-t-il jamais eu un homme qui ait été mieux
placé pour sonder les profondeurs de l'ingratitude, de la
lâcheté et de l'égoïsme? Loin de nous la pensée de faire
des vœux pour la liberté de ce monarque déchu, mais au
point de vue de la moralité des choses, n'est-il pas triste
d'être livré par ceux-là même, qui ont tant parlé de dévouement quand il n'y avait que des cadeaux à recevoir, quand
il n'y avait aucun danger à faire des protestations de fidélité!

Les livres bleus ne font pas l'histoire de l'incident du
parlementaire. Le colonel Sladen, malgré son esprit de justice, dans son rapport du 16 décembre, n'a pas cru devoir
reconnaître que la lettre remise par l'envoyé royal a été
dictée par le consul de France, dans un but humanitaire
en-dehors de toute préoccupation politique. Lui en eut-il
donc coûté d'avouer que le résident français, tant calomnié
par la presse anglaise, a empêché le massacre des Européens,

l'incendie du palais et la fuite du roi? Et ne pouvait-il pas
concilier l'amour-propre avec la vérité historique, en rendant
justice à la nation qu'on avait, pour les besoins de la cause,
accusée de toutes les intrigues à la cour d'Ava? Il reconnaîtra aujourd'hui devant les faits accomplis, qu'il ne lui a
pas été possible de mettre à profit la lâcheté du roi, s'il
n'avait pas trouvé l'occasion d'impressionner la cour par le
récit des parlementaires. Tout était préparé pour la fuite.
Le colonel en a la preuve.

Sladen nous fait comprendre que le Keen-Woon-Menghy
voulait à tout prix empêcher cet événement. Peut-être le
premier ministre était-il sincère, car il savait qu'en fuyant
le roi allait à la mort. Est-ce à ce sentiment qu'il a obéi,
quand il a conjuré le colonel de ne pas permettre aux troupes d'entrer au palais? Le gouvernement anglais seul est
fixé sur ce point.

Il est extraordinaire que ce palais de Mandalay, témoin
de tant d'horreurs, où régnait la plus cruelle des nullités
orientales, où gravitaient toutes les créatures des caprices et
des crimes de la reine; tous les bourreaux prêts à exécuter
la famille royale, et toute une armée d'esclaves des deux
sexes, plus avides de butin que de liberté, soit tombé entre
les mains d'un officier anglais, comme un fruit trop mûr,
que le moindre vent détache de l'arbre. Le gouvernement
de Calcutta, malgré tout, ne pouvait pas l'espérer.

L'Angleterre, de peur de créer un conflit, s'en est rap-
porté au général Prendergast. C'est sur ses épaules que re-
posera toute la responsabilité et l'autorité la plus absolue.
Il contrôlera l'action du colonel Sladen, écoutera ses avis,
suivra ses conseils et en tiendra compte autant que les grands
intérêts de la patrie l'exigent. Le colonel agira sous la responsabilité personnelle du commandant en chef, qui seul
sera juge de l'opportunité, de la nécessité et de l'utilité d'une
action diplomatique.

Si la France au Tonkin, dit-on, avait appliqué ces principes fondamentaux de tout succès militaire, elle eut évité
un conflit pénible et fâcheux. M. J. Harmand connaissait
Hanoï mieux que le colonel Sladen pouvait connaître Man-

dalay. Il avait fait ses preuves. Mais, poursuit la critique, on eut dit que c'est à plaisir qu'on a placé ce patriote dans une situation qui devait fatalement lui aliéner les sentiments de l'amiral Courbet dont l'éloge n'est plus à faire, et dont les mérites pâliraient si on voulait les examiner à la loupe d'une admiration posthume. L'amiral Courbet est désormais assez apprécié de tous les patriotes sans que nous ayons à placer cette grande figure sous les yeux de nos lecteurs sous peine de la diminuer. Néanmoins il est permis de dire que les plus grandes âmes touchent à la terre, quelles que soient les sphères élevées dans lesquelles elles planent. Si l'amiral Courbet avait pu s'abstraire de certaines préventions, et ne voir en M. Harmand qu'un collaborateur dévoué et expérimenté ; si le gouvernement de Paris avait agi comme le gouvernement de Calcutta dans sa campagne contre Mandalay, bref, si M. Harmand, malgré sa valeur incontestable et son courage à toute épreuve, avait été placé à côté de l'amiral Courbet comme le colonel Sladen a été placé à côté du général Prendergast, on eut évité des tiraillements fâcheux et épargné le pénible spectacle d'un conflit aussi douloureux que dangereux, à 4000 lieues de la mère-patrie, entre l'expérience des hommes et des choses de l'Indo-Chine, et l'inflexible courage, et l'immense valeur d'un de nos plus grands amiraux. Nous n'eussions pas légué à nos fils un nouveau souvenir de discorde en face de la patrie découverte et menacée. Nous n'eussions pas défrayé la joie de nos adversaires, mais, hélas! nous n'eussions pas tiré de l'union de ces deux âmes et de la concentration de leurs forces sur le point vulnérable de la Chine, tous les fruits que l'Angleterre a tiré de l'accord parfait qui a toujours présidé à l'action combinée du général Prendergast et du colonel Sladen. M. J. Ferry ne pouvait pas se soustraire aux considérations imposées par l'intérêt des neutres, et aux inquiétudes mal fondées d'un grand nombre de républicains trop passionnés. Ah! qu'ils regretteront un jour ceux qui, mal avisés ou mal conseillés, ont fait couler tant de sang, et livré aux pirates Tonkinois et aux Chinois les crânes de nos héros.

Le colonel Sladen dit qu'il a toujours conféré avec le

général Prendergast, qu'il ne lui a adressé ni rapport, ni communication et il ajoute: « Maintenant qu'on a établi un « gouvernement provisoire c'est avec la permission du gé- « néral Prendergast que je vous adresse directement et par « ordre *(by order)* un rapport sur les événements politiques « qui ont précédé et suivi la réddition de l'armée birmane « et du roi Thebaw. » (Livre bleus, 1885).

Ces paroles nous donnent la note exacte de l'esprit de discipline et d'amicale courtoisie qui a toujours guidé les officiers anglais. Cette discipline, à la fois rigide et fraternelle constitue une des grandes forces des armées britanniques en Asie. Les officiers anglais ne sont pas jaloux des officiers civils; ils combattent à côté d'eux, n'empiétent jamais sur leurs attributions et se complètent sans arrière-pensée, en s'incarnant dans l'âme de la patrie, qui est un creuset ou fondent toutes les questions d'ambition personnelle pour ne former qu'un métal qui ne plie pas. Ce n'est pas en rendant justice aux vertus de nos voisins que nous nous diminuons. Nous avons tout à gagner à les imiter dans leur façon de comprendre et d'exercer le patriotisme. En tenant compte des qualités et des forces morales de ses adversaires on se prépare à leur tenir tête, quand ils sont entraînés par des nécessités croissantes et implacables à dépasser la limite du droit et de la justice.

Le conflit entre l'autorité civile et l'autorité militaire n'a pas été engendré par une erreur d'interprétation des attributions respectives dont le gouvernement puisse être rendu responsable. Il est dû à un concours de circonstances malheureuses et à la divergence des vues. Toute autre était la situation du colonel Sladen et du général Prendergast. L'esprit de discipline n'eut pas permis à l'officier civil de désapprouver le commandant en chef des troupes de la Reine; et y eut-il eu divergence de vues, le conflit n'était pas possible, car rien ne pouvait modifier le plan de campagne et le but politique à atteindre. Le gouvernement de Londres n'avait pas à compter avec les scrupules qui ont paralysé le patriotisme de M. J. Ferry, et le vice-roi avait carte blanche. On ferait donc erreur en confondant la situation de la France au Tonkin avec celle de l'Angleterre dans la vallée de l'Irrawady. Il n'en est pas moins vrai qu'il y a quelque chose d'édifiant dans les rapports entre le colonel Sladen et le général Prendergast. Puissions-nous éviter tout ce qui pourrait engendrer ces funestes conflits. Il est dangereux de placer un ministère entre deux appréciations opposées, qui ne manqueront pas de porter préjudice au succès d'une expédition lointaine dont le dénouement avantageux ne dépend que de l'esprit de suite et de l'unité de direction.

Le 24 décembre, le secrétaire d'Etat annonça au vice-roi que le gouvernement de la Reine, sur l'ordre de l'impératrice des Indes, avait décidé l'annexion de la Haute-Birmanie qui devait faire partie désormais des possessions de sa Majesté.

Et le 1ᵉʳ janvier 1886, après plusieurs salves d'artillerie l'annexion fut publiquement décrétée.

Proclamation. 1ᵉʳ janvier 1886. (Nᵒ 181, liv. bleu).

« L'impératrice des Indes fait notifier par ce présent acte
« que les territoires autrefois gouvernés par le roi Thebaw
« cessent dès maintenant d'être sous son autorité, mais font
« partie des états de sa majesté, et seront administrés par
« des fonctionnaires nommés par le vice-roi. »

Signé: Dufferin. »

« The steamer was reached and the whole party crowded
« on board. The saloon was positively crammed with women.
« The king went straight into his cabin on arrival. Every
« confort was provided for him; he was left entirely unmo-
« lested, and on the following morning « the Thurreah »
« left for Rangoon.

« Thus fell the last of Allompra. They had arisen amidst
« blood and flame: they sank almost without a struggle. »
(Major Brown, p. 187).

Oui, le dernier des Allompra est tombé sans qu'une goutte de sang fut versée autour de lui. Le major Brown a raison de noter ce fait. Le souvenir des hécatombes qui ont marqué l'avénement au trône des princes de cette famille, les crimes de Thebaw, les cruautés de la Reine, les traces des récents massacres, tout ce passé de lâches et atroces

affolements constituait un tableau de nature à faire croire à
un dernier effort, pour défendre ce trône qui rappellera toujours les plus horribles spectacles que l'histoire ait eu la
douleur d'enregistrer.

Le peuple à Mandalay et à Londres assista à ce dénouement, sans y rien comprendre. L'Angleterre n'aime pas initier
le public à ses secrets: elle s'en sert pour créer à l'occasion
un point d'appui, mais les grandes solutions extérieures ne
passionnent pas la rue. Les colonies nouvelles surgissent
parfois, sans que le peuple ait eu le temps de s'en apercevoir, et de savoir pourquoi, comment, et d'où elles pro-
viennent.

L'Angleterre occupe aujourd'hui la plus grande partie de
l'Indo-Chine, et sa conquête à l'ouest lui coûte infiniment
moins cher que la nôtre à l'est, grâce à l'union du parlement et à la persévérance apportée dans sa politique asiatique. Le plan du colonel Phayre a toujours été l'objectif
secret de tous les gouvernements qui se sont succédés depuis un siècle. Pour que l'empire tournât ses regards vers
l'Indo-Chine, où Louis XVI avait planté le drapeau de la
France, il ne fallait rien moins que la voix des chrétiens et
des missionnaires égorgés. L'Angleterre, elle, pendant un
siècle, n'a jamais détourné un seul instant ses regards de
Rangoon et d'Ava. Et quand elle est intervenue, ce n'est pas
à l'heure où les martyrs de Thebaw râlaient, où les cris des
jeunes princesses, agonisantes entre les mains des bourreaux,
ont retenti à son oreille, mais à l'heure de l'intérêt électoral
combiné de tous les intérêts commerciaux et ajournés depuis
le traité de Yandabo pour laisser mûrir le fruit.

On peut dire que la Birmanie est tombée comme un
fruit mûr dans les mains de l'Angleterre, et que nous avons
nous même secoué l'arbre. Tandis que la France, elle, malgré ses droits indiscutables, n'a rien cueilli. Elle a été obligée d'arracher l'arbre jusqu'à la racine, et l'Angleterre n'ignore
pas pourquoi l'affermissement des droits de sa voisine dans
l'Est de la Péninsule a coûté tant de sang et tant d'argent.
Elle dira peut-être un jour le secret de cette situation; mais
ne lui demandons pas aujourd'hui des aveux qu'elle ne peut

faire, et contentons-nous de profiter de la leçon. Les intrigues et les tracasseries dont nous avons été victimes, nous guériront peut-être un jour de cet excès de délicatesse qui nous a déjà coûté l'Inde, qui nous fera perdre notre influence morale au Siam, et nous épuisera peu à peu dans nos propres possessions.

Il faut à notre République des hommes sages et d'un patriotisme scrupuleux; des hommes d'Etat autorisés, qui ne se laisseront pas intimider par l'éternel refrain des menaces qui nous ont déjà coûté si cher. Il faut qu'il y ait dans l'éducation nationale autre chose qu'une nomenclature de faits et de dates. Il faut éclairer l'histoire et apprendre aux jeunes générations, que la France depuis longtemps a fait une politique de dupe, qu'elle est désormais lasse de tirer perpétuellement les marrons du feu, et que, si l'Angleterre veut une politique de paix et de concorde, elle devrait nous donner des gages de sa sincérité en changeant l'esprit et le ton de sa presse, et en adoptant une politique moins égoïste en ce qui concerne nos intérêts coloniaux.

Nous ne pouvons pas jouer à Bangkok le rôle que nous avons joué à Mandalay, sans perdre la dernière sphère d'action de notre influence dans la péninsule. Nous ne pouvons pas être une fois de plus victimes d'une politique alarmiste pour les besoins de la cause, et servir de prétexte à ses intrigues et à ses efforts. On pense au Foreign-Office qu'il faut prendre position dans la vallée du Meinam, pour empêcher la France de développer son influence dans ce royaume. On voudrait jouer du « péril français » pour être autorisé un jour à dire: « La France nous a forcé la main ; c'est à « regret que nous intervenons dans les affaires du Siam, qui « intéressent le succès de notre politique indo-chinoise et nos « intérêts asiatiques. C'est donc à lui-même que le gouverne- « ment de la république doit s'en prendre. L'Angleterre a été « forcée à regrets de faire entrer le Siam dans sa sphère d'ac- « tion. Si Bangkok suit le sort de Mandalay, ce n'est pas la « faute de la politique britannique. Il y a des interventions « fatales et obligatoires. »

On a pu, en 1885, répandre cet argument dans la presse britannique. Sir Charles Dilke lui-même, dans une des plus grandes Revues de Londres (Fortnightly Rev.), a pu dire : « *La Birmanie! c'est à notre grand regret que nous l'avons annexée. Mais la responsabilité de cet acte incombe tout entière à l'action de l'agent français à Ava.* » On a pu alors profiter de l'agitation des passions politiques en France, pour faire passer l'agent du gouvernement de la République pour un intrigant et un homme dangereux. On a pu surprendre la bonne foi du public en tentant de légitimer l'occupation précipitée de la Haute-Birmanie par l'exploitation du prétendu *péril français.* Mais on ne pourra pas appliquer au Siam la politique qui a si bien réussi à Mandalay. M. de Kerkaredec et M. Pavie représentent la France à Bangkok et à Luang-Prabang. Ils ne serviront pas comme M. F. Haas. de prétexte à cette politique de dissimulation qui a triomphé dans la vallée de l'Irrawady. Ces deux agents, dont le dévouement et le patriotisme sont sans limites seront peut-être plus heureux que leur collègue de Mandalay. En 1885, tous les efforts tentés dans la vallée de l'Irrawady, à l'effet de fortifier au quai d'Orsay les réserves de M. J. Ferry, au moment de l'action britannique contre Ava. étaient stériles. Tant était grand le déchaînement des passions qui ont troublé le parlement et paralysé le ministère. Mais aujourd'hui que le calme est à peu près rétabli et que la question de l'Indo-Chine n'est plus une cause de discorde, on ne se laissera plus surprendre. ¹) La France dans la vallée du Meinam, ne sera pas aussi indifférente

---

¹) Depuis la publication de la *question du Tonkin* par un diplomate, un soleil de vérité s'est levé sur tous les actes de ce drame qui constitue une des plus grandes et des plus glorieuses pages de la République. Ce livre nous permet de fixer et de peser les responsabilités. Il a dissipé tous les malentendus, détruit les systèmes et fermé la porte aux mensonges et aux calomnies. Désormais la *Question du Tonkin* est entrée dans le domaine de l'histoire. Elle ne servira plus de plate-forme aux ennemis de la République, car tous les traits sont émoussés. La France de l'Indo-Chine sort radieuse d'une mer de calomnies et monte triomphante à l'horizon, au grand désappointement de nos voisins du nord, et à la honte de nos compatriotes qui ont calomnié ses destinées et médit de sa mission.

qu'elle l'a été dans la vallée de l'Irrawady. Et nos hommes d'Etat ont compris que seule la neutralité du Siam peut sauver la vallée du Haut- et du Bas-Mékong. Il y a longtemps que M. Harmand en a démontré la nécessité.

Si la cour de Siam favorise la voie ferrée que le général Clarke s'efforce de construire dans le Siam [1]) la France éprouvera un double échec politique et économique: 1° parce que l'influence britannique sera prépondérante; 2° parce que tout le commerce de la vallée du Haut-Mékong aboutira à la vallée du Meinam, qui deviendra une des grandes artères de l'Indo-Chine. L'Angleterre trainera vers l'occident tous les produits du Haut-Laos de la Chine méridionale et du Siam. Le docteur Neis et M. Gauthier, dont les généreux et patriotiques efforts tentent à faire du Mékong une grande voie commerciale française échoueront contre les moyens puissants du général Clarke, si à Bangkok la diplomatie de la France est condamnée à assister à la rupture de l'équilibre que la nature elle-même a établi dans les vallées du Haut-Mékong et du Meinam.

[1]) Le général Clarke, ancien membre du conseil du gouvernement de l'Inde a fait preuve de caractère et d'indépendance en votant, en 1882, contre la loi fiscale imposée à Lord Lytton par le gouvernement libéral de Gladstone. Le cabinet anglais a agi conformément à ses principes écomiques en accordant la franchise dans l'Inde, à tous les produits, sauf le sel, l'opium, les armes et les spiritueux. Mais il a fait aussi un acte politique en cédant à la pression des chambres de commerce de la Métropole. Manchester surtout était intéressé à cette nouvelle législation douanière qui a donné à son industrie le pas sur les usines de Bombay. Le général Clarke a soutenu que cette franchise est de nature à compromettre l'équilibre du budget de l'Inde sans profit pour le consommateur. Il a démontré que la loi ne profitera qu'aux intermédiaires et aux industriels de la métropole auxquels le vice-roi voudrait sacrifier les finances de l'Inde. Et il a donné sa démission.

L'influence de M. Clarke à la cour de Siam est de nature à nous préoccuper. Le chemin de fer qu'il veut établir à travers les états du roi serait sur le point d'entrer dans le domaine des faits, grâce à un syndicat financier de Londres. Si effectivement ce projet se réalisait, les conséquences seraient désastreuses pour le commerce de Saïgon et celui du Tonkin. Le gouvernement de la République et le quai d'Orsay en sont convaincus; aussi ne saurait-on trop applaudir aux efforts que la France fait en ce moment dans la vallée du fleuve rouge, où elle pousse activement les études qui porteront nos produits *sur les ailes de la vapeur*, pour nous servir de l'expression de M. Hallet, d'Hanoï à Esmok.

Néanmoins, il est permis de se demander, si la France a profité de tous les avantages que les circonstances lui ont offerts dans la vallée du Meinam ? Peut-être a-t-elle laissé passer l'heure ; ou recueillera-t-elle le fruit de sa modération? Le Cambodge devait servir de marchepied à notre action dans la vallée du Meinam. Nous avons préféré restreindre les limites de notre influence à la zône immédiate et directe de nos droits moraux dans l'Indo-Chine. Avec une voisine plus généreuse que l'Angleterre nous eussions déjà ressenti les bienfaits de cette discrétion et de cette réserve. Mais hélas! pour espérer beaucoup ou quelque chose, il faudrait que l'Angleterre ne fut plus l'Angleterre d'autrefois, une nation toujours jalouse de nos moindres avantages.

En 1849, il y avait à Oudong un mandarin siamois. Loin de nuire à notre influence, cela pouvait dans la suite constituer un point d'appui pour notre diplomatie.

L'empereur Tuduc avait rendu au Cambodge, Kompot et Compong Sam qui avaient été occupés par les Annamites jusqu'en 1848. La guerre dans laquelle ce souverain se trouvait engagé avec la France avait déjà tourné l'aiguille de notre boussole politique vers le Cambodge et la vallée du Mékong. M. de Montigny, envoyé français, s'était arrêté en 1855 à Kompot dans le but de faire un traité de commerce avec le Cambodge. Il échoua devant les menaces et les intrigues du Siam. Il est regrettable que le moment de l'action nécessaire coïncide toujours avec des circonstances militaires diplomatiques ou politiques telles, qu'il est impossible de faire ce que commandent notre honneur, notre influence et nos intérêts économiques.

Quand des hommes, mal placés pour juger Dupleix, ont eu à apprécier l'échec insignifiant de Trichinapoly, nous avons, tout perdu parce que nous étions dans une situation telle qu'il était impossible d'espérer un acte de patriotisme de la part du comité des directeurs et de la cour de Versailles. Quand Garnier avait besoin de cinq cents hommes pour occuper et administrer le Tonkin, on lui a répondu par la timide ou tiède administration de Philastre et la dépêche de M. de Broglie: *A aucun prix n'engagez la France au Tonkin.* Quand il y avait lieu d'envoyer dix mille hommes à Hanoï, et de terrifier la Chine, pour venger d'un seul coup Garnier et Rivière, on a été forcé de tout sacrifier à ces préoccupations politiques de triste mémoire. Elles ont engendré une situation qui est à notre mission en Asie ce qu'était Philastre à Garnier. Ces à peu près coûtent cher. Puissions-nous n'en pas faire l'expérience à Madagascar et au Tonkin, où il y a une œuvre ébauchée. Notre jeune génération profitera de l'expérience du passé et achèvera en Asie et en Afrique ce que nos pères et nous avons fondé à travers tant de commotions. L'Angleterre a été plus heureuse que la France. Elle n'a pas eu à compter avec les circonstances extraparlementaires et les divisions intérieures qui nous ont souvent privés du fruit de nos efforts et de nos droits. Néanmoins il ne faudrait pas pousser trop loin cette vérité historique. La Grande Bretagne ne peut pas évoluer vers Lassa, parce qu'elle est paralysée à Herat. Elle a néanmoins une consolation : Les affaires du Thibet dépendent surtout de Calcutta, et il faut chercher dans les progrès de la Russie, et non dans l'esprit national, l'échec de la mission Macoulay. Il n'y a eu qu'une voix pour sanctionner l'occupation de la Haute-Birmanie. parce que la Chine était trop occupée à l'Est pour faire échec aux légions de Prendergast. Il n'y aurait qu'un cri d'admiration pour saluer le cabinet qui ouvrirait au commerce britannique les portes de Lassa, s'il n'y avait pas à compter avec les événements dont Hérat et les frontières de la Chine pourraient être le théâtre.

Ce n'est donc pas avec des mots taillés comme un trait; ce n'est donc pas avec des théories, des systèmes à effet, des discours épouvantails, des livres à sensation, des révolutions d'enseignement, qu'on fait de la politique extérieure! Voilà la morale qui découle de la lecture des livres bleus relatifs aux affaires de la Birmanie. (1885-1886).

L'occupation du royaume d'Ava confirme cette assertion. En d'autres termes, le renversement de Thebaw, l'annexion de son royaume prouve péremptoirement qu'en Angleterre l'école « anti-coloniale » n'a aucune action sur la marche des

événements et l'évolution progressive de son empire extérieur
ou coloniale. Mots heureux, c'est-à-dire coupables, théorie
anti-colonial, démonstrations algébriques du prétendu contre
sens colonial; bref, campagne acharnée à l'effet de couper
les ailes du génie britannique, de le parquer dans les sphères
restreintes du continent, d'entraîner les esprits dirigeants
dans une politique de recul, d'abandon, d'isolement, et
même le talent de Goldwin Smith, tout cela n'a pas plus
arrêté le mouvement militaire vers Ava en 1885 survenu
à son heure, qu'une goutte d'encre pourrait faire déborder
un fleuve. L'expension coloniale d'une grande nation qui
vit de l'application des lois économiques qui la régissent et
de l'action opportune et fatale est une machine qui a ses
mouvements calculés. Il y a une heure pour avancer résolument. Elle avait sonné pour l'Angleterre le jour du départ
de Sainte-Barbe.

L'école de M. Goldwin Smith n'a pas empêché la grande Bretagne de suivre sa destinée. Le cabinet Salisbury a agi contre
Ava parce que les traditions, les chambres de commerce, les
rapports des sociétés intéressées Bombay-Burmah et Irrawady-
Flotilla) ont déterminé le gouvernement à hâter le mouvement, de peur de perdre le fruit d'un siècle d'efforts, et de
donner à la France dans l'Indo-Chine la prépondérance politique qui n'a jamais été rêvée par le Gouvernement de la
République.

Il ne suffira plus désormais de bâtir des systèmes de liquidation ou d'abandon à l'aide d'arguments sophistiques,
pour empêcher la France et l'Angleterre d'accomplir leur
mission civilisatrice et grossir leurs budgets asiatiques. La
loi de l'évolution économique est assez forte pour briser tous
les obstacles de quelque côté qu'ils viennent.

En résumé, quelle que soit la place où on siège au parlement, à Londres et à Paris, on ne peut empêcher l'Angleterre et la France de suivre la voie de leurs destinées. Le
trône de Thebaw était non seulement une tache de sang
mal lavée sur la carte des destinées britanniques, mais une
gêne pour le trafic anglo-indien. La cour de Hué et la complicité de la Chine étaient une insulte flagrante pour l'hon-

neur de la France et une menace pour ses intérêts. Le sang de Rivière criait vengeance. Cela n'a pas empêché quelques esprits trompés par des arguments sophistiques de dire: *Périsse l'Angleterre; périsse la France, plutôt qu'un principe;* ou bien: *restons chez nous, car nous avons tout à perdre et rien à gagner dans ces expéditions lointaines.*

Ces arguments ont été développés avec passion à Paris et à Londres. On en a fait des plateformes de combat; on s'est battu à coups de prophéties et de menaces; on a pris à partie les plus saintes choses: la Patrie. Hélas! que n'a-t-on pas fait, que n'a-t-on pas dit et écrit? Quels égarements aux yeux des générations futures! Et le résultat de tout cela? Il est bien tangible: L'Angleterre et la France, substitués à des pouvoirs aveugles et égoïstes, développent peu à peu des richesses enfouies, l'une dans les vallées de l'Irrawady et de la Salouen, l'autre dans la vallée du Mékong, au grand avantage des indigènes et de l'Europe, en attendant qu'elles se donnent la main pour monter vers le nord-est et faire bénéficier la Chine de l'inappréciable bienfait de leur mission. Alors comme hier, on critiquera sur les bords de la Tamise et de la Seine; on aiguisera les traits de la passion et de la calomnie, si on ne va pas plus loin. Peu importe; la loi d'évolution qui est à la fois une loi de progrès et de civilisation, une loi fatale et absolue, restera la loi, et en dépit des orages qui obscursiront l'horizon, le fait s'accomplira. Tel un torrent, qui après avoir rompu toutes les écluses de la nature, finit par trouver une vallée dans laquelle il roule ses flots inconscients. — La Russie obéit à la même loi en Asie. — Et si la Chine était au point de vue économique contrariée par l'Europe; si nous la mettions en quarantaine; si nous ne voulions pas lui permettre d'entrer au point de vue moral et commercial dans la grande loi de l'universalité des peuples, les rôles seraient renversés, et ce n'est pas l'Europe qui absorberait la Chine, mais la Chine qui absorberait l'Europe.

M. Alfred Rambaud a écrit une excellente préface pour la traduction du livre de J. R. Seeley « L'expansion de l'Angleterre ». Nous appelons l'attention du lecteur sur cette intéressante étude. Elle confirme ce que nous venons de dire relativement à la futilité des théories de combat systématique, en présence de l'inéluctable fatalité des étappes de l'Angleterre. Elles sont un précieux enseignement pour tous ceux qui croyent qu'il suffit de faire opposition à l'application de la grande loi des évolutions nécessaires, pour empêcher une grande nation comme la France de suivre ses destinées et d'accomplir sa mission.

„Tandis que les Romains du siècle d'Auguste croyaient tous „avec Horace à l'éternité de leur empire, les Anglais du XIX° siècle „sont très-divisés dans leurs appréciations. Les uns soutiennent que „l'empire anglais est une bonne et belle chose; qu'il est glorieux et „profitable pour la race dominante; nécessaire et avantageux aux „races dominées; qu'il durera et qu'il continuera à s'étendre; qu'il „ne faut pas s'inquiéter d'accroissements nouveaux. Les autres „affirment que l'empire anglais est un fardeau pour l'Angleterre, „qu'il l'entraine à sa ruine, qu'il est aussi funeste aux colonies „qu'à la métroprole, qu'il ne peut manquer de se dissoudre, et que „le plus tôt sera le mieux.

„La première opinion est la plus ancienne. Elle est un legs des „générations précédentes, une tradition de l'époque où Pitt et Fox, „si profondément divisés sur tant de questions, s'accordaient à „déclarer que la grandeur de l'Angleterre est inséparable de la gran„deur de son empire. Aussi est-elle surtout professée par le parti „conservateur, qui s'est formé, après la réforme parlementaire de „1832, de la fusion des anciens tories avec une partie des anciens „whigs et avec quelques autres groupes politiques. L'opinion est „nouvelle, elle a commencé à prendre autorité avec beaucoup „d'autres choses nouvelles, comme l'extension du droit du suffrage, „le libre échange, les idées philanthropiques et cosmopolites. Aussi „est-elle professée par les partis qui se sont constitués dans le „Parlement après la réforme électorale: le parti radical et une „fraction du parti libéral.

„Entre ceux qui proclament, comme le faisait tel député vers „1862, que *pas un rocher sur lequel a flotté le pavillon britan-*„*nique ne doit être abandonné*“, et ceux qui voudraient hâter l'éman-„cipation des colonies, et prêchent l'évacuation de l'Indoustan, il y „a, d'ailleurs, une infinité d'opinions intermédiaires. L'opinion la „plus avancée a été soutenue avec une très grande vivacité dans „une série de lettres adressées au *Daily News* de 1862 à 1863 par

„M. Goldwin Smith alors professeur d'histoire à l'université d'Oxford.
„Ces lettres ont été ensuite réunies en un volume sous ce titre:
„*L'Empire.*" Leur argumentation a défrayé toutes les publications
„ultérieures de la même école.

„M. Goldwin Smith regarde comme des „dépendances inutiles"
„un très grand nombre de possessions anglaises. Pour les garder, on
„allègue des raisons très diverses. „Dans certains cas, ces raisons
„sont politiques; dans d'autres, militaires; dans d'autres, commer-
„ciales; dans d'autres, diplomatiques; mais la gloire de l'Empire
„est au fond de toutes, et aussi l'idée que: extension de territoire,
„c'est extension de puissance." Tout cela est un débris du vieux
„système politique. On ne veut pas tenir compte des changements
„qui se sont opérés dans le monde. Dabord toutes les nations civi-
„lisées ont pris l'amour de la paix, sauf une seule, la France. En
„outre, le système du libre échange a prévalu sur le système pro-
„tecteur. Il faut donc être profondément inintelligent pour s'attarder
„dans la vieille politique coloniale. La faute en est à d'ambitieux
„politiciens: ils gaspillent les fonds publics, c'est-à-dire l'argent
„des paysans et des artisans, qui, eux n'ont aucune part aux plai-
„sirs de leur ambition. „Ce ne sont pas non plus les officiers et
„les soldats de notre armée qui ont intérêt à ce qu'on maintienne
„les dépendances de l'Empire dispersées sur la surface du globe.
„L'empire leur inflige un exil perpétuel, souvent en des pays insa-
„lubres, avec tout le manque de confort de la vie errante. Ils pré-
„féreraient garder l'Angleterre sans sacrifier les aises d'une habi-
„tation fixe et toutes les joies du foyer...; si les ministres ambi-
„tieux étaient appelés, comme les chefs et les rois des anciens
„temps, à affronter eux-mêmes la mort sur le champ de bataille,
„au lieu de signer des ordres pour que d'autres aillent l'affronter,
„ils seraient sans doute moins prompts à partir en guerre; mais
„ils restent en sûreté à la maison et recueillent une réputation de
„courage et de vaillance en prodiguant le sang des braves, etc."

„C'est surtout pour la métropole que l'empire est un marché de
„dupes."

„L'Angleterre perd le bénéfice de sa situation insulaire; elle a
„cessé d'être „*l'heureuse nation qui n'a pas de frontieres.*" [1])

---

[1]) Alfred Rambaud: Préface de « l'expansion de l'Angleterre » par
J. R. Seeley.

Il est difficile d'être plus passionné. Néanmoins ce langage n'eut convaincu personne, s'il avait fallu voler au parlement l'abandon d'un pouce de territoire du royaume d'Ava. Si le ministère Salisbury s'était trouvé à la place de M. Jules Ferry, le 30 mars 1885; s'il s'était présenté devant un parlement houleux pour lui communiquer la dépêche de Brière de Lisle, il est certain que tous les députés libéraux et conservateurs se fussent levés, comme poussés par le grand ressort de la Patrie, à l'effet de dire au chef du Cabinet: « Trêve à toute discussion sur le modus operandi du Gouvernement. Avant tout il faut sauver l'honneur et les intérêts britanniques. Et pour atteindre ce but, il n'y a pas de sacrifices assez lourds. La liquidation de nos haines politiques n'a rien de commun avec la Patrie d'outre-mer. Trêve à toutes discussions dont l'écho peut compliquer la situation et retarder le succès. Il n'y a plus ici ni droite ni gauche, tout disparaît devant l'image de la Patrie. Plus de discussions, le sang de nos soldats crie vengeance; il dominerait la voix du parlement. Il faut agir. A demain les récriminations. »

C'est là où Goldwin Smith eut reconnu qu'en Angleterre on sait distinguer, et qu'autant que possible on évite de sacrifier l'honneur de la Patrie aux préférences personnelles, aux haines des partis; et qu'on ne liquide jamais dans le sang britannique les questions de Cabinet.

Il n'y eut pas eu un seul disciple de son école « d'abandon » pour se rappeler que l'occasion était bonne et qu'on pourrait en profiter pour renverser le ministère.

On aura beau en Angleterre dire de ces choses monstrueuses « *Nous sommes des Empereurs, sans revenus et sans pouvoir* »: il n'y aura jamais un parlement disposé à ouvrir une crise ministérielle sur un ordre de retraite donné à tort ou a raison par un général anglais. Il y aura toujours une Angleterre persuadée qu'elle doit sa situation économique privilégiée au commerce colossal qu'elle fait avec l'Asie. Il y aura toujours une Angleterre qui croit à l'accroissement progressif de sa marine marchande et de ses chiffres d'importation et d'exportation. Il y aura toujours une Angleterre prête à sacrifier sa dernière livre sterling pour défendre l'Inde et l'Indo-Chine contre toute influence extérieure.

La mission Macaulay qui vient d'échouer à la frontière du Thibet; les efforts de la Chambre de commerce de Rangoon, à l'effet de convaincre le vice-roi de la nécessité politique et économique de l'occupation immédiate de la Haute-Birmanie; ses indications relatives aux « *richesses incalculables* » du Haut-Laos; la crainte des projets de la France dans l'Indo-Chine; les calomnies de la presse anglo-indienne et de la métropole, à l'effet de faire porter au consul de France à Mandalay la responsabilité de l'occupation de la Birmanie; les efforts de MM. Colquhoun et Hallet et les projets du général Clarke à Bangkok; le voyage de Sir Charles Dilke aux Indes; la politique du gouvernement de Calcutta dans le Sikim; tout cela n'est-il pas plus fort que les théories, si dangereuses au point de vue britannique, dont les disciples de Goldwin Smith ont empoisonné la presse radicale. L'Angleterre vit de son commerce asiatique; toute sa politique extérieure tend au maintien et au développement de sa marine marchande et de son industrie. On ne prouvera jamais qu'ils ont raison ceux qui prétendent au-delà de la Manche que « *l'Empire est un marché de dupes pour la métropole.* » Les chiffres sont plus éloquents que les théories. Ils seraient les premiers à dépenser des millions pour fortifier les points faibles dans l'Afghanistan et exécuter le chemin de fer de Colquhoun, ceux qui ont osé dire que « *l'Empire est un marché de, dupes.* » Il en sera de même partout. On verra un jour sur le chemin de Damas les plus féroces détracteurs du Tonkin. Il y aura néanmoins toujours des esprits sceptiques ou mal avisés qui soutiendront que « *l'Empire de l'Indo-Chine est un marché de dupes* »; mais les millions que rapportera la conquête économique de la Chine méridionale, seront plus éloquents que tous les livres et tous les discours de ceux qui suivront les tristes et coupables errements des partisans d'une France rapetisée, repliée sur elle-même et fermée par sa propre volonté.

Si, dans une heure d'emportement et de folie, on avait

voté l'évacuation du Tonkin, on se serait recueilli le lendemain, le cœur lourd de remords et de tristesse; on eut cherché à réparer le mal. On eut, à genoux, demandé pardon à la Patrie humiliée d'un tel crime et d'une telle mutilation. Ceux qui ont renversé le cabinet Ferry, après la funeste dépêche d'un général mal renseigné ou affolé, ont eu des remords. Car derrière l'homme politique couché en joue, ils ont vu la Patrie menacée de perdre son honneur et le fruit de pénibles efforts. Tant était grand le danger qui consistait à convaincre la Chine de l'instabilité du pouvoir! Mais quel réveil, si on avait dit par un vote criminel: « Nous « avons été forcés de conduire l'Annam au respect des traités, « et d'imposer à la cour de Hué le minimum de nos droits. « C'est à cette occasion que le céleste Empire a indirecte- « ment trempé ses mains dans le sang de Rivière et de nos « braves soldats; comme s'il eut voulu nous rappeler que « les balles qui ont frappé Garnier ont été fondues en Chine. « Enfin nous avons usé de longanimité; nous avons peut-être « négligé les devoirs que commandait la dignité de la France. « Aujourd'hui il ne tient qu'à nous de continuer l'effort « tenté pour aller signer à Pekin un traité sur des bases « larges et solides. Il ne tient qu'à nous de fermer la porte « du riz; mais nous regrettons d'être allé aussi loin. Garnier et « Rivière ne nous occupent plus. Nous nous désintéressons « de l'honneur de la France en Asie, et nous nous empres- « sons d'évacuer le Tonkin, de nous incliner devant la Chine « à Hué et de renoncer, à tout jamais, à nos droits et à « nos espérances dans l'Indo-Chine. »

Et il n'y a pas de doute, c'est bien cela que la Chine eut induit de la défaillance du Parlement. Le marquis de Zeng n'eut pas manqué de développer dans le sens de son amour-propre et de son orgueil victorieux ce vote de liquidation et d'amende honorable. Cette prosternation du soldat français devant le mandarin triomphant; cette façon unique d'aller à Canossa, en Chine, eut certes constitué une des plus tristes pages de notre histoire. Le parlement eut, sans s'en douter, à un siècle de distance, glorifié Louis XV, d'avoir puni Dupleix de son génie et de son patriotisme. Il eut donné au public un éclatant mais scandaleux témoignage de regret et de repentir, en disant au cabinet Salisbury : « Nous « vous avons donné la clef de l'Inde, nous y ajoutons celle « de la Chine. Notre mission ne consiste-t-elle donc pas, de « siècle en siècle, à servir de pionnier au Génie pondéré et à « l'esprit pratique de votre race ? — L'Asie vous appartient ; « nous vous avons frayé le chemin. Nous n'avons plus qu'à « nous retirer et à faire des vœux pour le rapide succès de « votre fortune. »

APPENDICE.

Extrait du ‹Journal Officiel› du 26 Novembre 1885.
(Enclosure N° 152.)

Loi portant Approbation de la Convention Complémentaire de Commerce, Signée à Paris, le 15 Janvier, 1885, entre la France et la Birmanie.

Le Sénat et la Chambre des Députés ont adopté,

Le Président de la République promulgue la Loi dont la teneur suit : —

Article Unique. — Le Président de la République est autorisé à ratifier et, s'il y a lieu, à faire exécuter la Convention Complémentaire de Commerce signée à Paris, le 15 Janvier, 1885, entre la France et la Birmanie. [1])

La présente Loi, délibérée et adoptée par le Sénat et par la Chambre des Députés, sera exécutée comme loi de l'État.

Fait à Paris, le 24 Novembre, 1885. (Signé) JULES GRÉVY.

Par le Président de la République, le Ministre des Affaires Etrangères,   (Signé) C. DE FREYCINET.

Le Président de la République Française,

Sur la proposition du Ministre des Affaires Etrangères,

      Décrète :

Article 1er. Le Sénat et la Chambre des Députés ayant approuvé la Convention Complémentaire de Commerce, suivie d'un Article Additionnel, signée à Paris, le 15 Janvier, 1885, entre la France et la Birmanie, et les ratifications de cet acte ayant été échangées à Paris, le 25 Novembre, 1885, la dite Convention, dont la teneur suit, recevra sa pleine et entière exécution.

---

[1]) Le texte de la Convention sera promulgué officiellement après l'échange des ratifications des Parties Contractantes.

Convention. — Le Président de la République Française et Sa Majesté le Roi de Birmanie,

Désirant consolider et accroître, par une Convention spéciale, les avantages résultant pour les deux pays du Traité d'Amitié et de Commerce, signé à Paris, le 24 Janvier, 1873, ont nommé à cet effet pour leurs Plénipotentiaires, savoir:

Le Président de la République Française, M. Jules Ferry, Député, Président du Conseil des Ministres, Ministre des Affaires Étrangères;

Et Sa Majesté le Roi de Birmanie, Ming Ghie Min Maha Zaya Thin Gian, Myothit Myosah Atwin Woon Min, le Premier Ambassadeur, Ministre de l'Intérieur du Palais et du Conseil Privé, Plénipotentiaire de Sa Majesté le Roi de Birmanie;

Lesquels, après s'être communiqué leur pleins pouvoirs, trouvés en bonne et due forme, sont convenus des Articles suivants: —

ARTICLE I. — Il y aura paix constante, amitié perpétuelle, et pleine et entière liberté de commerce et de navigation commerciale entre la République Française et l'Empire Birman.

Les ressortissants des deux États ne payeront pas, à raison de leur commerce et de leur industrie, dans les ports, villes, ou lieux quelconques des pays respectifs, soit qu'ils s'y établissent, soit qu'ils y résident temporairement, de droits, taxes, impôts, ou patentes, sous quelque dénomination que ce soit, autres ou plus élevés que ceux qui sont ou seront perçus sur les nationaux; et les droits, priviléges, et immunités dont jouiront en matière de commerce, d'industrie, de propriété industrielle et de navigation commerciale, les citoyens de l'un des deux États, seront communs à ceux de l'autre, sous réserve des exceptions contenues dans le présent Traité.

ARTICLE II. — Les ressortissants de chacune des Hautes Parties Contractantes auront, réciproquement, de même que les nationaux ou les ressortissants de la nation étrangère la plus favorisée, la faculté d'entrer, avec leurs navires et chargements, dans tous les ports et rivières des États respectifs de voyager, de résider, et de s'établir partout où ils le jugeront convenable pour leurs intérêts, d'acheter, de posséder, et de vendre des maisons, boutiques, magasins, et toute espèce de biens meubles, d'exercer toute espèce d'industrie, ou de métier, de faire le commerce, tant en gros qu'en détail, d'expédier, et de recevoir des marchandises et des valeurs par toute voie terrestre, fluviale, ou maritime, et de recevoir des consignations aussi bien de l'intérieur que de l'étranger, le tout sans payer d'autres droits que ceux qui sont ou pourront être perçus sur les nationaux ou sur les ressortissants de la nation la plus favorisée.

Les Français en Birmanie pourront acheter des terrains, les vendre, les posséder, les exploiter, y élever des constructions, le tout en se conformant aux lois du pays dans la mesure où ces lois seront appliquées aux citoyens de la nation étrangère la plus favorisée.

Les ressortissants de chacune de Hautes Parties Contractantes auront le droit, dans leurs ventes et achats, d'établir le prix des marchandises et des objets quels qu'ils soient tant importés que nationaux, soit qu'ils les vendent à l'intérieur du pays, soit qu'ils les destinent à l'exportation.

Ils auront la faculté de faire et administrer eux-mêmes leurs affaires, ou de se faire suppléer par des personnes dûment autorisées, soit dans l'achat ou la vente de leurs biens, effets, ou marchandises, soit dans leurs propres déclarations en douane pour le chargement, le déchargement, et l'expédition de leurs navires.

Les transactions commerciales seront entièrement libres en Birmanie. Les ressortissants Français ne seront, en aucun cas, obligés de se servir des courtiers Royaux („pouêzas“), ou intermédiaires quelconques qui existeraient sur l'Iraouaddy et sur les marchés Birmans.

Article III. — En vue de faciliter les voyages et l'établissement des ressortissants Français dans toute l'étendue de la Birmanie, et d'assurer leur sécurité, il est entendu qu'ils devront être munis d'un passeport délivré par les autorités Françaises; ce document sera revêtu du visa des autorités Birmanes, qui ne pourront le refuser.

Toutefois, les ressortissants Français en Birmanie ne seront soumis à l'obligation de produire un passeport qu'autant que tous les ressortissants étrangers y seront également assujettis.

Article IV. — Les ressortissants Français en Birmanie et les Birmans en France seront exempts de toute contribution tant ordinaire qu'extraordinaire ou de guerre, qui ne serait pas imposée aux citoyens de la nation la plus favorisée.

Ils seront également exempts de tout service personnel soit dans les armées de terre ou de mer, soit dans la garde ou milice nationale, ainsi que de toute réquisition au service de la milice.

Article V. — Le Gouvernement Birman s'interdit de créer des monopoles et d'en autoriser, directement ou indirectement, l'établissement sur les articles de commerce autres que le thé destiné à être consommé à l'état frais. Le commerce de tous autres articles sera libre.

Il est d'ailleurs entendu qu'il n'est pas porté atteinte aux droits de propriété de Sa Majesté le Roi de Birmanie sur les produits naturels, par exemple l'huile de pétrole, les pierres précieuses, le jude, et le bois de teck, &c., qui se trouveraient sur son domaine privé.

ARTICLE VI. — L'or et l'argent monnayés ou en lingots, et les effets d'usage personnel, seront exempts en Birmanie de tout droit à l'entrée et à la sortie.

Toutes les autres marchandises seront soumises, à l'entrée et à la sortie, aux mêmes droits que ceux qui sont ou seront perçus dans ce pays sur les importations ou exportations similaires de la nation la plus favorisée.

En aucun cas, les droits perçus en Birmanie, tant à l'entrée qu'à la sortie, ne pourront excéder 5 pour cent *ad valorem* avant le premier jour de l'année Birmane 1257, correspondant au 1er Avril, 1895, sauf pour l'opium, qui pourra être frappé d'un droit de 30 pour cent.

A l'expiration de ce terme, le Gouvernement Birman pourra, en tenant compte des circonstances et des besoins du commerce, augmenter les dits droits de Douane, sans qu'ils puissent cependant dépasser 10 pour cent de la valeur sur quelque marchandise que ce soit, à l'exception de l'opium, ainsi qu'il est dit ci-dessus. Dans le cas où le Gouvernement Birman ferait usage de cette faculté, il devra communiquer au Gouvernement Français, six mois à l'avance, le Tarif qu'il se proposait d'établir.

ARTICLE VII. — Pour la perception des droits de douane, la valeur des marchandises importées d'une contrée dans l'autre sera établie d'après le prix d'achat au lieu d'origine ou de fabrication, auquel se joindront le fret, la commission, et les charges d'assurances.

L'importateur devra produire les lettres d'envoi et factures de ses marchandises.

Si la Douane Birmane estime que la valeur exacte des marchandises n'a pas été déclarée par l'importateur, elle aura le droit de choisir entre les deux manières suivantes de procéder : (1) ou préempter les marchandises en payant aux déclarants, dans un délai de quinze jours, une somme égale à la valeur déclarée et le cinquième en sus, la préemption devant toujours être faite au compte de l'État Birman ; (2) ou soumettre la contestation au Consul de France et à un fonctionnaire Birman compétent, lesquels, après s'être adjoint chacun un ou deux négociants comme assesseurs, s'il le juge convenable, régleront l'objet de la contestation suivant l'équité.

Il ne pourra être appelé de leur décision, qui sera obligatoire pour les deux parties.

Article VIII. — Les objets servant d'échantillons qui seront importés en Birmanie par des fabricants, des marchands, ou voyageurs de commerce Français, et réciproquement, seront, de part et d'autre, admis en franchise temporaire, moyennant les formalités de douane nécessaires pour en assurer la réexportation ou la réintégration en entrepôt.

Ces formalités seront réglées d'un commun accord entre les deux Gouvernements.

Article IX. — Chacune des hautes Parties Contractantes s'engage à faire profiter l'autre, immédiatement et sans compensation, de toute faveur, de tout privilège ou abaissement de droits de douane, qu'une d'elles a accordés ou pourrait accorder à une tierce Puissance.

Les Hautes Parties Contractantes s'engagent, en outre, à n'établir, l'une envers l'autre, aucun droit ou prohibition d'importation, d'exportation, ou de transit qui ne soit, en même temps, applicable aux autres nations. Le traitement de la nation la plus favorisée est réciproquement garanti à chacune des Hautes Parties Contractantes pour tout ce qui concerne la consommation, l'entreposage, la réexportation, le transit, le transbordement de marchandises, le commerce, et la navigation en général.

Article X. — Les navires de commerce de chacun des deux pays jouiront, dans les eaux des États respectifs, de tous les droits, privilèges, et immunités qui sont ou seront accordés aux navires des nationaux, ainsi qu'aux navires des nations étrangères les plus favorisées.

Les susdits droits et privilèges seront exercés en se conformant aux lois et aux règlements de Douane du pays, dans la mesure où ces lois et règlements seront appliqués aux ressortissants de la nation la plus favorisée.

Article XI. — Les navires de commerce arrivés à la Douane de la frontière Birmane ne pourront conserver à bord que les armes et munitions portées à l'inventaire du navire et nécessaires pour la sûreté de l'équipage.

Les armes et munitions constituant des articles de cargaison devront être mises à terre et laissées à la garde du service des Douanes Birmanes, qui en sera responsable et devra en faire la délivrance au départ du navire.

Article XII. — Les officiers de la Douane Birmane seront autorisés à réclamer, à l'arrivée des navires de commerce Français à une station fluviale en territoire Birman, la représentation du titre de nationalité et des autres papiers de bord.

Dans les vingt-quatre heures de l'arrivée, de capitaine du navire devra remettre à ces officiers le manifeste ou état général du chargement, lequel indiquera : le nom et le tonnage du navire, la composition de l'équipage, le nombre des passagers, les nombre, marques, et numéros des colis, ainsi que la nature des marchandises.

L'autorisation de débarquer devra être donnée dans un délai de trois heures à partir de la remise du manifeste. Ce délai expiré, le débarquement pourra avoir lieu sans autorisation.

Le défaut de représentation du manifeste dans le délai fixé, et le déchargement des marchandises sans autorisation avant l'expiration du délai de trois heures indiqué ci-dessus, pourront donner lieu à une amende qui ne devra pas excéder 200 roupies.

Article XIII. — Les consignataires et les expéditeurs seront tenus d'assister par eux-mêmes ou par leur représentant, à la vérification des marchandises déchargées ou embarquées.

De leur côte, les officiers des Douanes Birmanes doivent procéder sans délai à cette vérification.

Article XIV. — Si un Français fait faillite dans le Royaume de Birmanie, l'Agent Français prendra possession de tous les biens du failli et en opérera la liquidation au mieux des intérêts des créanciers.

Article XV. — Si un Birman refuse ou élude le payement d'une dette envers un Français, les autorités Birmanes donneront au créancier toute aide et toute facilité pour recouvrer ce qui lui est dû ; de même l'Agent Français donnera toute assistance aux sujets Birmans pour recouvrer les dettes qu'ils auront à réclamer des Français en Birmanie.

Article XVI. — Les ressortissants Birmans jouiront dans les Colonies ou possessions Françaises du traitement de la nation étrangère la plus favorisée.

Article XVII. — En attendant qu'un arrangement spécial soit intervenu entre les deux Gouvernements, conformément au Protocole, signé à Paris, le 24 Janvier, 1873, correspondant à l'ère Birmane 1234, Piatho 11, de la lune décroissante, il est entendu que les ressortissants Français pourront réclamer en Birmanie, en matière de juridiction, le traitement de la nation la plus favorisée.

dans le cas où les ressortissants d'autres pays viendraient à obtenir
à cet égard des avantages particuliers.

ARTICLE XVIII. — Tout sujet Birman qui sera revenu en Birmanie, après s'être rendu coupable d'assassinat, de meurtre, d'incendie, de pillage à main armée, de vol avec ou sans violence, sur
le territoire ou dans les possessions de la République Française,
devra être jugé et puni conformément aux lois Birmanes.

Réciproquement, les ressortissants Français qui seront revenus
sur le territoire, ou dans les possessions de la République, après
s'être rendus coupables d'assassinat, de meurtre, d'incendie, de
pillage à main armée, ou de vol avec ou sans violence, sur le territoire Birman, devront être jugés et punis conformément aux lois
Françaises.

ARTICLE XIX. — Les autorités Françaises et Birmanes se
livreront réciproquement les Birmans réfugiés en France ou dans
les possessions Françaises et les ressortissants Français réfugiés en
Birmanie qui seront accusés d'avoir commis dans l'autre pays un
des crimes ou délits énumérés ci-dessus. Les demandes d'extradition
devront être faites par l'entremise de l'Agent Diplomatique ou du
Consul, et il y sera donné suite à moins d'objection tirée du caractère politique des faits incriminés ou de la divergence des législations.

ARTICLE XX. — Les deux Gouvernements s'entendront pour
adopter, d'un commun accord, tous Règlements qui seraient jugés
nécessaires afin d'assurer l'observation des stipulations du présent
Traité.

ARTICLE XXI. — La présente Convention entrera en vigueur
à partir du jour de l'échange des ratifications, qui aura lieu dans
un délai d'un an, ou plus tôt, s'il est possible.

Elle demeurera exécutoire jusqu'à ce que les deux Gouvernements se soient mis d'accord, un an à l'avance, pour y introduire
des modifications ou en faire cesser les effets.

En foi de quoi, les Plénipotentiaires respectifs ont signé la
présente Convention et y ont apposé leurs cachets.

Fait en double expédition, à Paris, le 15 Janvier, 1885, correspondant à l'ère Boudhique 2428, et à l'ère vulgaire 1246, Piazo
15 de la lune décroissante.

(L. S.) (Signé) JULES FERRY.
(L. S.) (Signé) MING GHIE MIN MAHA ZAYA THIN GIAN,
MYOTHIT MYOSAH ATWIN WOON MIN.

18

ARTICLE ADDITIONNEL. — Il est entendu que le Traité d'Amitié et de Commerce, du 24 Janvier, 1873, mis en vigueur par la Déclaration signée à Paris, le 5 Avril, 1884, entre la France et la Birmanie, demeurera exécutoire, comme la Convention complémentaire, jusqu'à ce que les deux Gouvernements se soient mis d'accord, un an à l'avance, pour y introduire des modifications ou en faire cesser les effets.

Fait à Paris, le 15 Janvier 1885, correspondant à l'ère Boudhique 2428, et à l'ère vulgaire 1246, Piazo 15 de la lune décroissante.

    (L. S.)   (Signé)   JULES FERRY.
    (L. S.)   (Signé)   MING GHIE MIN MAHA ZAYA THIN GIAN,
                          MYOTHIT MYOSAH ATWIN WOON MIN.

ANNEXE. — *Convention Commerciale du 24 Janvier 1873, entre la France et la Birmanie,*

Le Président de la République Française et Sa Majesté le Roi des Birmans, désirant établir entre la France et la Birmanie des rapports d'amitié et de commerce qu'ils se réservent de consolider et d'étendre, au besoin, par la conclusion d'arrangements ultérieurs, ont nommé dans ce but, pour leurs Plénipotentiaires, savoir:

Le Président de la République Française, M. Charles de Rémusat, Ministre des Affaires Étrangères, &c.;

Sa Majesté le Roi des Birmans, Mengyee Maha Sciythoo Benwoon Mengyee, son Ambassadeur,

Lesquels, après s'être communiqué leurs pleins pouvoirs, trouvés en bonne et due forme, sont convenus des Articles suivants: —

ARTICLE I. — Les Français en Birmanie et les Birmans en France pourront librement résider, circuler, faire le commerce, acheter des terrains, les vendre, les exploiter, y élever des constructions, le tout en se conformant aux lois du pays. Ils jouiront d'une pleine et entière protection pour leurs familles et leurs propriétés, ainsi que de tous les avantages et privilèges qui sont ou seront, par la suite, accordés aux sujets de la nation la plus favorisée.

Les missionnaires Français jouiront en Birmanie des mêmes faveurs et immunités que les missionnaires de toute autre nation.

Les Français voyageant en Birmanie dans l'intérêt de la science, géographes, naturalistes, et autres, recevront des autorités Birmanes toute l'assistance dont ils auraient besoin pour le succès de leurs explorations. Les Birmans jouiront réciproquement en France des mêmes facilités.

Article II. — Les marchandises que les Français importeront en Birmanie et en exporteront, et, réciproquement, les marchandises que les Birmans importeront en France ou en exporteront, ne payeront pas d'autres ni de plus forts droits que si elles étaient importées ou exportées par des habitants du pays ou par des étrangers appartenant à la nation la plus favorisée. Les produits Birmans en France et les produits Français en Birmanie jouiront du même traitement que les produits similaires étrangers les plus favorisés.

Le Gouvernement Birman, voulant encourager le développement des échanges commerciaux entre la France et le Birmanie, s'engage à n'établir sur les articles échangés aucun droit de douane dont le taux excéderait 5 pour cent de leur valeur. Après le payement de droit d'entrée, les marchandises, en quelques mains qu'elles puissent passer, n'auront plus à supporter en Birmanie ni taxe ni charge d'aucune sorte.

Article III. — Les deux Gouvernements se reconnaissent réciproquement le droit d'avoir un Agent Diplomatique résidant auprès de chacun d'eux, et de nommer des Consuls ou Agents Consulaires partout où l'intérêt de leurs nationaux l'exigerait. Ces Agents pourront arborer le pavillon de leurs pays, et ils jouiront dans leurs personnes, aussi bien que dans l'exercice de leur charge, de la même protection et des mêmes immunités et prérogatives qui sont ou seront, par la suite, accordés aux Agents du même rang de la nation la plus favorisée.

Article IV. — Le Gouvernement Birman, désirant faciliter, autant qu'il est en son pouvoir, l'établissement des Français en Birmanie, il est convenu que les autorités Birmanes n'interviendront pas dans les contestations entre Français, qui devront toujours être déférées au Consul de France, et que les contestations entre Français et Birmans seront jugées par un Tribunal Mixte composé du Consul et d'un fonctionnaire Birman de haut rang.

Article V. — Dans le cas de décès d'un Français en Birmanie ou d'un Birman en France, les biens du décédé seront remis à ses héritiers, et, à leur défaut, au Consul de sa nation, qui se chargera de les faire parvenir aux ayant droit.

Article VI. — La présente Convention demeure obligatoire d'année en année, tant que l'un des deux Gouvernements n'aura pas annoncé à l'autre, un an à l'avance, son intention d'en faire cesser les effets.

ARTICLE VII. — Elle sera ratifié, et les ratifications en seront échangées dans le délai d'un an, ou plus tôt, s'il est possible. Elle sera mise en vigueur dès que cet échange aura lieu.

ARTICLE VIII. — En foi de quoi, les Plénipotentiaires respectifs ont signé la présente Convention et y ont apposé leurs cachets.

Fait en double expédition, à Paris, le 24 Janvier, 1873, correspondant à l'ère de Bouddha 2416, et à l'ère vulgaire 1234, Piatho 11e de la lune décroissante.

(L. S.) (Signé) RÉMUSAT.

(L. S.) (Signé) MENGYEE MAHA SAYTHOO KENNOON MENGYEE.

Art. 2. Le Ministre des Affaires Étrangères est chargé de l'exécution du présent Décret.

Fait à Paris, le 25 Novembre, 1885. (Signé) JULES GRÉVY

Par le Président de la République, le Ministre des Affaires Étrangères,   (Signé)   C. DE FREYCINET.

On ne saura jamais ce que ce traité a coûté de peine et de patience. Il est dû au tact, à la courtoisie et à la persévérance de M. Clavery. Les ambassadeurs Birmans ont opposé une force d'inertie, une duplicité, une mauvaise foi inouïes, dont a triomphé le directeur des affaires consulaires, grâce à sa profonde connaissance des hommes et des choses de l'Extrême-Orient. Les Ambassadeurs ont maintes fois tenté de leurrer M. Clavery, en essayant de faire miroiter à ses yeux les avantages fictifs de l'abolition des « Pomza », monopoles royaux. Ils ont échoué devant la fermeté de non recevoir avec laquelle ont été accueilli leurs propositions. M. Clavery savait, en effet, que ces monopoles royaux, en-dehors des mines de rubis, des forêts de teck, des sources de pétrole, ont déjà été abolis par Meen-Do-Men. Quant à ceux qui sont restés, la source des revenus royaux : bois de teck, rubis, pétrole, ils n'ont pas été compris dans le traité, assez large et assez libéral pour permettre au commerce français de créer dans la Haute-Birmanie quelques lucratifs comptoirs. C'est à M. Clavery qu'en revient le mérite. Il est juste de dire que les travaux de M. François Deloncle, à son retour de Mandalay, ont contribué à éclairer le département. Malheureusement cet instrument a porté ombrage aux commerçants de Rangoon, qui ont forcé la main au gouvernement de l'Inde la veille des élections législatives en Angleterre. Mais en réalité il a

surtout servi de prétexte au cabinet Salisbury, en favorisant
les intérêts politiques. L'Angleterre, libre aujourd'hui de toutes
préoccupations politiques dans la vallée de l'Irrawady, reconnaîtra dans sa sincérité qu'il n'était pas de nature à fermer la
porte à ses espérances économiques et à ses vues politiques dans
la presqu'île.

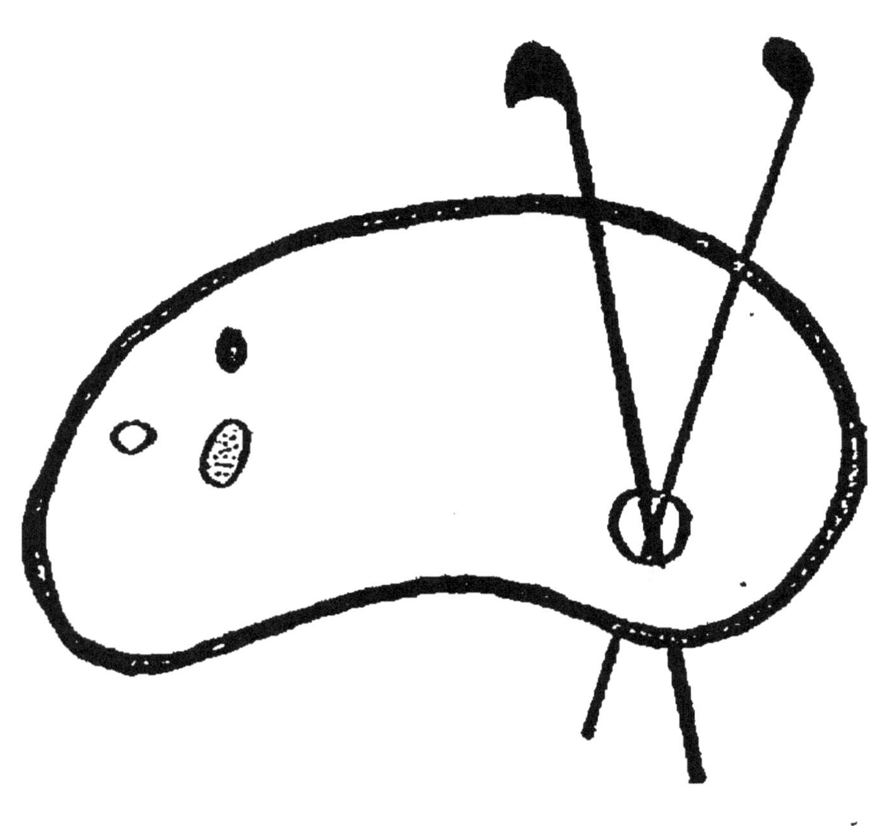

DEBUT D'UNE SERIE DE DOCUMENTS
EN COULEUR

La France et l'Angleterre dans l'Indo-Chine. 1

INDO-CHINE
Carte politique

Maximum de la sphère d'action de l'Angleterre : au Nord-Ouest la frontière du Yunnan. A l'Ouest les monts Tanen-Toung et toute la vallée de la Salouen.

La presqu'île de Malacca subit l'influence de la situation politique de l'Angleterre et semble devoir tomber dans sa sphère d'action.

Maximum de la sphère d'action de la France : au Nord le Yunnan, au Nord-Ouest le pays compris entre la rive droite du Mékong et les monts Tanen-Toung qui constituent un mur mitoyen scientifique et rationel. A partir du 20° les deux rives du fleuve.

Royaume de Siam.

Les monts Tanen-Toung et la vallée de la Salouen constituent la limite scientifique véritable au dessus de toutes préoccupations ou concessions politiques

Gravé par M.me Perrin.   Libr. Challamel et C.ie, Paris   Imp. Dufrénoy

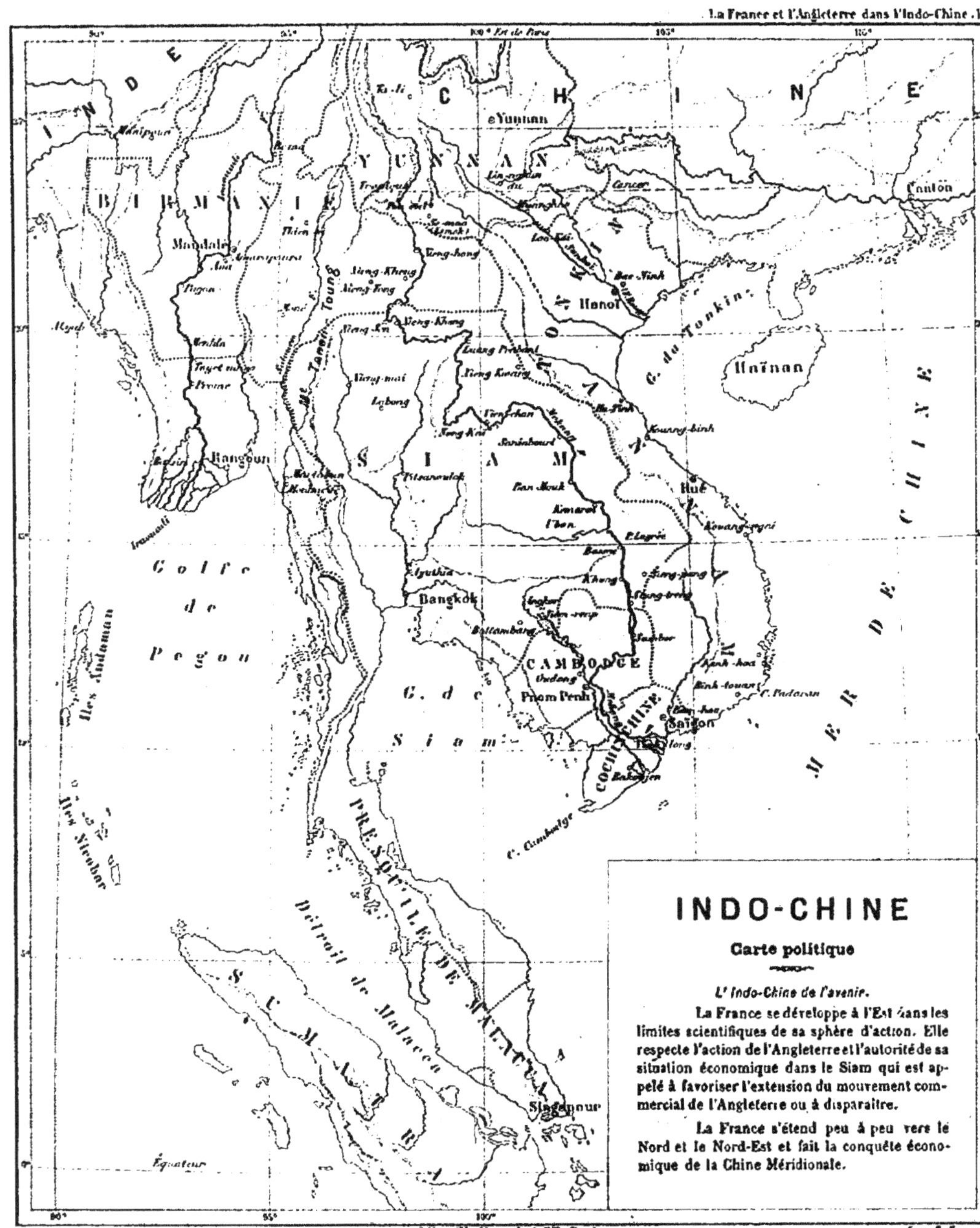
INDE
CHINE
YUNNAN
BIRMANIE
Mandalay
Pegou
Rangoun
SIAM
Bangkok
Battambang
CAMBODGE
Oudong
Phnom Penh
COCHINCHINE
Saïgon
Hanoï
Hué
Luang Prabang
G. du Tonkin
Haïnan
Canton
Yunnan
MER DE CHINE
Golfe de Pegou
G. de Siam
Iles Andaman
Iles Nicobar
PRESQU'ILE DE MALACCA
Détroit de Malacca
SUMATRA
Singapour
Équateur
INDO-CHINE
Carte politique
L'Indo-Chine de l'avenir.
La France se développe à l'Est dans les
limites scientifiques de sa sphère d'action. Elle
respecte l'action de l'Angleterre et l'autorité de sa
situation économique dans le Siam qui est ap-
pelé à favoriser l'extension du mouvement com-
mercial de l'Angleterre ou à disparaître.
La France s'étend peu à peu vers le
Nord et le Nord-Est et fait la conquête écono-
mique de la Chine Méridionale.
Grané par M.me Perrin.
Libr. Challamel et Cie, Paris

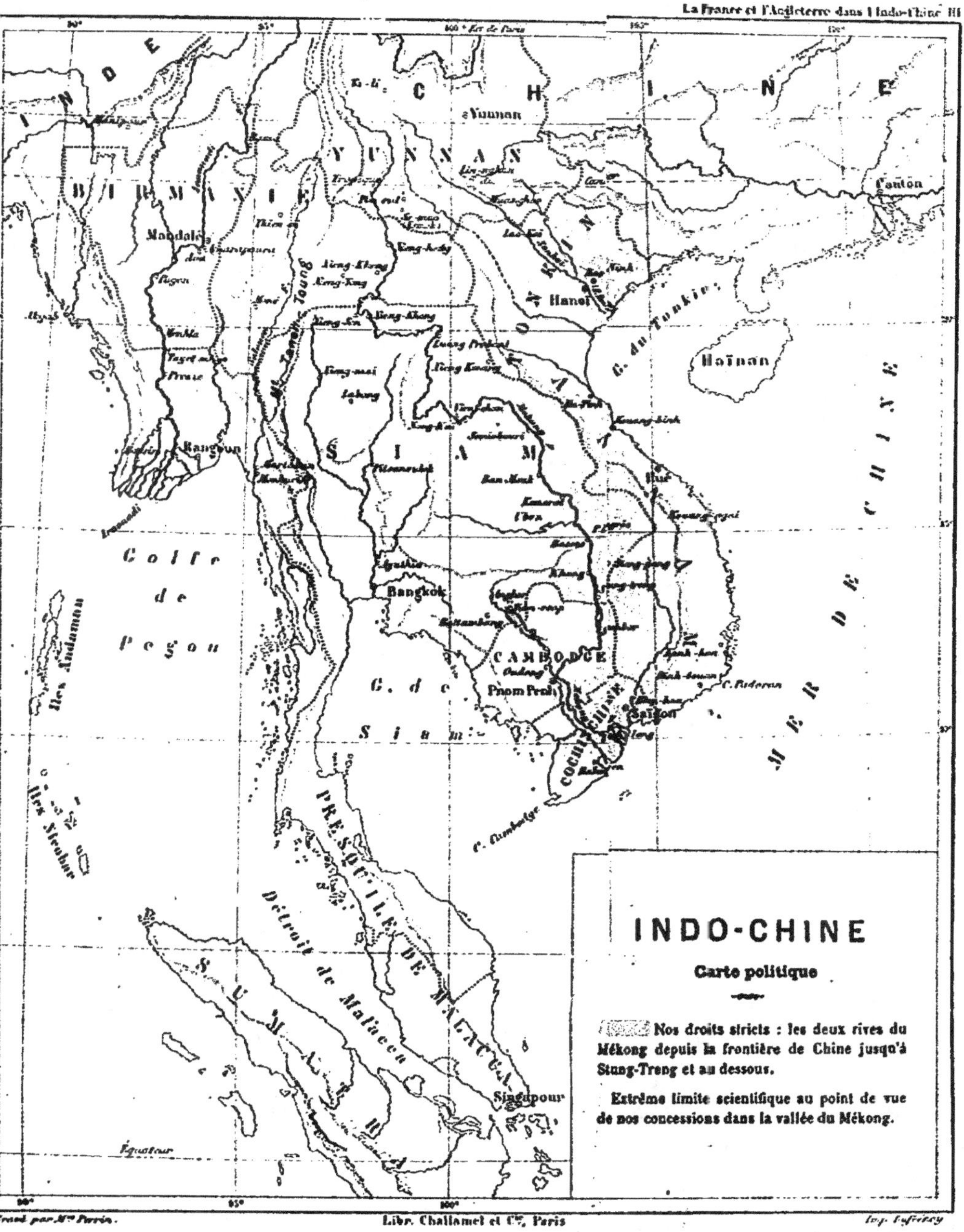
INDE
CHINE
BIRMANIE
YUNNAN
Yunnan
Canton
Mandalay
Rangoun
Hanoi
Haïnan
G. du Tonkin
SIAM
ANNAM
Bangkok
Luang Prabang
Xieng Khang
Golfe
de
Pegou
Iles Andaman
G. de
Siam
CAMBODGE
Pnom Penh
Oudong
Battambang
Saigon
COCHINCHINE
MER DE CHINE
C. Padaran
Hué
Iles Nicobar
PRESQU'ILE DE MALACCA
Détroit de Malacca
SUMATRA
Singapour
Équateur
Est de Paris
INDO-CHINE
Carte politique
Nos droits stricts : les deux rives du
Mékong depuis la frontière de Chine jusqu'à
Stung-Treng et au dessous.
Extrême limite scientifique au point de vue
de nos concessions dans la vallée du Mékong.
Dressé par Mme Perrin.
Libr. Challamel et Cie, Paris
Imp. Dufrénoy

INDO-CHINE

Carte politique

Minimum de nos droits et de notre sphère d'action tel qu'il résulte des réserves de Mr. J. Ferry. (*Livres bleus. — Juillet 1884*)

L'action de la France s'étend de la rive gauche du Mékong jusqu'à la frontière de la Chine.

L'Angleterre dans sa sphère d'action : les vallées de l'Iraouady et de la Salouen.

Le Siam

Presqu'île de Malacca sous l'influence de l'autorité anglaise dans l'Indo-Chine.

INDO-CHINE
Carte politico-économique

Évolution désirable, probable et rationnelle de la sphère de l'action économique de la France dans les vallées du Mékong et du Meinam et une partie de la Chine méridionale.

La teinte la plus foncée indique l'accroissement probable du commerce.

Sphère rationnelle de l'Angleterre au point de vue commercial.

À l'Angleterre : l'ouest de l'Asie et la presqu'île malaise.

À la France : l'Est et le Sud-Est de l'Indo-Chine et la partie de la Chine méridionale commandée par les vallées du Mékong et le Fleuve Rouge. Cette évolution économique de la France dans toute la vallée du Mékong, dans le Yunnan, dans les deux Guang et jusqu'à Canton peut paraître imaginaire et ridicule à ceux qui ne croient pas à l'avenir de notre industrie.

L'occupation britannique de la riche presqu'île de Malacca serait au point de vue politique un événement grave.

BURMESE SHAN STATES

KARENNE

SIAMESE SHAN STATES

BRITISH BURMAH

SIAM

Kiang Khong

KIANG SEN

KIANG HAI

Muang Fang

Muang Noi
Muang Hang

Muang Kang

Kiang Dow
Kiang Hai

Muang Kiut

Muang Pa Pow

Muang Pen Yow

Wat Don Kayow

ZIMME

LAPOON

Lakon

Muang Ngow

Ta Pah Took

Mainglong-yre

Muang Ham

Muang-Li
Hoo Maa Tai

Teris

Muang Noke Nataung

Ootaradit

Pan Mei

Peechei

Seperom

Pitsunooloke

Talaro

RAHENG

Pechie

Muang Kamphang

MARTABAN

MAULMEIN

Mynwaddy

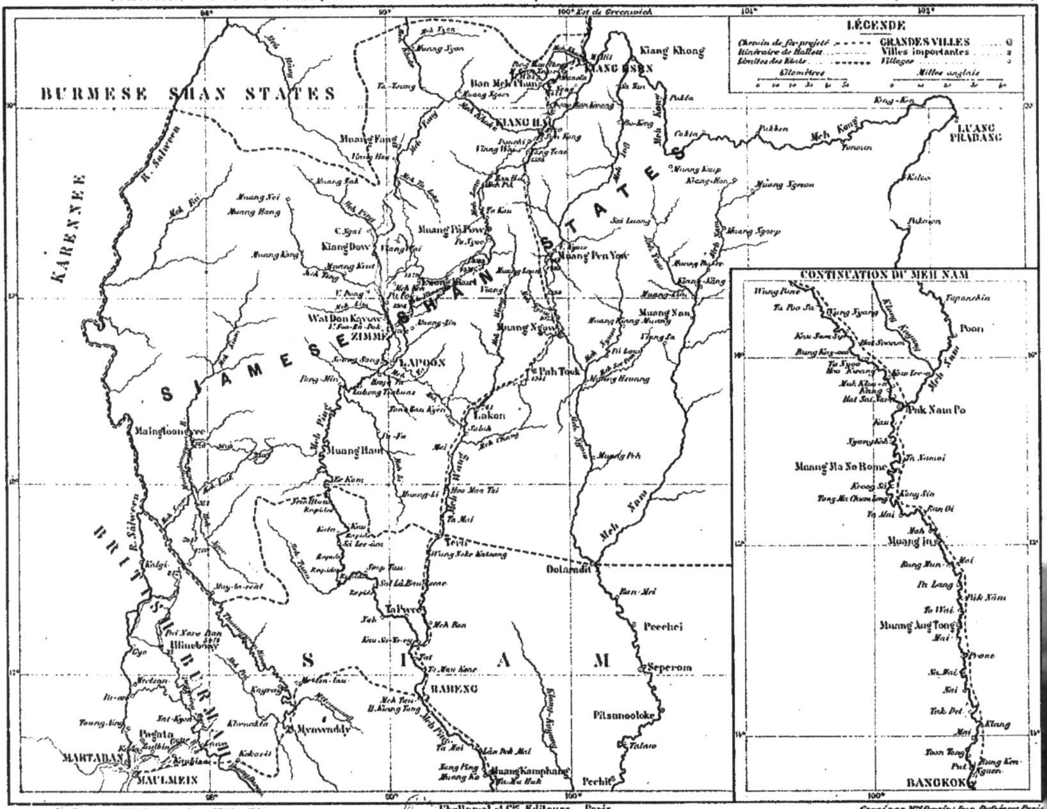

LÉGENDE

Chemin de fer projeté
Itinéraire de Hallett
Limites des États

GRANDES VILLES
Villes importantes
Villages

Kilomètres

Milles anglais

CONTINUATION DU MEH NAM

Wiang Pone

Poon

Pak Nam Po

Muang Ma No Rome

Muang Ins

Muang Ang Tong

Klang

BANGKOK

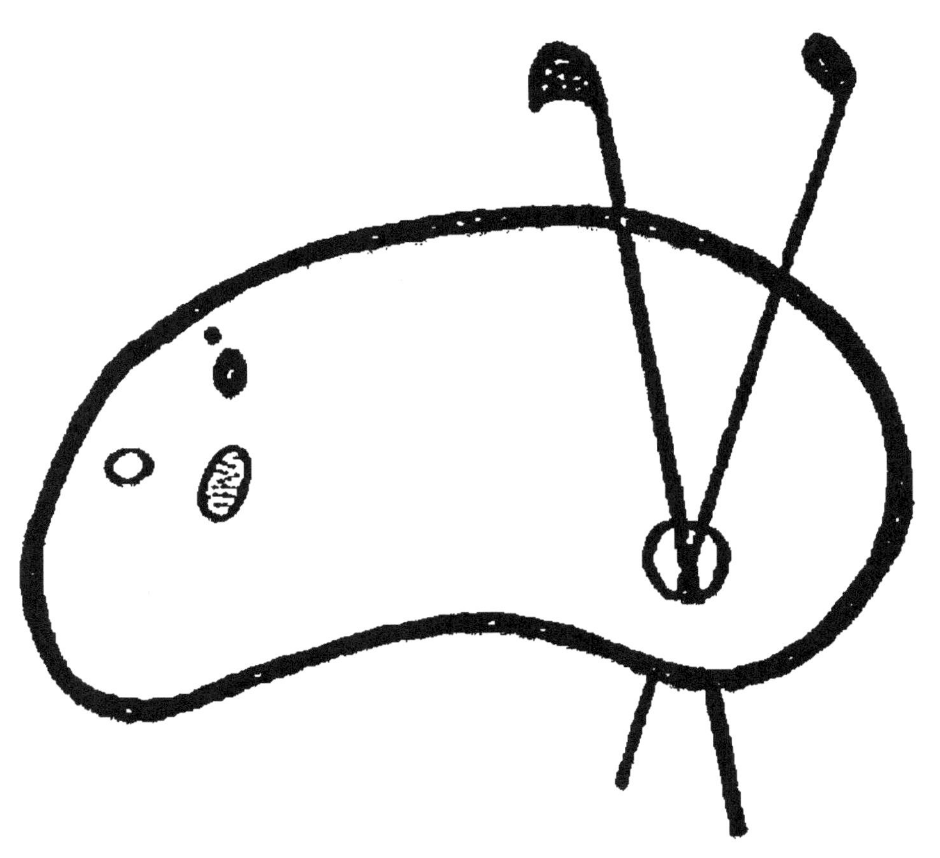

FIN D'UNE SERIE DE DOCUMENTS
EN COULEUR